LA PHILOSOPHIE DE L'EXPRESSION

ÉTUDE PSYCHOLOGIQUE

PAR

L.-P. D'ARDONNE

Paucis, sed dilectis.

GRENOBLE
IMPRIMERIE DE PRUDHOMME, RUE LAFAYETTE, 14
—
1871

LA

PHILOSOPHIE

DE L'EXPRESSION

LA
PHILOSOPHIE
DE L'EXPRESSION

ÉTUDE PSYCHOLOGIQUE

PAR

H.-P. D'ARDONNE

Paucis, sed dilectis.

GRENOBLE
IMPRIMERIE DE PRUDHOMME, RUE LAFAYETTE, 14
—
1871

PRÉFACE

Le livre que nous offrons au lecteur paraîtra sans doute de forme bien sévère, dans un temps où toutes les sciences n'aspirent qu'à vulgariser leurs résultats. Mais l'auteur n'expose point une science déjà achevée ; ce que renferme ce volume n'est point une récolte faite sur le terrain d'autrui, c'est le suc extrait d'une infinité de données par une élaboration intime, c'est l'essai d'une déduction exacte et nouvelle de tous les faits dont se compose le problème de l'esprit. Pour cette exposition, il était nécessaire de faire appel à toutes les rigueurs d'une expression nette et précise, il fallait ne pas perdre un seul instant de vue les phénomènes étudiés et les rendre avec leur enchaînement en pleine lumière. C'est ce qui a été tenté ici ; pour une œuvre de ce genre, le don de l'enthousiasme est plus dangereux qu'utile, il est indispensable de n'employer que des termes susceptibles d'être définis avec précision et de savoir dire tout ce qui est dans le sujet, sans se laisser entraîner hors de ses limites. Aussi le lecteur ne trouvera point ici de dissertation élégante, il n'y cherchera point les éblouissements d'un style imagé. Voulant faire faire un pas à la science philosophique, l'auteur a dû avant tout se mettre en garde contre les dangers de l'amplification et de l'esprit de système. Le public dira comment il y a réussi.

Ce livre n'est donc point sans ambition, mais il n'en a qu'une : celle de ne dire que des choses exactes, et pourtant, il faut bien le confesser par avance, ce programme n'a pu être maintenu avec une rigueur absolue. Si l'auteur n'en faisait immédiatement l'aveu, on pourrait lui reprocher d'avoir été bien peu fidèle à son principe, en émettant au début de son exposition quelques idées d'où l'hypothèse n'est pas complètement exclue. Il en fait l'aveu, et peut-être le reproche lui sera fait quand même. A ce reproche, il répondra une chose et une seule chose. C'est qu'il reconnaît à la science un droit absolu de vie et de mort sur ses idées. L'auteur n'a eu nulle ambition de recommencer la tentative désespérée d'une philosophie de la nature. Pour lui, science et philosophie ne font qu'un; à la science seule appartient ce rôle de patronage que le moyen âge avait laissé usurper par la théologie; mais ce qui est le propre de l'esprit philosophique, c'est la déduction exacte des conséquences renfermées dans les faits constatés par la science, déduction qui échappe facilement aux savants envahis par l'encombrement des détails. L'auteur a entrepris cette déduction pour une pleine mise en lumière des phénomènes de l'esprit; il n'ignore point que le péril ordinaire de ces entreprises, c'est de présenter bien souvent des déductions prématurées; en se donnant de garde contre cet écueil, il a dû néanmoins développer tout ce qui lui a paru définitivement acquis à la science et propre en même temps à éclairer l'objet de ses recherches principales. Le lecteur l'apercevra aisément; les analyses psychologiques forment le fond même de cette œuvre, et l'exactitude de ces analyses est en réalité absolument indépendante des généralisations scientifiques qui en forment l'avant-propos. Ce sont ces analyses que nous présentons avec une entière confiance: on n'y trouvera point la solution de tous les problèmes, mais, si nous avons établi quelques vérités d'une manière inébranlable, cette joie suffira à notre labeur.

L'ensemble que présente cet ouvrage n'est point le résultat d'un plan prémédité. L'unité du livre s'est produite peu à peu et spontanément, comme un résultat des constatations faites dans l'examen des diverses questions soulevées. Chacun des problèmes qui ont agité l'esprit de l'auteur a été résolu sans parti pris, sans conclusions dictées à l'avance par une conviction dogmatique traditionnelle ou passionnée. L'analyse des notions étudiées a été faite dans les conditions de l'impartialité la plus absolue. L'auteur espère que les jugements qui en sont résultés pourront être ratifiés par tous ceux qui aborderont l'examen du livre avec une égale impartialité.

C'est l'ancien domaine psychologique qui est le propre objet de cette étude. Ce livre peut être appelé une psychologie, s'il est vrai qu'il faille entendre par là l'exposition exacte des phénomènes par lesquels l'être humain se différencie le plus essentiellement de tous les autres êtres vivants. Ainsi comprise, la psychologie n'est pas seulement un catalogue plus ou moins complet des faits, par lesquels l'intelligence humaine s'affirme, elle affecte principalement le caractère d'une recherche scientifique capable de mettre en lumière tout ce qui fait partie du domaine de l'esprit, en partant des plus humbles replis de l'animalité. Elle distingue ainsi ce qui peut être considéré comme l'essence de cette sorte de phénomènes, et arrive à préciser le point où l'homme commence à s'élever au-dessus de l'animal ordinaire, le fait qui engendre les éléments de sa supériorité. Tel est le procédé par lequel il nous a paru possible de reconnaître ce qui forme le fond de l'intelligence humaine, ce qui a toujours été le propre objet de la psychologie.

Celui qui se sera pénétré des principes que nous avons mis en lumière, reconnaîtra aisément que l'assimilation complète souvent professée de notre temps entre les faits du domaine psychologique et ceux du domaine physiologique, ne repose pas sur une vue bien exacte, ni sur une idée bien juste des faits intellectuels. Le scalpel, la méthode des poisons, les observations microscopiques, pourront pénétrer de plus en plus les secrets de l'organisme, mais resteront toujours sans puissance en présence des faits psychologiques véritables. Ces faits sont un domaine particulier. Ce qui les caractérise, ce qui en fait un monde à part, c'est qu'ils sont expressifs ; c'est comme expression qu'ils doivent être étudiés et classés. L'idée, le sentiment, la pensée, n'occupent aucun point matériel dans les êtres vivants et ne peuvent y être saisis ; il n'y a aucun instrument de grossissement qui puisse jamais rien révéler de leur essence. Ils n'existent que comme manifestations expressives détachées de l'être qui leur a donné naissance. Tout fait psychologique est un mouvement expressif. Cette constatation forme le résultat principal de l'analyse à laquelle nous nous sommes livré ; il faut chercher dans les facultés d'expression la cause réelle de tout développement possible des facultés mentales. A vrai dire, les uns et les autres ne sont qu'une seule et même faculté. Nous avons été conduit ainsi à exposer comment l'expression prend naissance, comment elle se développe avec certains organes particuliers, comment enfin elle s'épanouit dans le monde de l'idée et de la vie morale. Pour cela nous n'avons eu nul besoin de recourir à l'expérimentation. Jamais la psychologie n'a été considérée comme une science expérimentale. Les faits dont elle s'occupe sont tous au grand jour, et toute la difficulté de la science est d'en reconnaître la signification, d'en découvrir l'enchaînement, d'en montrer la vraie valeur. C'est cette œuvre que nous avons tentée et que nous livrons au public très-restreint qui conserve quelque préoccupation des vérités philosophiques.

LA PHILOSOPHIE DE L'EXPRESSION

CHAPITRE PREMIER.

INTRODUCTION.

De tout temps, l'homme a cherché à pénétrer la vérité ; de tout temps, le problème de sa propre nature s'est posé devant lui et il a tenté de le résoudre ; les erreurs de cette recherche amènent quelquefois un découragement passager, et notre siècle a été saisi pendant un temps de cette lassitude momentanée. Celui qui n'y veut point céder est obligé de tenter des voies nouvelles et de renoncer à des méthodes dont les défauts persévérants ont entraîné des échecs renouvelés. Presque toujours la psychologie a été entreprise avec un esprit systématique. Prenant pour point de départ l'indépendance absolue de la pensée, elle a négligé tout ce qui pouvait en éclairer la nature et s'est enfermée immédiatement dans une discussion purement verbale sur la Matière et l'Esprit. Trouvant des données particulières dans ce qu'elle a appelé le sens intime, elle n'a nullement essayé de se rendre un compte exact de la nature et de la valeur de ces données ; enfin, elle a semblé prendre à tâche d'écarter tout ce qui pouvait lui être fourni de lumière par la science générale, et par là elle a perdu de vue plusieurs éléments importants des solutions qu'elle poursuit.

Le résultat d'un pareil oubli de toute méthode a été l'emploi constant d'une foule de termes mal définis, ne correspondant à aucune notion précise. Seule parmi les sciences, la psychologie continue de fermer les yeux devant des faits d'une importance capitale pour elle ; seule, elle s'est enivrée d'abstractions jusqu'à oublier toutes les conditions de la réalité. En vain, aujourd'hui encore, on chercherait dans une œuvre philosophique une définition complète de la pensée, jamais il n'en a été essayé, jamais on n'a déterminé les faits qui correspondent à cette expression, jamais on n'a montré les relations de la pensée avec les conditions générales du milieu où elle se produit et dans lequel il faut nécessairement se placer pour en saisir le mécanisme. Et ce n'est point seulement la pensée qui s'est trouvée reléguée dans un monde inaccessible ; toutes les manifestations de l'intelligence ont subi le même sort. On a parlé de la réflexion sans en avoir aucune idée précise, de la volonté, de la liberté, sans noter les faits qui en forment l'essence. Dès lors, les discussions devenaient forcément stériles, ainsi que cela doit être toutes les fois que le sens des mots employés n'est pas préalablement fixé. Dans les sciences faites, les définitions sont immuables ; dans les sciences qui se font, les définitions peuvent changer avec les constatations nouvelles : mais il n'y a aucune science là où nulle définition ne peut être tentée, et il faudrait renoncer à tout progrès dans les connaissances psychologiques si elles ne pouvaient aboutir à des définitions précises.

Bien des gens, il est vrai, s'imaginent avoir fait quelque chose lorsqu'ils ont substitué un simple mot à un autre mot, et si vous leur montrez la série réelle des faits qui constituent l'opération mentale, doutant presque de la lumière, ils se réfugient derrière d'autres expressions qui leur paraissent incompréhensibles et propres à couvrir à jamais les vagues conceptions dont ils ne veulent avouer le néant. Et qu'y a-t-il alors de plus aisé que de se réserver la conscience intérieure, de déclarer les autres incapables d'en pénétrer les mystères, de rejeter toute doctrine qui ne recherche que les faits et qui aspire à être comprise de tous? Qu'il est commode alors de s'écrier : « L'intérieur est tout ; l'in-
» térieur, ce qui est au fond des choses, la cause, la
» substance, voilà le vrai ! Dès lors, qu'est-il besoin de
» s'occuper de l'extérieur, des phénomènes, de tout ce
» qui passe et n'est qu'une vaine apparence? Allons
» droit au fond des choses ! L'homme a ce privilége de
» trouver en lui un sujet de connaissance accessible à
» la science absolue, il peut se comprendre sans le se-
» cours d'aucune illusion extérieure; rien n'échappe à
» la conscience, et la vraie philosophie peut se fonder
» ainsi sur une perception immédiate dégagée de toutes
» les causes d'erreurs qui encombrent les sciences du
» monde extérieur. »

Et lorsqu'on a posé ces affirmations superbes, on est à l'aise pour tout dédaigner, on n'a rien à redouter du sens commun et l'on peut bâtir d'un seul coup une philosophie tout entière ; il y suffit d'un peu d'imagination : rien de plus aisé que de relier des phrases redondantes et de trouver un sujet absolu de contentement dans la contemplation de l'*idée pure* inaccessible à des esprits que l'on est bien tenté pour cette fois d'appeler *matériels*.

Nous n'hésitons point à le dire pourtant : toute conception philosophique, pouvant se contenter de ce point de départ, repose sur un édifice purement verbal et passera bientôt pour une inconcevable illusion. S'imaginer que l'on peut discerner dans les choses ce qui n'y est point apparent, croire qu'il y a des réalités intérieures qui peuvent être perçues et comprises sans devenir des phénomènes, c'est le fait d'esprits dominés à jamais par des abstractions et des chimères. Bien loin de dédaigner la connaissance phénoménale, nous apercevrons en effet par tout le cours de cette Etude, qu'il n'y en a aucune autre de possible ; et par là, nous ne voulons nullement faire entendre qu'il y a des choses inconnaissables et que la réalité échappe nécessairement à l'esprit humain. Nous répudions toute affirmation sceptique ; mais la vérité est que toute science humaine repose, à tous les degrés, dans toutes les directions, sur un fondement purement humain ; il n'est donné à qui que ce soit de sortir de son être. Aucune science ne peut contenir que l'expression des rapports de l'être humain avec les autres êtres, et c'est là qu'il faut chercher le vrai principe de la distinction de ce qui est intérieur et de ce qui est extérieur. En toutes choses, il y a un intérieur, c'est ce qui ne nous est point encore connu, et c'est cet intérieur qui doit être mis au jour, entrer en rapport avec nous, et être désormais compris dans le trésor de la science acquise.

On peut voir maintenant pourquoi ce qui est extérieur est aussitôt dédaigné. L'extérieur, c'est la science faite; l'intérieur, c'est la science à faire. L'œuvre propre de l'esprit est de distinguer ce qui n'a pas été bien vu jusque-là, de rendre par conséquent extérieurs des faits restés inaperçus. A ce point de vue, l'intérieur seul nous intéresse et il nous intéresse de toutes parts, en nous comme hors de nous; si l'on prétend réserver le nom de connaissance intérieure à celle des phénomènes de l'esprit, on le peut aussi, nous n'avons point à y contredire; mais qu'il soit bien entendu alors que cette connaissance est une série de faits à discerner, et qu'il n'y a rien à gagner à supposer immédiatement ces faits comme dégagés de toute attache extérieure. Sans doute il faut étudier l'homme comme être pensant, réfléchissant, voulant : mais la pensée, la réflexion, la volonté, ne sont pas des abstractions pures, ce sont des faits qui se produisent toujours dans de certaines conditions, qui ont toujours quelque chose d'extérieur et de saisissable, et qui doivent être compris dans leur rapport avec le milieu qui leur sert d'indispensable support.

N'attachons donc point, dès l'abord, trop d'importance à la distinction de l'intérieur et de l'extérieur. Peu à peu nous pourrons la comprendre avec plus de netteté; gardons-nous d'y faire reposer d'emblée tout un échafaudage philosophique. Ce qu'il y a de plus important à en retenir, c'est que les phénomènes ne sont jamais saisis tout entiers et tout d'un coup. Il faut, pour une connaissance plus complète, une exposition en pleine lumière. L'homme est arrivé à reconnaître que le soleil est autre chose qu'un simple cercle lumineux, et il y est arrivé par le discernement successif d'un nombre considérable de phénomènes solaires qui avaient d'abord disparu dans le premier éblouissement de l'astre. Toute science est le résultat d'une vue pénétrante du même genre. Cette vue, nous en montrerons peu à peu tous les procédés particuliers. Elle redresse les conditions propres de l'apparition de chaque phénomène, elle simplifie, elle isole, elle dégage la vérité du faisceau dans lequel elle est captive, et lorsque tous les points de vue dont un ensemble est susceptible ont été épuisés, alors, mais seulement alors, cet objet est connu jusques au fond, sa réalité apparaît par l'expression de tous ses rapports possibles, son intérieur se trouve complétement pénétré et dévoilé.

L'homme qui ne réfléchit point, n'aperçoit dans l'univers qu'un spectacle confus, objet d'inquiétude et d'épouvante, un inconnu mystérieux et insondable. Combien peu peuvent sortir de cette profonde ignorance? Combien sont incapables de tout autre enseignement que celui du plaisir et de la douleur, et doivent se contenter des conceptions qui leur sont fournies sous une forme traditionnelle!

L'intelligence curieuse du vrai en quelques-uns a pu percer cette surface. Grâce à la puissance de certains procédés d'expression, elle a pu signaler, au milieu de la confusion des formes qui l'entourent, certains phénomènes restés indistincts jusque-là. C'est là le premier effort de toute constatation scientifique. Elle pénètre plus loin que la surface immédiate, et par là elle mérite la qualification de *profonde*.

Elle arrive ainsi à reconnaître des faits qui avaient

échappé à la perception antérieure, parce qu'ils n'avaient point encore été isolés et dégagés. Mais ces faits nouveaux, en se détachant ainsi de la masse, ne changent point pour cela de caractère. Ce qu'ils étaient avant, ils le sont après. La saillie qui les fait noter avait échappé jusque-là à l'impressionnabilité ; mais seule cette impressionnabilité a permis de les mettre en lumière. La méthode analytique démêle ainsi petit à petit toute la série des phénomènes ; elle s'arrête lorsque toute confusion a cessé, lorsque l'objet examiné a été retourné sous tous les points de vue.

Nous ne tarderons pas à montrer avec précision quel est le principe de cette méthode ; nous comprendrons alors avec netteté comment il est vrai de dire que le phénomène seul est objet de la science, comment seul il est pour nous le réel, comment, enfin, tout ce que l'imagination veut trouver au-delà du phénomène, ce que Kant a baptisé du nom barbare de *noumène*, n'est qu'une abstraction sans fondement, une impossibilité, une chimère. Il n'y a rien dans la nature qui ne puisse se manifester ; tout ce qui est conçu comme dépourvu de toute possibilité de manifestation est par-là même conçu comme dépourvu de réalité. N'imaginons point quelque chose qui *est*, sous le phénomène qui ne serait pas. Tout ce qui est peut nous apparaître. Tout ce qui *est*, est phénoménal.

S'il en est ainsi, le propre de toute science est de pénétrer les conditions de production des phénomènes au moyen de l'observation exacte des faits et de l'expression exacte des faits observés. Discerner dans les faits tout ce qui s'y trouve, exprimer tout ce qui est discerné, voilà les conditions nécessaires de la science psychologique comme de toute autre. C'est dire qu'il ne nous est permis de négliger aucun des éléments qui concourent pour tous les phénomènes de pensée et de volonté; c'est dire que nous ne saurions prendre pour base unique de tous nos développements la pensée pure. C'est par cette préoccupation sincère de toute la vérité que nous pourrons arriver à une délimitation exacte de ce qui est l'essence des phénomènes de l'esprit, et obtenir peu à peu des *définitions* précises qui seules peuvent constituer une expression *définitive* de ce que nous aurons vu et observé.

Sans doute, la science psychologique ainsi comprise ne touche par aucun point à la métaphysique; elle abdique toute prétention de donner à elle seule la clé de l'univers; mais il est au moins douteux que ce soit pour elle une diminution de force véritable. Il n'entre nullement dans notre plan de faire ici une critique directe ou indirecte de la métaphysique; tout notre désir est de conduire la psychologie jusqu'au point où l'horizon métaphysique restera seul à explorer. L'au-delà est inaccessible à notre sens, et ceux qui en ont la préoccupation ont la *liberté* de toutes les solutions possibles. Ce que nous voulons, ce qui est le propre objet de cette étude, c'est l'analyse précise des phénomènes de pensée. Il y a là une série de faits observables et un terrain vraiment scientifique au-delà desquels nous n'avons nulle intention de nous aventurer. Comment s'opère l'acte de la pensée? Quels sont les ressorts de l'intelligence humaine? Voilà ce que nous allons tenter d'expliquer. Peut-être le terrain sur lequel nous allons nous placer tout d'abord pour cela paraîtra bien éloigné de celui des manifestations psychologiques, et pourtant son exploration est nécessaire. Quelle que soit la nature du phénomène désigné par le nom de *pensée*, nous sommes assurés qu'il se produit toujours au sein du monde de la vie; dès lors, nous sommes conduits à fixer les rapports de la vie et de la pensée, et pour cela il est nécessaire d'avoir de la vie elle-même une idée précise; c'est cette idée que nous allons tenter de dégager tout d'abord par une analyse exacte des phénomènes qui la constituent.

CHAPITRE II.

LE MONDE DE LA VIE.

Pour celui qui y regarde de près, le phénomène de la vie comprend deux ordres de faits parfaitement distincts. Bichat, le premier, en a eu le sentiment précis. Dans tout être vivant, les phénomènes de développement organique se coudoient avec ceux de sensibilité sans pourtant jamais se confondre. Voici comment le principe est posé au commencement du beau livre des *Recherches sur la Vie et sur la Mort*.

« Jetez les yeux sur deux individus de chacun des règnes vivants, vous verrez l'un (le végétal) n'exister qu'au-dedans de lui, n'avoir avec ce qui l'environne que des rapports de nutrition, naître, croître et périr fixé au sol qui en reçut le germe ; l'autre, allier à cette vie intérieure dont il jouit au plus haut degré, une vie extérieure qui établit des relations nombreuses entre lui et les objets voisins, marie son existence à celle de tous les autres êtres, l'en éloigne ou l'en rapproche suivant ses craintes ou ses besoins, et semble ainsi, en lui appropriant tout dans la nature, rapporter tout à son existence isolée ; on dirait que le végétal est l'ébauche, le canevas de l'animal, et que pour former ce dernier, il n'a fallu que revêtir ce canevas d'un appareil d'organes extérieurs propres à établir des relations. »

En effet, au point de vue de la croissance, il n'y a point de différence essentielle entre le végétal et l'animal. La nutrition, voilà le caractère universel de toute vie organique ou végétative, et ce fait se rencontre dans tous les êtres à la base desquels est la constitution cellulaire. C'est par l'organisation de la cellule, nul ne l'ignore, que se marque l'abîme creusé entre la vie inorganique et la vie organique. Celle-ci, sous toutes ses formes, est un développement, une production de matière organisée. Elle amène ainsi un envahissement de l'espace par les divers groupes cellulaires qui constituent les espèces de tout ordre, envahissement qui n'a d'autres bornes que celles des nécessités organiques et de la concurrence vitale.

Les êtres doués de la vie animale présentent, comme les végétaux, des phénomènes de développement organique ; ils sont soumis à toutes les lois du monde cellulaire, mais ils n'ont pu être considérés comme une simple variété comprise dans cet ordre de faits ; ils s'en distinguent d'une manière essentielle et forment un monde à part. De même que nous trouvons la vie végétative asservie, malgré ses caractères particuliers, aux lois physiques et chimiques universelles, de même la vie de l'animalité, tout en restant dominée par les nécessités de la vie végétative, s'en distingue en un point de la manière la plus nette et la plus précise. Le sang, la bile, la salive, les os, etc., sont des formes particulières d'organismes cellulaires ayant chacune leur mode spécial de développement; considérées à part les unes des autres, ces diverses formes ont pu être considérées comme des êtres distincts, mais jouissant seulement d'une vie purement végétative; en elles rien n'explique la vie d'ensemble : sans doute tout être animé a besoin de leur support, mais s'il ne peut exister sans elles, il ne se confond pourtant avec aucune; il s'y joint quelque chose par où la vie végétative est dépassée.

Dans l'animal, la vie ne peut être une simple fonction des divers organes, puisque chacun d'eux a sa vie à part. Pour expliquer l'unité vitale, il faut un fait indépendant des actions organiques, et ce fait, Bichat nous le montre avec netteté dans la possibilité de la *vie de relation*; seul, en effet, ce phénomène a toujours paru suffisant pour la formation de l'idée typique de l'animalité; et il n'a point fallu pour cela de grands efforts de pénétration scientifique; seul, l'animal se déplace, voilà le fait caractéristique dont l'observation a suffi à former le type *animal* dans la conscience du genre humain. L'être vivant a apparu ainsi comme détaché du reste de la nature et a trouvé un fondement assuré de son individualité.

La question scientifique à résoudre s'est posée dès lors d'une manière claire et précise. Si la vie animale consiste dans les fonctions de relation, connaître le fait essentiel qui rend cette vie possible, c'est connaître l'animal lui-même; il appartenait à l'analyse scientifique de montrer le fait d'organisation qui correspond à la faculté de déplacement, et qui, en rendant le déplacement possible, se rencontre en toute vie et disparaît avec la vie.

Ce mystère de l'organisation, nous pouvons affirmer que la science l'a désormais pénétré. Grâce aux recherches anatomiques et physiologiques, nous connaissons d'une manière sûre la portion des corps vivants par laquelle s'opèrent les fonctions de déplacement. Dans l'animal, il n'y a qu'une portion motrice, c'est le nerf ; il n'y a qu'un seul instrument général de mouvement, c'est le système nerveux. Les organes de la nutrition n'ont point un pouvoir propre de mouvement; ils ne jouissent de la faculté de déplacement que par leur alliance, par leur pénétration avec les racines nerveuses qui se distribuent dans tout l'organisme ; ils font partie de l'être qui se déplace; en dehors de lui, ils seraient privés de toute fonction de relation, autant que le végétal lui-même.

Dans le végétal, en effet, on chercherait en vain quelque chose de semblable au nerf. Les végétaux se nourrissent, se reproduisent, respirent même et par toutes ces fonctions semblent se confondre avec l'animal, mais la fonction nerveuse leur manque; on peut trouver en quelques-uns une apparence de sensibilité, mais rien de l'appareil nerveux. L'organisation nerveuse nous apparaît dès lors comme le fondement de toute distinction essentielle entre le règne végétal et le règne animal. C'est par cette organisation que la vraie vie s'est introduite dans l'univers et, de même que le problème de la vie végétative est celui de la formation de la première cellule, de même on peut affirmer que tout le secret de la vie animale se trouve dans la réponse à cette question : Comment a apparu le premier nerf ?

S'il en est ainsi, il faut en tirer nettement la conséquence ; le système nerveux ne peut plus être considéré comme un simple organe, il est vraiment le tout de la vie, il est l'animal réel. L'être vivant, c'est le nerf. Seul, en effet, le nerf est rencontré partout dans l'organisme, il en est le fait fondamental, le vrai centre, et constitue l'unité vivante ; cette unité correspond dès lors à un fait précis, elle sort du domaine de l'abstraction et s'incarne dans une substance. En dehors du nerf, il reste des fonctions, des organes plus ou moins indispensables, mais rien qui se distingue de la vie végétative, rien qui soit pourvu de la force caractéristique de l'animalité. De même que nous avons pu reconnaître dans le sein du monde organique certains principes: hydrogène, oxygène, carbone, azote, comme constituant les éléments de tous les corps et suffisant pour ce rôle immense à la seule condition de l'emploi de la forme cellulaire, de même les divers organes du corps servent de base à l'être vivant, sans pourtant se confondre avec lui, et, pour former un corps, ils ont besoin d'être reliés par un système nerveux. Seule, la fonction nerveuse caractérise l'animal, le reste du corps ne vit que par son alliance avec l'être nerveux, alliance réalisée de toutes parts : le corps entier n'est qu'un ensemble d'organes vivifiés par l'animal nerf.

Nous pouvons comprendre dès lors cette espèce d'indépendance de la vie organique vis-à-vis de l'animal que Bichat signale en termes précis. « Toutes les sécrétions, dit-il, s'opèrent sans interruption ; si quelques périodes de rémittence s'y observent, comme dans la bile hors le temps de la digestion, dans la salive hors celui de la mastication, etc., ces périodes ne portent que sur l'intensité et non sur l'entier exercice de la fonction. L'exhalation et l'absorption se succèdent sans cesse ;

jamais la nutrition ne reste inactive ; le double mouvement d'assimilation et de désassimilation dont elle résulte, n'a de terme que celui de la vie. Au contraire, ajoute-t-il un peu plus loin, le caractère propre à chaque organe de la vie animale c'est qu'il cesse d'agir par-là même qu'il s'est exercé, parce qu'alors il se fatigue et ses forces épuisées ont besoin de se renouveler. »

Ce que Bichat ne dit point ici, mais ce qui résulte clairement de ses propres principes, c'est que l'être nerveux n'est nullement diminué dans son unité par cette apparente indépendance des organes, toutes les fonctions organiques y aboutissent. C'est lui qui se nourrit, lui encore qui respire, lui qui gouverne toutes les fonctions de sécrétion et de reproduction. Rien n'est sans lui ; la mort consiste dans sa dissociation avec les organes, et l'on peut comprendre comment, même après elle, ceux-ci continuent encore quelque temps leurs fonctions propres, fait depuis longtemps signalé pour le système pileux, et constaté tout récemment avec bien plus de retentissement pour la fonction glycogénique du foie.

Désormais nous avons de l'animal une notion précise ; nous pouvons le définir un être nerveux vivant dans le milieu sanguin, le milieu intérieur, comme a dit récemment un savant illustre. Cet être a une propriété essentielle, caractéristique ; il se meut, et du même coup apparaît en lui la sensibilité. Etre sensible, c'est être capable d'émotion, c'est pouvoir se déplacer en tout ou en partie ; l'aptitude au déplacement autonome et la sensibilité sont de fait une seule et même chose. Il n'y a dans les êtres vivants aucune portion nerveuse qui ne soit sensible et qui ne marque cette sensibilité par le tressaillement, par un mouvement produit. La physiologie fait, il est vrai, une distinction entre les nerfs sensibles et les nerfs moteurs, mais il n'en faut point conclure à une scission essentielle dans les fonctions nerveuses ; un être sensible ne peut manifester sa sensibilité que par un mouvement ; la différence signalée par les physiologistes entre le nerf *afférent* et le nerf *efférent* n'est point propre à la matière nerveuse elle-même, mais simplement au mode de sa distribution dans des milieux différents. Seul, le nerf *efférent* peut mouvoir les muscles, parce que seul il est distribué dans les muscles de manière à agir sur eux ; sa constitution n'en reste pas moins identique à celle du nerf sensitif.

Ne craignons donc point de le répéter avec confiance : ce qui caractérise la vie animale, c'est l'existence du nerf, parce que seul il a des facultés motrices. En lui seul se résume la vie générale ; à côté de lui les divers organes vivent chacun séparément d'une vie particulière, caractérisée par un développement cellulaire particulier. Au nerf seul appartient la vie de déplacement et de sensibilité, et celle-là seule a fait de l'animal un être à part du reste du monde.

Il est aisé maintenant de comprendre en quel sens nous interprétons la pensée de Bichat, et comment nous pouvons la concilier avec la doctrine de l'unité de la vie. Seule, la vie de relation est propre à l'être vivant, il n'y a pas en lui deux vies juxtaposées ; tout ce qui est en dehors de l'action nerveuse reste pour nous un simple fait de végétation, et chacun des organes est en ce sens indépendant de tous les autres. Bichat, n'ayant point nettement précisé le siége de la vie vraie, a été amené à y associer les organes des sens. Pour lui, la vie animale a ses organes propres comme la vie organique les siens. Pour nous, au contraire, la vie animale est un fait absolument simple ; elle repose tout entière sur le nerf. Tout ce qui n'est pas nerf est un simple fait de développement organique. Les organes des sens, l'œil, la peau, etc., ne sont pas en eux-mêmes autre chose que des cas particuliers de la vie organique ; la vie animale n'appartient qu'aux nerfs qui se distribuent en eux. La substance nerveuse est partout identique à elle-même, partout elle sent, partout elle transmet le mouvement et explique ainsi complètement l'unité de l'animal ; mais, en rejetant la doctrine des deux vies, nous gardons pour points de départ les faits qui lui servaient de base, et l'autorité du grand philosophe anatomiste reste la meilleure défense de la vue d'ensemble que nous pouvons jeter sur le monde animé.

Nous n'avons point à rechercher comment la vie animale s'est introduite dans le monde, comment s'est formée cette agrégation particulière qui constitue la masse nerveuse, comment et par quel mode, sous quelle impulsion s'est opéré l'événement étrange qui a détaché à jamais la substance nerveuse du sol nourricier sur lequel repose la simple vie organique. Ce sont là des questions purement scientifiques dont la solution ne peut être actuellement entrevue et ne pourra jamais être complétement atteinte. En effet, toute découverte scientifique suppose la réunion de toutes les données du problème posé, et comment la science actuelle pourrait-elle réunir toutes les données d'un fait relégué à jamais dans les archives d'un passé insondable ?

Mais nous gardons néanmoins de l'animal une idée précise : l'activité nerveuse, voilà son caractère essentiel ; essayons d'en montrer la vraie nature, essayons d'indiquer ses relations avec les phénomènes généraux, et de reconnaître en elle l'action des lois universelles.

Pour cela, se dégageant des idées complexes engendrées par la contemplation de l'activité sous la forme instinctive ou volontaire, il faut se contenter de l'observation du mouvement nerveux sous son mode le plus simple ; c'est-à-dire le fait de la contractilité. Ce fait se rencontre dans toutes les espèces douées de vie. Dès qu'un être est muni de l'appareil nerveux, il devient sensible ; dès que la sensibilité est émue par un fait extérieur, dès qu'une impression est produite, un mouvement en résulte, et ce mouvement n'est autre chose que la continuation immédiate de l'impression qui l'a précédé. Il n'y a aucun être vivant qui n'éprouve des mouvements de ce genre, au moment où il est soumis à une impression inattendue. C'est là ce qui constitue à proprement parler la contractilité nerveuse. Les nerfs sont constamment impressionnables, ils vibrent sous le moindre ébranlement. Cette propriété caractéristique ne disparaît jamais complétement ; tant qu'il reste quelque chose du nerf, et même après la mort, il conserve une mobilité particulière. Ainsi s'expliquent les expériences galvaniques sur les nerfs des grenouilles, de même aussi les émouvants effets de l'injection du sang oxygéné dans les veines de la tête d'un chien décapité.

Le type du mouvement nerveux est donc le tressaillement involontaire ; envisagé dans cet état primitif, il touche de bien près aux phénomènes d'élasticité et de sonorité. Cette analogie entrevue permet de comprendre pourquoi la chanterelle du violon, c'est-à-dire un nerf tendu, peut s'associer harmoniquement à de simples cordes métalliques. Les faits de contact propres à ébranler l'impressionnabilité nerveuse nous montrent un mode d'action comparable à celui des phénomènes généraux de compression et de choc; le nerf est un instrument de transmission de mouvement.

Une conséquence en résulte; c'est que les lois générales du mouvement sont applicables à l'ébranlement nerveux, c'est que l'activité des êtres vivants prend sa source dans le fleuve du mouvement universel.

Rien ne se crée, rien ne se perd : ce premier axiome de la science moderne se retrouve avec son application nécessaire aux faits de la vie. L'être qui se meut subit le retentissement des impulsions extérieures. Ces impulsions ne peuvent disparaître sans amener des mouvements dans l'être vivant; le cours de cette étude nous montrera les directions diverses, les déviations et les transformations des mouvements ainsi imprimés.

Une chose est déjà assurée pour nous, et son importance est considérable : c'est que l'être vivant dans sa production du mouvement est assujéti à la grande loi de l'équivalent mécanique de la chaleur. C'est là un fait expérimentalement constaté et sur l'homme lui-même. De même que tout autre mécanisme producteur de travail, chaque être animé est obligé pour chacun de ses mouvements de consommer une certaine quantité de chaleur. La conception de cette loi a jeté immédiatement la lumière sur une masse de faits encore incompris. L'extraordinaire puissance musculaire de l'oiseau est évidemment en rapport avec la constance de surélévation de sa température respiratoire ; il n'y a aucun être vivant dont l'activité n'ait pour base la conservation de la chaleur vitale, et qui ne se dérobe plus ou moins aux variations générales de la température atmosphérique.

Une conséquence en résulte avec une entière évidence, c'est que la vie, en tant que constituant une forme particulière de transmission motrice, ne peut se passer d'une alliance intime avec la chaleur; l'appareil nerveux, pour alimenter sa puissance mécanique, a besoin d'avoir à sa disposition une source de chaleur constante ; cette source, nous la connaissons, nous la trouvons réalisée par l'ensemble organique où l'être nerveux puise tous les éléments de sa vie.

Le système nerveux est en contact perpétuel avec le milieu sanguin, et la température du milieu sanguin est absolument constante ; voilà le principe simple, le fait élémentaire par lequel se réalise la perpétuelle possibilité d'activité du nerf. Grâce à son alimentation par des tissus organisés, l'animal pourvoit à une provision de chaleur abondante, et ce n'est point une expression trop hardie que celle qui résumerait la nutrition en disant que l'animal mange de la chaleur. La vie nerveuse devient ainsi un cas particulier de la chaleur universelle. Nous pouvons comprendre pourquoi l'insecte, au moment de parvenir à la perfection de la vie aérienne, vie de fougue et de mouvement, s'y prépare par l'immense absorption de nourriture des derniers jours de sa vie de larve ; il réalise ainsi les conditions préparatoires de la vie ardente où il va s'élancer ; réduit à l'état de nymphe, au contraire, il est dispensé de se nourrir. Sur les continents, la diffusion de la vie augmente avec la chaleur. La mer, en fournissant un milieu de température constante, a permis l'extension de l'animalité jusqu'aux régions polaires, tandis que les chaleurs torrides des zones tropicales sont indispensables pour le développement des grands reptiles. La chaleur est le vrai générateur, la Grande Mère ; de même que les rayons solaires dilatent l'air accumulé à la surface terrestre et font monter les vapeurs jusque dans les nues, de même ces rayons produisent tout à la fois les immenses entrelacements de la végétation tropicale et l'infini développement du monde des insectes, dont la vie courte se consume dans une activité désespérée.

Le nerf, ce fait constitutif de la vie, puise ainsi sa force motrice dans le bain de chaleur qui lui est fourni par le milieu sanguin, et il est assujéti à toutes les nécessités des lois de la chaleur pour la dépense de son énergie. Il faut une nutrition constante pour entretenir une chaleur constante. Le froid de la mort ou de la simple syncope coïncide avec l'évanouissement de toute force corporelle. Les boissons alcooliques peuvent suppléer quelque temps à l'alimentation ordinaire, c'est qu'elles fournissent l'essentiel pour la vie nerveuse, c'est-à-dire un supplément de force et de chaleur. Est-il besoin de remarquer que les langues, par une espèce de prescience, sont peuplées d'expressions justifiées par l'observation scientifique actuelle? Ces prétendues métaphores ont vraiment tout le suc de la réalité. Ainsi le *feu* du regard accompagne les actions énergiques ; l'éclat dont il brille alors est comme un reflet de la chaleur nerveuse qui s'échappe ; de même sous le marteau du forgeron, l'étincelle jaillit de l'enclume.

Ces principes se vérifient même pour cette loi mécanique accessoire admise par la science actuelle ; c'est qu'un travail mécanique n'est possible qu'autant qu'il y a une différence de température entre l'instrument de travail et le milieu ambiant ; cette loi, nous la retrouvons aisément dans le monde de l'énergie vitale. De même que pour tout autre mécanisme producteur de travail, il faut que l'équilibre entre la chaleur interne dont peut disposer l'organisme nerveux et la chaleur extérieure soit constamment détruit sans que la différence existante soit néanmoins de nature à nuire au bien-être de l'animal. Si celui-ci se trouve exposé à une température extérieure trop basse, il se refroidit trop rapidement et perd ainsi toute puissance de travail ; s'il se trouve au contraire dans un milieu de température supérieure à la sienne propre, sa chaleur ne se dépense plus, ne peut plus se dépenser, et dès lors tout travail devient impossible, puisqu'il ne peut s'effectuer sans dépense de chaleur.

Ces réflexions nous montrent une connexion intime entre la puissance des êtres doués de vie et les lois les plus générales gouvernant à la fois le monde inorganique et le monde organique. La possibilité de l'action dans l'animal se trouve rattachée à un fait universellement retrouvé dans tous les phénomènes de mouvement, c'est celui de la possibilité d'une certaine dépense de chaleur.

Avons-nous pour cela obtenu une notion précise de l'origine de la vie? Certes il n'y a dans les rapports entrevus rien qui permette à ce point de vue autre chose que des affirmations téméraires. Tout problème d'origine a nécessairement quelque chose d'insoluble, parce que les données qui en permettraient la compréhension ne peuvent être complétement réunies dans le temps d'une unique expérience ; mais nous avons aperçu un rapport précis entre les nécessités des mouvements des êtres vivants et les nécessités de toute autre espèce de mouvement; nous avons fait un pas de plus vers l'unité philosophique du Monde.

Et du même coup nous nous trouvons sollicités par une autre intuition. Pourquoi serait-il défendu de concevoir les phénomènes vitaux comme intimement liés à la constitution même de l'univers, comme aussi inséparables de lui que les divers changements d'état, gaz, fluides ou solides, auxquels nous ne sentons nulle nécessité de trouver un commencement? Il n'y a rien dans les faits actuellement acceptés par la science qui vienne démentir cette conception; l'hypothèse même qui fait de la terre un soleil éteint n'y fait pas réellement obstacle. Il suffit, pour s'en rendre compte, de se pénétrer d'une vérité qui n'est pas, selon nous, mise assez en évidence. C'est que la prétendue limitation de l'atmosphère n'a rien de réel. La loi de l'expansion des matières gazeuses n'est point vaincue par celle de la pesanteur, car on n'a jamais soutenu que les molécules atmosphériques fussent à la surface terrestre à l'état de maximum de pénétration. Dès lors il devient impossible d'admettre qu'il y ait un point où la matière à l'état gazeux puisse limiter un espace absolument vide. L'espace pur est une chimère; l'éther, ce fluide impondérable admis hypothétiquement par la physique actuelle, ne peut être autre chose qu'un gaz infiniment raréfié. Dès lors aucune portion de l'espace ne peut être conçue comme inaccessible à la vie. En face des myriades des infiniment petits, qui oserait concevoir une limite nécessaire aux formes vitales? Dès à présent, l'identité de la matière dans tout l'univers observable est démontrée par les brillantes découvertes de la méthode d'analyse spectrale; la vapeur d'eau elle-même n'est point étrangère à l'atmosphère du soleil. Il ne peut plus exister de doute sur l'unité de composition de l'univers ; dès lors la vie doit y jouer partout son rôle, et devant l'infini de l'océan de matières que révèle le télescope il est permis de placer un autre infini encore plus grandiose, encore plus éblouissant, l'infini de la vie.

Quoi qu'il en soit, nous avons du moins conquis un point de départ inébranlable. Tout animal est un être nerveux trouvant dans les propriétés de la substance nerveuse alliée à la chaleur vitale tous les éléments de sa puissance d'activité ; c'est là le premier résultat de notre analyse. L'identité de la substance nerveuse en tout être animé, voilà le fonds, voilà la condition universelle de tout phénomène vital ; partout où cette substance est rencontrée, nous trouvons la sensibilité, la vie de relation, rendues possibles dans une certaine mesure: il n'y a entre les divers systèmes nerveux aucune différence essentielle. Nous comprenons par là le fait de l'unité de la vie animale : désormais elle constitue un phénomène distinct, reconnaissable par des caractères inaltérables. Il est vrai qu'elle se manifeste sous des formes innombrables entre lesquelles il semble qu'il n'y ait rien de commun sous le rapport de la possibilité de la pensée et de tout ce qui est du domaine de l'esprit; mais, en prenant soin d'analyser avec précision les premiers développements de l'intelligence, nous pouvons espérer de voir peu à peu comment l'être humain se distingue de tous les autres: nous pourrons faire saisir le fait caractéristique de sa personnalité.

Ce que nous savons, ce que nous retenons dès à présent, c'est que le mouvement universel ne trouve point dans les êtres vivants une matière absolument impénétrable ; c'est que les pressions extérieures exercées sur eux aboutissent nécessairement à une manifestation active, et cette vérité est vraie, d'une vérité absolue, applicable à toute forme douée de vie : ce fait peut dès à présent être considéré comme un élément essentiel de la sensibilité vitale ; les développements qu'il peut nécessiter trouveront leur place dans les chapitres suivants. Nous avons obtenu une idée précise des phénomènes de la vie ; nous pouvons, maintenant que nous en connaissons le principe, nous renfermer dans les faits plus spéciaux, dans le propre objet de notre étude, dans la sensibilité considérée dans ses rapports avec les phénomènes intellectuels.

CHAPITRE III.

L'IMPRESSIONNABILITÉ.

Nous venons d'obtenir une notion précise des premiers éléments qui concourent pour la possibilité des faits de sensation. En tout être vivant, nous avons trouvé un fait caractéristique, l'organisation nerveuse, en toute organisation nerveuse une aptitude spéciale à l'émotion, à la transmission d'un mouvement imprimé. Le nerf nous a apparu comme une agrégation moléculaire particulière aux êtres vivants, essentiellement favorable à la propagation des impressions extérieures et puisant cette perpétuelle disposition dans son alliance intime avec le milieu sanguin producteur de chaleur. Tandis que les chocs de la matière inorganique sont accompagnés d'un dégagement de chaleur dès que le mouvement du choc ne peut plus se propager et que l'élasticité fait défaut, les pressions exercées du dehors sur les êtres vivants s'y propagent et y trouvent toujours un milieu pénétrable et une transmission de mouvement possible.

C'est la forme particulière de ces mouvements qui caractérise la vie, c'est ce mode spécial de pénétrabilité du nerf qui est la base nécessaire de l'impressionnabilité. En tout être vivant, l'impression est une pression du monde extérieur s'exerçant sur un organisme toujours prêt à une certaine dépense de chaleur, prêt, par conséquent, au mouvement et à l'action. L'impressionnabilité ainsi comprise se trouve rattachée aux lois générales de la nature. Les mouvements venant de l'extérieur, au lieu de trouver une résistance brusque à leur propagation, peuvent pénétrer dans les êtres vivants et les agiter sous la forme de l'ébranlement communiqué aux parties nerveuses, et c'est cette pénétration d'un mouvement ou de la chaleur du dehors dans le milieu nerveux qui est le fonds réel de toute sensation.

Le système nerveux est donc la base indispensable de la vie impressionnable; en lui seul se réalise cette alliance féconde qui fait des êtres vivants une *source intarissable d'action*; aucun autre être ne peut être conçu comme capable d'un même genre d'activité, parce qu'aucun autre être ne réalise la perpétuelle possibilité d'une certaine dépense de chaleur. Tel est le fondement solide, indiscutable, sur lequel repose la puissance active des êtres doués de vie.

Une conséquence en résulte : c'est que toute espèce de sensation doit pouvoir être rattachée à un fait de mouvement, et c'est, en effet, ce qui arrive. L'analyse scientifique découvre des mouvements partout où se montrent des sensations, même les plus subtiles. On peut trouver l'exposé complet des résultats de cette analyse dans le beau livre récent de M. Taine, sur l'*Intelligence*. Dès à présent rien de plus clairement établi pour l'ouïe, pour la lumière, pour la chaleur. Et certes il n'est personne qui puisse avoir la pensée de le contester pour les sensations de tact. Ces dernières, en effet, sont le résultat d'un contact, c'est-à-dire, d'une rencontre de l'épiderme avec un objet extérieur, et cette rencontre, à proprement parler, est un fait de mouvement.

Il ne faut donc point craindre d'affirmer qu'il n'y a aucune sensation qui ne soit en même temps un fait de mouvement, et il faut aussi avoir soin de bien circonscrire la portée de cette affirmation. Sans aucun doute, le fait de l'audition d'un son, celui de l'aspect particulier d'une couleur, celui d'une saveur spéciale, ne sont nullement assimilables aux phénomènes de déplacement d'un objet que nous appelons mouvements. Mais nous rencontrons des phénomènes de mouvement partout où nous trouvons une sensation quelconque de coloration, de saveur, de son ou de toucher. Nous pouvons constater des faits de déplacement toutes les fois que nous sommes impressionnés d'une manière quelconque; il n'y a aucune perception de l'odorat, de l'ouïe, du tact, etc., qui ne coïncide avec un fait de déplacement qui pourrait être perceptible pour l'organe visuel, si celui-ci avait toute la sensibilité nécessaire pour qu'aucun mouvement ne lui échappe. Tel est le sens de cette affirmation péremptoire : dans toute sensation, il y a un fait de mouvement.

Maintenant, si l'on demande pourquoi telle nature de mouvement se trouve toujours accompagnée de telle et telle sensation de goût, de couleur ou d'odorat, il est évident qu'une seule réponse nous est possible : c'est que la différence dans le mode de nos sensations est un résultat de la différence des organes. Un même fait extérieur peut nous impressionner à la fois de plusieurs façons, c'est ce que nous constatons tous les jours, à toutes les heures. Un même phénomène électrique est à la fois pour nous l'éclair, le tonnerre, et une sensation de douleur si nous sommes atteints. Cette différence de résultats ne correspond point à celle des évènements hors de nous-même, mais au mode spécial de nos diverses perceptions par les sens. Et cela ne peut surprendre, dès que l'on remarque qu'il n'y a aucun fait d'impression qui ne corresponde en réalité à un ensemble d'actions très-complexes. L'être nerveux n'est point en contact immédiat avec les objets qui l'entourent; les modifications extérieures ne pénètrent jusqu'à lui qu'au travers des milieux organiques. Or, ces milieux ont une action à eux propre; ils modifient nécessairement le mouvement extérieur. Tandis que certains faits impressionnent tous nos sens à la fois, d'autres ne produisent une impression que sur un seul organe. C'est ce que nous voyons pour la lumière. Les phénomènes de lumière se présentent souvent sans aucun cortége d'aucune autre impression, et pour eux le corps tout entier est aveugle, excepté l'œil. Nous voyons clairement par là que les phénomènes lumineux ne sont pas simplement un rapport entre le nerf et un fait extérieur, car le fait extérieur qui correspond au mot *lumière* n'existe que pour un seul nerf, pour le nerf optique. Et il ne faut point imaginer que le nerf optique jouisse à lui seul pour cela d'une aptitude particulière, car le nerf optique n'a aucune puissance dans un œil évidé. Pour qu'il soit sensible, il faut l'aide de l'organe complet, opérant la concentration des rayons lumineux; et sans doute c'est cette concentration qui rend possible une émotion perceptible pour des mouvements aussi ténus que ceux de la lumière. En toute sensation, l'on est conduit de même à constater trois éléments distincts dont le concours est indispensable : d'abord l'action particulière de certains corps étrangers ; en second lieu, un milieu organique spécial ; en troisième lieu, le nerf conducteur dans lequel l'impression se formule, se propage et pousse à l'action.

Tout ceci bien compris, on aperçoit que, pour la réalisation d'une impression quelconque, il y a toujours en nous deux éléments fixes : le nerf et l'organe ; une seule chose change, c'est le fait extérieur. Le nerf ne peut sentir qu'au travers de l'organe où il est plongé, et, d'autre part, sans le nerf, l'organe resterait muet. Il y a là une coopération nécessaire, et c'est la réalisation de cet accord dans des proportions plus ou moins définies qui constitue l'échelle des êtres animés. Tous ont des nerfs, mais ces nerfs n'arrivent point chez tous à de mêmes résultats à cause de l'extrême variété qui se manifeste dans la disposition des organes.

Ce que nous retenons dès lors de ces observations, c'est qu'un même fait extérieur peut nous impressionner de bien des manières différentes, en sorte que nos impressions ne peuvent être distinguées que par la considération de l'organe qui les fournit. Ce que nous concevons comme hors de nous est marqué par nous de tel et tel caractère, suivant l'ébranlement organique qu'il produit.

Ces observations sont importantes, parce qu'elles démontrent que nous considérons à tort certaines sensations comme des faits purement internes, tandis que nous serions portés à donner à d'autres faits un caractère externe. La vérité est qu'il n'y a aucun fait existant pour nous sous une forme autre que celle d'une impression de l'un de nos sens, et les faits que l'on voudrait envisager comme entièrement extérieurs sont des sensations comme les autres; il n'y a aucun fait, même ceux que nous considérons comme hors de nous, qui ne doive être rangé sous cette dénomination. Plus tard, nous examinerons le point de vue réel qui a engendré la distinction des faits intérieurs et des faits extérieurs. Mais dès maintenant nous pouvons dire : Toute sensation est à la fois un fait du dehors et un fait du dedans, puisqu'en toute sensation nous trouvons à la fois le nerf, l'organe et l'objet extérieur. Nous ne pouvons donc distinguer deux classes de sensations.

Et, par exemple, si nous considérons le soleil, nous obtenons une sensation de forme et de couleur à laquelle se joindra peu à peu la perception d'un déplacement; nous recevons en même temps une sensation de chaleur. Aucune de ces impressions n'a un caractère différent au point de vue de l'extériorité; toutes sont des sensations, c'est-à-dire des faits organiques et nerveux, et ne peuvent être connues et entrer dans l'esprit qu'à un titre égal. Le mouvement est un fait de sensation et n'est rien autre chose; il ne peut nous être connu que par une action sur nos sens. Donc, si nous voulons considérer la forme du soleil comme un fait interne, il est clair que les déplacements de cette forme seront aussi un fait interne; si nous croyons nos sens impuissants à nous faire sortir de nous-mêmes, il est clair que nous n'avons aucun moyen d'en sortir et de prétendre qu'il y a des faits extérieurs ayant un caractère autre que celui de la sensation.

Nous sommes maintenant en mesure de bien comprendre et préciser la portée de l'affirmation qui trouve un mouvement dans tout fait de sensation. Par là, il ne faut point entendre que l'odeur du musc et le timbre du violon doivent être assimilés à des phénomènes de mouvement, mais il faut saisir qu'un phénomène de mouvement peut être aperçu toutes les fois que nous sentons une odeur ou que nous entendons une note musicale : ni le timbre ni l'odeur ne sont le mouvement, mais ils ne sont point sans un mouvement ; c'est ainsi que nous sommes en droit d'affirmer qu'il n'y a aucune sensation qui ne corresponde à un mouvement, et que nous pouvons rattacher tous nos faits d'impressionnabilité aux notions générales que la science a coordonnées sous ce point de vue.

Dès lors, c'est à bon droit aussi que nous pouvons affirmer que l'impression qui succède à un mouvement contient tout ou partie du mouvement précédent. De ce mouvement, c'est la trace la plus palpable qui reste. La science admet comme un axiome l'impossibilité de l'anéantissement d'un mouvement donné. Or, il n'y a pas de mouvement qui n'aboutisse à une sensation, et il n'y a pas non plus de sensation qui n'aboutisse à un mouvement des organes. A l'entrée des corps vivants, nous apercevons des transmissions de mouvement ; à la sortie de ces mêmes corps, nous en apercevons d'autres. Ces derniers mouvements ne peuvent être que la conséquence des premiers. Rien ne se crée, rien ne se perd. La liaison du phénomène est complète et trouve sa raison dans une loi générale si impérieusement constatée, qu'elle est devenue l'axiome mécanique par excellence.

En cette observation est la marque sûre de l'identité substantielle de nos sensations et des mouvements.

Tout cela n'est pas vrai seulement pour les sensations dont nous trouvons l'origine dans des mouvements hors de nous-mêmes, cela est vrai aussi pour un autre genre de sensations trop souvent négligées dans les analyses psychiques, je veux parler de celles qui ne sont pas immédiatement rattachées à un fait du dehors, parce qu'elles s'accomplissent sous la simple impulsion d'une lente métamorphose organique. Telles sont la faim, la soif, les douleurs maladives, etc., etc.

Les impressions de cet ordre sont un résultat de l'action des organes sur l'être nerveux, mais elles ont toujours pour principe une ingestion extérieure. Leur existence est une démonstration péremptoire de cette indépendance réelle du système nerveux qui est le fond de notre conception de la vie. Chacun de nos organes, par le fait de la nutrition, est dans un état constant de rénovation et de métamorphose. Les mouvements qui en résultent en chacun d'eux se trahissent par une pression exercée sur les parties nerveuses. L'habitude émousse en nous le sentiment des mouvements qui s'opèrent dans nos organes d'une manière constante. Notre cœur ne cesse jamais de battre et notre sang de circuler, et pourtant, en santé, nous ne remarquons pas ces mouvements, parce qu'ils sont sans intermittence. Mais vienne un trouble accidentel qui les accélère ou en trouble la régularité, et de suite nous éprouvons le malaise des palpitations ou de la fièvre. Une foule de mouvements se succèdent ainsi dans nos organes d'une façon incessante, et peuvent produire en nous un nombre infini de sensations de plaisir ou de douleur. Ici donc, comme ailleurs, toujours et partout un fait de déplacement peut être signalé comme le point de départ de nos sensations. Rien n'y vient déroger à notre conception de l'impressionnabilité. Toutes ces sensations sont des émotions nerveuses produites par des faits ayant un caractère absolument identique à celui des impressions auxquelles nous attribuons une origine extérieure.

Pour ne laisser aucun doute sur la nature propre de la faculté de sentir, nous sommes obligés maintenant d'aborder immédiatement l'examen de la valeur des impressions *imaginaires* et de leur origine. Nous ne l'abordons pourtant que d'une manière préliminaire, nous réservant d'achever de jeter tout son jour sur ce sujet lorsque nous aurons rendu un compte exact de la nature de la pensée.

L'impression imaginaire semble au premier coup d'œil échapper à la loi générale de la transformation du mouvement. Elle peut paraître étrangère à tout fait extérieur. Cependant il n'en est rien pour celui qui sait bien pénétrer son vrai caractère.

Une impression imaginaire, la langue le dit très-exactement, est celle qui provient d'une image ; nous devons donc nous rendre compte de ce qui constitue une image, de son origine et de son mode d'action.

Toute image est le retour d'une impression antérieure. L'impression qui réapparaît ne se trouve point liée dans ce cas avec le fait extérieur qui lui avait donné naissance. Cette réapparition se produit en dehors des conditions premières de sa production.

La question à résoudre est tout entière renfermée dans le problème suivant : comment une impression évanouie peut-elle réapparaître? Comment peuvent se former et rester en nous les images des faits passés? A vrai dire, la réponse complète à cette question contient le problème psychologique tout entier. Pour le moment, nous ne pouvons l'aborder encore dans tous ses détails, mais nous devons l'examiner au point de vue particulier qui nous occupe et nous demander s'il y a une possibilité de rattacher les impressions imaginaires à un fait de mouvement.

Ce qu'il faut d'abord bien remarquer, c'est qu'une image, quelles que soient sa netteté et sa puissance, n'a jamais d'autre caractère que celui de la réapparition plus ou moins complète d'une impression antérieure. Et, par exemple, il est absolument certain que celui qui n'a jamais mangé de banane n'en pourra jamais trouver le goût, ni dans ses rêves, ni dans ses hallucinations les plus bizarres. Nous pouvons mélanger les images des faits passés et obtenir ainsi dans nos songes et nos rêveries des accouplements monstrueux, mais nous ne pouvons aller au-delà. La forme des fruits des tropiques ne se présentera jamais à l'imagination des habitants des pays froids ou tempérés qui n'auront pas eu ces fruits sous les yeux. Mais s'il en est ainsi, c'est évidemment que nos images sont reliées par un fil quelconque à l'impression première qui les a fournies. La sensation reste toujours le fait primordial; l'image en est une dépendance; sans impression originelle, il n'y aurait donc dans notre esprit, ni rêves, ni hallucinations, ni imaginations possibles. L'impression extérieure reste le seul point de départ fixe et inébranlable et doit toujours être considérée comme le principe de tous les faits qui peuvent y être rattachés et qui en paraîtront le retentissement naturel.

Or, nous l'avons montré tout à l'heure, il n'y a point d'impression extérieure qui ne coïncide avec une certaine somme et une certaine direction de mouvements. La réalisation de ces mouvements amène sa réalisation propre ; il suffit, dès lors, qu'une cause quelconque produise dans nos organes des mouvements à peu près identiques à ceux d'une impression donnée, et cette impression devra apparaître, les mouvements obtenus produisant un ensemble à peu près pareil : c'est là le principe de tous les faits d'imagination.

C'est ce qui arrive, nous le montrerons avec détail pour la classe la plus étendue et la plus importante des images, je veux dire celles qui sont fournies par des mots. Le langage est une série de signes, c'est-à-dire une série d'images ; chaque mot fait réapparaître en même temps que lui une impression donnée. C'est là aussi qu'il faut chercher le fondement des hallucinations maladives qui hantent nos rêves ou qui assiégent le cerveau pendant la folie.

Comment un ensemble de mouvements propres à rappeler une impression antérieure peut-il se réaliser sans un retour réel de cette même impression ? C'est évidemment un problème encore fort incomplétement étudié. Toutefois, dès à présent, nous pouvons obtenir quelques lueurs sur les raisons de cette possibilité.

S'agit-il, par exemple, d'expliquer les illusions des amputés ou les phosphorescences d'un œil éteint, voici à quelles remarques ces faits donnent lieu. Les impressions réelles ont pour base le concours constant d'un certain nerf et d'un certain organe. Mais si l'organe se trouve supprimé pour une cause quelconque, le nerf qui y aboutissait n'en conserve pas moins sa propre vitalité. C'est précisément ce qui arrive lorsque l'œil est attaqué dans ses dispositions organiques sans que le nerf optique reçoive aucune atteinte ; c'est ce qui arrive aussi dans les cas d'amputation d'un membre. Tous les nerfs qui y aboutissaient continuent à subsister entre le point de l'amputation et la moelle épinière, conservant une même direction, une même disposition, et aboutissant à un même point du centre nerveux. On aperçoit déjà que les vibrations qui pourront s'y produire auront nécessairement quelque rapport avec celles qui pouvaient le parcourir à l'époque où il était en communication avec un organe particulier. Le nerf a été diminué, mais il est resté le même et rien n'a été changé au mode de vibration qui lui était propre par suite de ses communications organiques antérieures. Dès lors, il est aisé de concevoir que ce nerf ainsi conservé garde quelque chose de sa vie primitive. S'il vient à être pénétré par un ébranlement quelconque, le mode de propagation de cet ébranlement présentera tout ou partie des caractères qui étaient notés au temps où il correspondait avec l'organe intact, et une sensation presque identique à celles qui provenaient de l'organe supprimé devra se produire. Les rapports du nerf avec l'organe ont été trop longs pour qu'il n'en reste pas une trace dans les ébranlements postérieurs ; il y a là comme un fait d'*habitude* ; il est impossible que les sensations alors éprouvées ne rappellent en quelque chose celles qui se produisaient par l'intermédiaire de l'organe absent ; telle est la seule explication possible des illusions des amputés ou des phosphorescences du nerf optique.

Il faut bien le remarquer, d'ailleurs, ces illusions, de même que les hallucinations de toute espèce, n'ont point ce caractère de netteté et de précision qui distingue les impressions réelles. Une image, quelle que soit sa source, n'est jamais qu'une reproduction partielle de la sensation originale ; aucune image n'équivaut à l'impression primitive qu'elle suppose : sans doute, elle en conserve un fragment plus ou moins complet ; en quelques natures maladives, la conservation obtenue peut aller jusqu'à l'illusion complète, mais ce sont là des faits rares et qui ne peuvent fournir une base scientifique ; pour celui qui ne veut point secouer de parti pris le joug de la réalité, il y a un abîme entre l'impression *réelle* et l'impression *imaginaire*.

La meilleure preuve qu'on en puisse donner, c'est qu'on ne s'y trompe pas, c'est qu'il y a un accord constant pour tous les esprits, leur permettant de faire cette distinction avec sûreté ; d'ailleurs, l'analyse des faits qui concourent pour nos impressions nous montre qu'aucune image ne peut réunir toutes les conditions d'une sensation réelle. Prenons pour exemple le sens de la vue : tout fait de vision est un fait d'ensemble consistant dans la simultanéité d'un nombre infini de vibrations. Pour que ce même ensemble soit obtenu à deux reprises différentes, il faut donc une même position de l'observateur, une même direction de l'œil, un même état de coloration des objets contemplés ; or, il n'est point douteux que cet ensemble de conditions absolument identiques n'est jamais réalisé, en sorte que, même pour les choses que nous voyons le plus habituellement, nous ne les voyons jamais sous le même aspect. Si donc nous gardons de ces choses une image, cette image doit avoir quelque chose de confus ; elle ne peut être qu'un débris de toutes les impressions qui ont servi à la graver. Dès lors, il est clair qu'elle ne peut correspondre exactement ni aux unes ni aux autres, car à chacune des impressions primitives il manquait un des traits qui avaient concouru pour la formation de l'autre, et l'image qui en est résultée n'a pu être qu'un résidu dans lequel font défaut un nombre infini d'éléments d'une impression réelle. On aperçoit par là que les hallucinés soutiennent en vain avoir obtenu une vision absolument nette ; ils sont dans l'erreur, aucune image ne peut présenter la précision de la réalité.

En somme, le principe de toutes les hallucinations est identique ; il consiste dans l'ébranlement d'un nerf s'accomplissant en dehors du concours du fait extérieur et de l'organe où le nerf trouve d'ordinaire une cause d'émotion. Dans ce cas, lors même que le fait extérieur et par conséquent l'action organique sont absents, leur action est présumée par suite de l'habitude et l'ébranlement actuel du nerf y est rapporté. Nos images surgissent ainsi comme un résultat de certains mouvements dont l'ensemble a quelques rapports avec les sensations qui se trouvent rappelées.

Il est, il est vrai, d'autres images qui ne présentent pas ce caractère absolument fatal ; ce sont les images que nous fournit notre pensée. Le propre objet de cette étude est d'en bien montrer l'origine ; mais nous pouvons dès à présent apercevoir qu'elles sont intimement liées à l'apparition d'un mot qui est leur signe ; elles aussi, par conséquent, se trouvent associées à un fait extérieur, à un phénomène de mouvement.

Dès lors, pour les images comme pour les impressions réelles, nous ne pouvons hésiter à reconnaître un point de départ commun, c'est-à-dire un phénomène de mouvement. Non-seulement nous avons pu reconnaître qu'un fait de déplacement coïncide avec toutes nos sensations, mais cela est vrai aussi pour l'image. Cela est de toute clarté pour les images verbales; il est évident que l'*audition des mots*, en éveillant en nous les idées des choses, a pour principe le fait extérieur de mouvement qui a rendu l'audition possible; de même les images ou hallucinations somnambuliques ont un point de départ commun dans les faits de suggestion si souvent constatés par la science dans leur explication, et ces faits de suggestion supposent une communication de mouvement. Cela n'est point douteux, enfin, pour les illusions de l'œil ou des membres amputés, car elles ont toujours une cause extérieure telle qu'un choc ou un sentiment de froid. Toute image se trouve ainsi liée à un fait de mouvement, il n'en est aucune qui échappe à la loi qui les englobe tout comme les impressions réelles.

Il faut donc le reconnaître, la substance nerveuse est douée d'impressionnabilité partout où elle pénètre. Elle se trouve en contact avec des organes de structure variée et ses impressions varient en conséquence; elle se trouve enveloppée par ces organes, les sent de toutes parts et en ressent toutes les modifications. Toujours, par conséquent, l'action sensible peut être rattachée à un mouvement, à une pression exercée sur les fibres nerveuses par les organes auxquels elles sont soudées.

Toute sensation se trouve ainsi reliée, non-seulement à un fait de mouvement provenant de l'extérieur, mais encore au mode particulier de transmission de ce mouvement à travers l'enveloppe organique. Nous apercevons par là pourquoi les sensations ont un caractère essentiellement complexe et pourquoi elles ne peuvent être considérées comme étant un simple mouvement. C'est qu'en effet le mouvement est un fait qui n'existe sous la forme *de déplacement* qu'au regard de *l'œil*. Pour les autres sens, le déplacement n'est qu'un non-sens. Seulement, ce déplacement peut être perçu chaque fois qu'une sensation s'opère, et en ce sens le mouvement peut être retrouvé au fond de toute sensation.

Nous avons tout à l'heure appelé l'attention sur les sensations qui suivent les métamorphoses organiques. Ces sensations ont un caractère remarquable, c'est d'être très-peu dissemblables, et cela se comprend ; les actions d'où elles dépendent se renouvellent presque toujours de la même manière. Il y a peu de différence entre les divers degrés de la faim ; bien plus, nos douleurs, en cas de maladie, bien que situées dans des organes très-différents, affectent une grande ressemblance. Nous trouvons dans ce fait un nouveau témoignage de cette identité de la substance sensible qui fait l'unité de l'être vivant, quelles que soient les différences qui se manifestent dans l'action et dans la forme des divers organes.

C'est, en effet, cette identité de la substance sensible, se manifestant d'un côté par l'unité évidente de la composition nerveuse, de l'autre par la conformité et la ressemblance des sensations internes, qui affirme l'unité essentielle des êtres doués de vie. Tandis que chaque être vivant se trouve doué par là du sentiment intérieur de l'unité de son existence, cette unité trouve aussi son témoignage aux regards des autres êtres et résulte pour autrui d'une certaine identité de manifestation.

Quel est ce fait sensible, cette impression une et identique pour autrui, correspondant extérieurement à ce qui est trouvé identique dans le sentiment intérieur? Ce fait, nous l'avons déjà montré, n'est autre que celui du déplacement simultané et total de chaque être vivant au regard des autres êtres. Tout animal forme un ensemble pour l'organe visuel et cet ensemble reste toujours indivisible dans tous les déplacements qu'il subit. Chaque déplacement total a pour résultat de montrer que les organes les plus distincts sont néanmoins associés d'une manière constante dans les mêmes phénomènes. C'est en cela que consiste l'indivisibilité de l'animal ; elle est attestée par la perception constamment faite d'une certaine indépendance de chacun des organes en même temps que de leur mutuel enchaînement. Seuls les phénomènes de la vie engendrent cette impression absolue de l'unité individuelle. Chaque être nerveux se trouve caractérisé par un mouvement personnel et à lui propre. Le transport d'un lieu à un autre, le déplacement complet possible à la seule animalité, voilà le phénomène caractéristique de la vie, voilà le fait qui met en saillie l'identité et l'unité substantielle des êtres en qui ce fait est aperçu.

N'imaginons donc point, comme on l'a fait quelquefois, l'animal comme un simple système dont l'unité deviendrait aussitôt incompréhensible. Un seul être anime les corps les plus compliqués, et seul cet être mérite d'être appelé *vivant*. Il n'y a pas dans chaque individu un être qui digère, un autre qui respire, un troisième qui réfléchit, mais il y a un être nerveux unique, pénétrant par une espèce de ramification dans les replis les plus déliés de chacun des organes, leur communiquant à tous sa vie propre sans anéantir pour cela leur indépendance réciproque, et se confondant en ce sens avec chacun d'eux, sans que sa nature propre cesse d'être identique à elle-même et distincte de la leur en chacun d'eux.

CHAPITRE IV.

L'IMPRESSIONNABILITÉ (suite).

L'analyse de l'impression nous a montré les divers éléments qui y concourent : l'existence du nerf; le milieu sanguin, source de chaleur constante ; le fait extérieur, et enfin l'organe. En toute sensation réelle on trouve tous ces éléments; nous avons en même temps pu comprendre que ce même concours d'actions se retrouve dans la formation des images purement cérébrales, sauf que l'ébranlement nerveux qui leur sert de base ne se forme point par l'intermédiaire de l'organe accoutumé.

Cette possibilité de l'ébranlement nerveux, base de toute impression en dehors de sa communication organique habituelle, cette apparition d'images affectives sans lien avec l'organe qui fait ordinairement la sensation, ont pourtant reçu plus d'une fois des interprétations inexactes. Négligeant la nécessité du concours organique et des modifications extérieures de l'organe, on a voulu voir dans les sensations des faits purement nerveux et soutenir que chaque nerf avait pour ainsi dire son adaptation particulière. L'irritation du nerf optique, a-t-on dit, amène des phosphènes, indépendamment de toute action lumineuse : chaque nerf a donc sa fonction distincte ; tel nerf est fait pour voir, tel autre pour entendre, et ce point de vue entraîne des conséquences dont il faut bien ici dire quelques mots.

La première de ces conséquences, c'est le scepticisme, puisque l'on rompt de cette façon toute relation entre le fait extérieur et le fait nerveux, puisque l'on arrive à soutenir que tout ébranlement du nerf optique donne des sensations lumineuses, et ne peut donner que des sensations lumineuses, quelle que soit la cause de l'ébranlement.

La seconde de ces conséquences, c'est que, pour éviter le scepticisme, on est entraîné à supposer une harmonie préétablie, à croire que le nerf a été fait pour bien voir, qu'il a été adapté à une fonction particulière par un arrangement préconçu, et à s'embarrasser ainsi de toutes les chaînes de l'idée de finalité.

Et pourtant, voir la nature comme un enchaînement de causes finales, c'est se courber sous la plus lourde des servitudes de l'esprit. La cause finale est tout, ou elle n'est rien, et si elle est tout, il faut de suite renoncer à toute philosophie de la nature. Comment pourrions-nous, en effet, percer les desseins secrets dont elle serait le résultat ? L'idée des lois naturelles cesse immédiatement d'avoir une valeur pour celui qui conçoit le monde comme façonné pour un but ; car l'arrangement des choses, conformément à un but, permet de supposer que les choses auraient pu être arrangées autrement qu'elles ne le sont, si l'on avait voulu atteindre un autre but : on est ainsi conduit à envisager l'ordre universel comme l'effet d'une volonté arbitraire ; il faut en venir et descendre jusqu'à une conception qui livre l'univers à tous les hasards de caprices qui ne peuvent être l'objet d'aucune prévision, en sorte que le monde pourrait se trouver anéanti demain, sans que nous puissions avoir aucune raison légitime d'un aussi bizarre changement.

Et pourtant la science en tout, partout, fait constamment œuvre de prévision, et cette prévision est légitime. La doctrine des causes finales a donc pour caractère distinctif d'être la négation même de l'esprit scientifique ; par elle, on en vient jusqu'à admettre que les propriétés de certains corps peuvent être détachées d'eux et attribuées à d'autres corps : on s'imagine qu'il est possible de se faire une idée quelconque d'un corps qui resterait ce qu'il est avec d'autres propriétés. On ne s'aperçoit plus, tellement la raison en est pervertie, que les propriétés d'un corps sont le propre de ce corps, sont sa vraie substance et en sont absolument inséparables.

Sans doute le nerf optique ne voit, sans doute un organe quelconque n'accomplit une fonction que parce que sa disposition est telle que l'accomplissement de la fonction est possible : la philosophie de la cause finale en conclut que l'organe a été façonné pour cela. La vraie science, la vraie philosophie, ne se contentent point d'une présupposition pareille ; elles comprennent que leur but est de montrer la cause précise des dispositions actuelles de l'organe et ignorent l'explication tirée du caprice d'une volonté arbitraire qui aurait pu disposer l'organe autrement.

Pour donner quelque apparence de raison à une doctrine si peu scientifique, on a l'habitude de soutenir que toute chose est faite pour le mieux pour un effet voulu ; mais, sans compter les objections de la science, cet optimisme ne peut se soutenir devant l'éclat de rire de Candide ; une telle doctrine entraîne, en effet, ce résultat singulier que tous les êtres auraient été façonnés avec un soin infini pour se détruire les uns les autres. De plus, la conséquence logique d'un tel point de vue serait la condamnation de toute œuvre humaine, comme pouvant détruire, par les changements qui en résultent, l'ordre primitif et parfait de l'univers.

Le point de vue de la cause finale dans les sciences est donc bien évidemment l'abandon même de la science, l'abandon de toute philosophie générale dans la conception de l'univers. Nous pouvons à peine juger le but des actions d'hommes semblables à nous ; comment pourrions-nous comprendre le but d'une action aussi infinie que celle que suppose la formation voulue du Monde ? il ne resterait qu'à ignorer. Aussi les dissertations sur la finalité sont-elles livrées à tous les caprices du raisonnement individuel. Presque toujours on y arrive à cette conclusion que l'Univers a été arrangé pour le plus grand bien-être de l'homme. C'est l'homme, en effet, qui raisonne. Pouvait-il conclure autrement ?

Un pareil point de vue est à peine digne d'une réfutation sérieuse ; pour s'élever à une connaissance plus haute, il suffit de déterminer l'ensemble des circonstances qui ont amené la réalisation d'un fait. C'est par-là que l'on touche à la cause réelle, seule satisfaisante pour la raison. Il n'existe rien qui n'ait une cause réelle, rien qui ne soit déterminé par certaines conditions préexistantes ; mais ces conditions ne se montrent pas tout de suite au grand jour ; elles peuvent rester inaperçues. Dès que la raison les a pénétrées, elle est satisfaite ; ce n'est que dans l'ignorance de la cause vraie que l'esprit s'attache quelquefois à la cause finale, trompant ainsi, par une espèce d'artifice, sa soif inaltérée de vérité ! Les ruminants ont un double estomac : c'est parce qu'il est indispensable à leur digestion, dit un amateur de causes finales ! Peut-être il paraîtra un jour insuffisant de se contenter de cette explication d'une si singulière surcharge d'organe : au point de vue de la cause finale, il eût été plus simple que ces animaux fussent dispensés de la nécessité de ruminer. En réalité, nous ignorons actuellement la cause vraie de la présence d'un double estomac chez les ruminants. Il est possible que cette ignorance disparaisse ; si l'origine physiologique du double organe est alors précisée, la cause finale s'évanouira immédiatement, pour faire place à l'ordre éternel de la nature.

Sans doute, rien n'est plus aisé que de philosopher au moyen des causes finales : il semble que l'on ait fait quelque remarque importante en disant que les dents sont évidemment faites pour mâcher et les yeux pour voir ; il devient aussitôt inutile de chercher à pénétrer l'origine de l'appareil dentaire et les débuts de la vision. Et pourtant nous savons que les variations les plus infinies se remarquent dans ces organes, et il est bien permis d'être surpris de ces variations, si l'organe est en parfait accord avec sa fonction. Certes, l'appareil visuel si complet de certains insectes n'eût point été inutile à l'homme pour lui assurer une domination plus absolue de notre planète, et un développement plus étendu de l'odorat l'aurait mis en présence d'une foule de faits dont la science aurait pu tirer grand parti. Lorsqu'on se plaît à voir en lui un roi prédestiné de l'univers, on peut regretter que sa royauté soit si souvent contrariée par l'imperfection de ses moyens d'action. Soutenir que la plus grande perfection possible est donnée à chaque organe, c'est donc aller contre l'évidence ; la *découverte du microscope suffit à la condamnation d'une telle philosophie.* Gardons pour principe absolu de l'esprit scientifique la recherche des véritables causes. Lorsque Pascal et Torricelli ont démontré la pesanteur de l'atmosphère, ils ont fait connaître la cause réelle des faits que l'on attribuait auparavant à l'horreur du vide, ils ont fait disparaître du même coup toutes les causes finales par lesquelles on ne manquait point d'expliquer cette horreur. De même la connaissance que nous avons actuellement des vraies causes de la rosée nous laisse désormais indifférents aux explications qui justifiaient ce phénomène par une action providentielle ; de même encore la connaissance de la cause des marées ne permet plus que de sourire aux anciennes démonstrations de leur utilité pour la navigation et contre la corruption des eaux stagnantes : la vraie cause une fois connue a dispersé toutes ces vaines théories. La science, lorsqu'elle recourt à la cause finale, ne fait autre chose que donner une forme décente à l'aveu d'ignorance qu'elle est obligée de renouveler après chacune de ses nouvelles conquêtes. Toutes les découvertes scientifiques ne sont que des causes finales diparues.

En somme, nous n'avons aucune raison de considérer la fonction d'un organe comme la raison de cet organe. Ce qui est clair, au contraire, c'est que la fonction est une conséquence de l'organe, c'est que l'organe étant donné, la fonction est nécessairement donnée. Le nerf optique peut être excité quelquefois comme par une action lumineuse, bien qu'il ait subi simplement l'action d'un coup, et pourtant nous avons montré que la sensation réelle de la vue correspond toujours à un fait extérieur, à une impression produite sur le nerf optique, et n'est rendue possible que par le milieu organique où le nerf se trouve placé. Les flamboiements maladifs qui peuvent se produire par suite d'une pression anormale du nerf sont des faits exceptionnels qui ne peuvent servir à caractériser le fait général de la vision ; il ne serait exact de dire, ni que le nerf optique a un don particulier pour la vue, ni que tout autre nerf placé dans le milieu oculaire pourrait voir, ni enfin que la lumière est un fait purement extérieur. Ce que nous savons, c'est que tout phénomène de vision est une impression atteignant le nerf optique à travers la rétine, et que le rapport visuel n'est possible que par la réalisation de ces trois conditions : un certain nerf, placé dans un certain milieu, exposé à une certaine action. Voilà les conditions universellement nécessaires de toutes nos impressions, de toutes nos sensations ; l'œil est aussi impuissant à la vue sans nerf que le nerf sans œil, et nous n'avons aucun droit de trouver dans ce concours une préoccupation de finalité ; cette préoccupation disparaîtrait forcément si nous pouvions arriver à comprendre le mode de formation de la rétine. Pas plus que toute autre sensation, la vue n'est donc un fait purement nerveux, elle est en même temps un fait organique et un fait extérieur; car la sensation réelle ne peut se confondre avec une simple hallucination : l'hallucination ou image, quelle qu'elle soit, quelle que soit sa cause, n'est jamais que la réapparition de tout ou partie d'une sensation réelle et la suppose toujours.

Ne concluons donc point des hallucinations qu'elles prouvent une prédisposition de certains nerfs à certaines images ; car l'image n'est pas le vrai fait sensible, elle n'en est que la répétition incomplète ; il n'y a pas plus de finalité dans le nerf qu'il n'y en a dans l'organe. L'un comme l'autre sont un résultat dû à des causes inconnues, et inconnues probablement pour toujours ; voilà la seule affirmation scientifique autorisée par l'examen et l'analyse de nos sensations.

En réalité, l'organisation nerveuse elle-même est un résultat que nous voyons se former sous nos yeux ; c'est ce que la science nous montrait tout récemment par les observations relatives au développement de divers centres nerveux pendant le cours de la vie elle-même ; il n'y a point là de plan idéal, le développement est entièrement subordonné à la réunion ou à l'absence de certaines conditions. Pendant les premiers jours du nouveau-né, l'adaptation de l'organe et du nerf optique n'est point encore complète ; aussi le nouveau-né n'éprouve réellement pas de sensation visuelle, l'organe ne livre pas immédiatement passage à l'impression. De même nous trouvons aveugles les animaux dont la vie s'écoule dans l'obscurité des cavernes ; c'est que les conditions organiques de la vue n'ont pu s'établir dans le milieu où se trouvaient réunies les autres conditions de leur vie. Personne n'ignore que les muscles des portefaix grossissent dans les parties du corps qui servent à leur travail ; pourtant personne n'est disposé à en conclure que des muscles particulièrement gros ont été créés pour les portefaix. Une certaine puissance musculaire leur ayant été donnée, ils s'en sont servis, et cette puissance s'est accrue par leur travail même. Cette modeste observation donne la clef de tous les faits qui servent à l'édification des causes finales ; la nature ici agit sous nos yeux et nous permet de comprendre que l'organe se forme en dehors de toute finalité, et que la fonction est un simple résultat. Un savant, imbu des idées de but, de plan idéal, etc., ne manquerait pas, en présence de la robuste armée qui décharge les navires de nos ports, d'y voir une race humaine spéciale chargée de cette fonction et douée pour cela d'organes particuliers. C'est l'histoire de toutes les théories de causes finales.

Toutefois, parmi les phénomènes du monde organique qui paraissent le plus favorables à cette théorie, il en est un que nous ne pouvons négliger complétement de noter à part, à cause de son importance capitale : c'est le phénomène de la sexualité.

L'homme n'est point un être isolé, voué à la stérile perpétuité des formes inorganiques ; il n'arrive à durer qu'en se reproduisant, et la forme de cette reproduction est l'organisation sexuelle. En ce sens, la vie n'est complète qu'autant qu'elle est réalisée par deux êtres différents. Sans prétendre pénétrer l'origine de la division sexuelle, il n'est pas inutile de montrer qu'elle peut être conçue comme un simple fait de développement organique, et que, dès à présent, les perspectives ouvertes par la science démentent encore ici toute idée d'adaptation préconçue.

Dans le monde de la végétation, le problème, en effet, est presque percé à jour. La fleur n'est qu'une feuille modifiée. Les premiers vestiges de végétation se rapportent à la période houillère, et l'on a pu reconnaître que la sexualité ne joue aucun rôle dans cette végétation ; la fleur n'y existait point, et le mode de reproduction était sans doute plus ou moins rapproché de celui qui a été conservé par les fougères et récemment étudié dans ces derniers végétaux.

Le dédoublement sexuel s'est donc *introduit* dans le monde ; il n'y a pas toujours existé, et nous pouvons comprendre comment il manque dans tant de formes végétales, comment il est absent même dans un nombre infini d'êtres vivants.

Il serait aisé de détailler ici l'extrême variété des modes de reproduction des êtres vivants, et d'apercevoir en quelques-uns la sexualité à l'état naissant. Tandis que, dans le végétal, les formes sexuelles ne sont point généralement fixées en des individus différents, mais simplement en des organes différents, et que pourtant on y peut trouver quelques espèces présentant l'individualité sexuelle réalisée, il en est autrement dans l'animal, et l'on peut comprendre que les facilités de la locomotion aient permis en lui la fixation plus complète de l'individualité des sexes, dès que, pour une cause quelconque, a pu s'y introduire cette forme d'organisation.

Le problème de l'origine des sexes n'a donc point

d'autre difficulté que le problème général de l'origine des organismes ; s'il est insoluble, c'est que nous sommes trop éloignés de l'époque où il s'est réalisé, c'est que les conditions qui l'ont rendu possible sont enfouies dans un passé inexplorable ; mais son examen ne donne aucune force nouvelle aux prétentions des causes finales, et rien n'est plus aisé que d'y trouver au contraire des objections insolubles pour ces prétentions.

Tel apparaît en première ligne le fait des sexes fixés chez quelques espèces végétales en des individus isolés. Nous trouvons ici les organes de la reproduction, fonction indispensable, placés en des conditions telles qu'il faut chaque fois un concours miraculeux pour que la fonction s'accomplisse. Elle est abandonnée au hasard des vents et de la trompe des abeilles. Un poète pourra répondre, il est vrai, que ce concours des vents et des insectes était dans les prévisions de la finalité et s'extasiera devant cette mystérieuse harmonie, mais ces extases et ces enthousiasmes ne devraient point satisfaire la science. Une raison ferme n'y peut voir que la naïveté d'une imagination décidée à se contenter elle-même à tout prix.

Dans le monde de la vie animale, les phénomènes de sexualité présentent des faits encore plus inconciliables avec les théories de plan idéal. Telle est la présence des organes sexuels chez les animaux obtenus par une génération hybride. Si la sexualité est une adaptation idéale et conforme à un but de deux animaux l'un à l'autre, comment pourra-t-on expliquer d'abord qu'il y ait possibilité d'union sexuelle entre deux êtres d'espèces différentes ? Et si l'on ferme les yeux sur cette première difficulté insurmontable, comment pourra-t-on comprendre que ces unions contre-nature puissent produire des fruits, et des fruits complets, doués d'une vitalité énergique, et qu'elles réalisent ainsi des êtres qui ne sont pas, qui n'ont jamais pu être dans le plan idéal? Et, plus encore, comment est-il possible que ces fruits monstrueux, nés d'un accouplement inconcevable, soient eux-mêmes doués d'organes complets de reproduction, comme s'ils étaient destinés eux-mêmes à fonder de nouvelles espèces? Voilà la sexualité qui se développe en des êtres dont la naissance est une protestation contre tout plan idéal, en des êtres auxquels toute faculté de fécondité est généralement déniée. Est-il possible de trouver un démenti plus énergique à toutes les théories de causes finales? Est-il possible de douter encore que la sexualité, comme tout autre fait d'organisation, soit autre chose qu'un résultat nécessaire qui se produit toujours lorsque se réunissent certaines conditions déterminantes dont l'analyse n'est point faite et ne sera peut-être jamais faite avec précision?

L'impressionnabilité, elle aussi, est un résultat nécessaire, découlant tout à la fois de l'existence du nerf et de celle des organes. Comment ont pu se réaliser les conditions de cette union? Il serait inutile d'en présumer quoi que ce soit dans l'état actuel de la science. L'important, c'est de comprendre qu'il y a là un problème purement scientifique pour la solution duquel chaque extension de nos connaissances apporte un élément de plus. L'impressionnabilité, nous la voyons d'ailleurs se développer incessamment, même pendant l'existence; elle se perfectionne, elle s'émousse, elle varie constamment, suivant les conditions même de la vie. Aucun fait ne jette ici plus de lumière que celui des modifications de la vue. Chez le nouveau-né, à peine arraché aux ténèbres de la vie utérine, l'organe ni le nerf ne sont immédiatement aptes à la perception distincte des objets. Il y faut un certain temps, une éducation véritable. L'importance de ce fait ressort mieux encore lorsqu'on le rapproche de celui qui est rapporté par Darwin, dans le livre de l'*Origine des Espèces*. C'est que les animaux, vivent à l'état aveugle dans les cavernes du Kentucky, ont pu se servir de leurs yeux au bout d'un certain temps d'exposition à la lumière. L'organe, jusqu'alors inutile, devint capable, au bout d'un mois, de percevoir vaguement les objets qu'on lui présentait, et commença à clignoter.

L'impressionnabilité dépend donc d'un ensemble de circonstances réalisées; ce qu'elle nous livre, c'est le retentissement en nous de nos modifications organiques. Chacun de nos sens est impressionné d'une manière différente, par un même fait extérieur. Le choc du marteau sur l'enclume produit en même temps un bruit perceptible à l'oreille et une étincelle perceptible à la vue; de même la foudre se montre à nous en même temps par le sillon de l'éclair et par l'éclat du tonnerre; mais ce que nous avons pu comprendre, ce que nous avons observé avec sûreté, c'est qu'il n'y a aucune de nos sensations qui ne puisse être rattachée à la sensation d'un mouvement perceptible à la vue. Cette affirmation ramène pour nous le Monde extérieur à un fait unique. C'est à nous maintenant de rechercher si ce même phénomène sera trouvé associé aux manifestations de la pensée.

CHAPITRE V.

L'ÊTRE PENSANT.

L'exposé que nous avons fait jusqu'ici, n'a rien de spécial à l'être humain ; nous avons tenté d'apercevoir dans sa source même l'impressionnabilité, faculté commune à tous les êtres doués de vie, et nous avons pu comprendre par quelle nécessaire alliance cette faculté fait corps avec toute forme vivante, comment elle est une dépendance de toute organisation nerveuse. Nous voici maintenant en présence du problème essentiel ; il nous faut pénétrer jusqu'à la racine de ces phénomènes que l'on considère généralement comme le propre de l'homme et auxquels s'applique indistinctement la dénomination de *pensée*. C'est le domaine propre de l'ancienne psychologie ; pour ne point nous y égarer, nous devons nous cantonner dans l'observation la plus rigoureuse des faits, et les rattacher patiemment aux prémisses posées. Ainsi seulement nous pourrons avancer dans l'analyse des notions do. nous avons à reconnaître la valeur.

Et d'abord, qu'est-ce que la *pensée ?* Quel est le phénomène désigné, distingué par cette expression verbale, et que nous trouvons toujours partout en face de nous-mêmes chaque fois que nous employons ce mot de *pensée ?* Soit que nous l'observions en nous-mêmes, soit que nous en soyons frappés dans les manifestations des autres hommes, quel est le fait que nous apercevons en eux comme en nous, et que nous désignons en eux comme en nous par l'appellation de *pensée ?* Pour celui qui aura posé la question, la réponse sera peut-être plus aisée qu'on ne suppose, et pourtant il est permis de se demander si jamais cette question a été bien franchement posée.

Cependant dès l'abord une remarque semble s'imposer. Toute pensée d'autrui est pour nous une expression d'autrui ; n'est-ce pas là le premier jalon qui va nous guider ? Toute pensée d'autrui se trouve comprise dans un signe, un geste, un cri, une parole reflet d'une impression antérieure ; et cela n'est pas vrai seulement de la pensée d'autrui ; en réalité nous ne pouvons connaître et nous ne connaissons la pensée que comme expression ; seule, l'expression est un phénomène distinct, une manifestation saisissable chez tous les hommes. Nous savons que tous les hommes pensent et nous le savons parce que nous apercevons en eux tous des faits identiques d'expression ; de même une réflexion un peu sérieuse ne peut laisser aucun doute que la pensée du penseur ne puisse être détachée pour lui de la forme qui l'exprime. Aucun homme ne peut être observé comme pensant que par l'emploi d'un procédé quelconque d'expression. Ajoutons que la pensée d'autrui nous est connue aussi clairement qu'à lui-même dès qu'elle a été clairement exprimée, et qu'elle ne pouvait non plus être claire pour lui-même avant cette expression définitive. La pensée et l'expression forment donc en réalité un seul et même phénomène. Connaître la pensée d'un homme, c'est avoir perçu par nos sens une manifestation expressive ; il n'y a aucune pensée qui puisse être séparée d'un mode quelconque de manifestation.

Cette inséparabilité de la pensée et de l'expression n'a pourtant pas été peut-être encore suffisamment mise en lumière, et pour la faire reconnaître avec une clarté indéniable, il n'est pas inutile d'y insister. Souvent, au lieu de fixer son attention sur la pensée en tant que phénomène observable, la psychologie a cru qu'elle pouvait la saisir en l'isolant de toute espèce de manifestation. La pensée est devenue ainsi un acte mystérieux et indéfinissable ; la réalité a été perdue de vue, et l'on s'est cru autorisé, par le sens intime, à considérer la pensée d'une manière tout à fait indépendante de ses conditions d'existence. L'acte de la réflexion pouvant se produire sans qu'aucune expression se manifeste au regard, au tact ou à l'ouïe, il semblait à chaque philosophe que l'acte par lequel il examinait le mode d'action de sa propre pensée n'avait aucun rapport avec l'extérieur et ne nécessitait nullement la mise en activité d'une partie quelconque de l'organisation. De là à concevoir la pensée comme un fait inaccessible à l'observation ordinaire il n'y avait qu'un pas à faire et ce pas a été fait. Les psychologues n'ont point remarqué qu'aucune pensée, aucune réflexion ne pouvait se produire sans une forme expressive engendrée dans les profondeurs du cerveau par un procédé exactement pareil à celui qui aurait pu donner le jour à une manifestation saisissable par les sens des autres hommes, et pourtant il n'était pas malaisé de remarquer que les plus subtiles observations philosophiques ne pouvaient se passer de l'emploi d'une langue déterminée. Aucune pensée n'existe en dehors de l'emploi du mot ou d'une phrase.

Mais, dira-t-on, la pensée n'a pas toujours besoin de l'articulation bruyante du langage oral ; cela est vrai, mais partout nous y trouvons le mot, c'est-à-dire, une expression qui a traversé le cerveau. Dès qu'il y a une pensée, il y a par cela même une opération qui l'exprime, un fait de l'appareil nerveux, et un travail identique à celui qui est exigé pour chaque mot proféré. Tout fait de pensée se trouve ainsi correspondre à un fait sensible, à une modification organique. Ce fait sensible, il est vrai, peut être imperceptible aux sens d'autrui, mais il n'échappe pas à l'être en qui il se produit. De même que la sensation de la faim peut rester un fait purement interne, tout en correspondant à une action des organes, de même la pensée peut rester dans l'ombre de la sensibilité intérieure, et correspondre pourtant à un ébranlement nerveux. Or, il n'y a pas de possibilité pour la production d'un mot quelconque sans un ébranlement cérébral, et cet ébranlement est nécessairement ressenti comme toute autre impression de la vie nerveuse. Nous apercevons ainsi comment l'être pensant peut sentir qu'il pense, c'est-à-dire, peut ressentir une impression provenant de la mise en activité de son appareil expressif. L'homme qui réfléchit dans un cabinet solitaire et celui qui parle en public se livrent en réalité à un travail absolument identique caractérisé pour l'un comme pour l'autre par l'emploi de certains procédés d'expression. L'un et l'autre forment leur pensée au moyen des signes ordinaires de la langue maternelle et ne pourraient la former autrement. Du reste, il suffit de le répéter, car l'observation est décisive, *il est impossible de penser autrement que dans une langue déterminée.* L'expression, il est vrai, peut se produire par des signes qui n'ont rien de commun avec les procédés du langage vocal ou écrit, et c'est ce qui arrive pour les sourds-muets; mais dans tous les cas la production de la pensée est inséparable de la mise en action d'un appareil de signes, manifestation extérieure *plus ou moins apparente* de la vibration de l'organisme qui y aboutit.

De cette première exposition, il nous est permis de conclure que toute expression manifestée par un être humain mérite le nom de pensée, et de fait, cela est ainsi; il n'y a point de différence substantielle entre les premiers cris de l'enfant indiquant un appétit ou un caprice et la pensée méditative de Newton pénétrant le mystère de l'attraction universelle. De fait, aussi, entre la pensée de l'enfant et celle du vieillard il n'y a point de solution de continuité. L'enfant commence sa vie d'être pensant le jour de sa première manifestation expressive. L'expression débute en lui par des cris indistincts, elle se continue par le regard et les gestes, elle arrive enfin à un développement particulier par l'emploi du langage articulé. Plus tard, encore, il s'y joindra peut-être la pensée écrite avec toute l'extension de réflexion qu'elle rend seule possible; mais tout ce développement doit être rapporté à un même principe que notre analyse doit dégager avec netteté.

Ce qu'il faut bien comprendre pour pouvoir apprécier toute la justesse de ce point de vue, c'est le rôle primitif de l'expression, c'est le phénomène réel qui l'engendre.

Pour cela, il faut avoir soin d'écarter toute confusion, il faut apercevoir la relation réelle qui relie l'impression et la pensée et surprendre le phénomène de la pensée dans son développement naturel. L'enfant ne commence point à imaginer des choses, sa pensée n'est d'abord que l'écho de ses impressions, et c'est aussi ce qui arrive pour la plupart des hommes. Celui qui, sortant de son lit par un froid très-vif, se sent pris de frisson et ajoute : il fait froid ce matin, *pense* en exprimant cette impression actuelle où il n'y a rien d'imaginaire. Or, ce sont des impressions ayant ce caractère de réalité qui ont été pour chaque individu le fait générateur de ses commencements de pensée.

L'expression, envisagée à ce point de vue simple, se trouve ramenée au principe de l'impressionnabilité elle-même. Toute impression crée dans l'être impressionné une vibration particulière, et cette vibration correspond nécessairement à un mouvement expressif particulier. L'impression ressort de l'être où elle a pénétré, elle réapparaît après avoir traversé le milieu nerveux et devient ainsi expression. La langue a bien su caractériser par les mots *impression*, *expression*, ce qu'il y a de commun et de différent dans les deux phénomènes; elle l'a fait avec cette prescience intuitive que nous aurons plus d'une fois l'occasion de constater. Nous jetons ainsi un regard jusque sur les racines de la pensée ; nous y trouvons l'expression naturelle suscitée par une impression quelconque : elle est en réalité l'impression elle-même se continuant, se propageant dans le milieu nerveux et réapparaissant dans les organes agités par son retentissement.

Et il ne peut y avoir le moindre doute sur l'unité du

phénomène de la pensée. Si l'expression d'une impression actuelle est une pensée, il en est de même de l'expression d'une impression passée, c'est-à-dire de l'expression d'un fait resté dans le souvenir. Au lieu de dire, il fait froid ce matin, si nous disons, il faisait froid hier, c'est que l'impression ressentie la veille s'est pour ainsi dire continuée et conservée en nous jusqu'au moment présent et amène encore un retentissement expressif. La pensée engendrée par l'impression actuelle a exactement le même caractère que la pensée d'un fait passé, et si l'expression est dans le premier cas d'une manière évidente engendrée et dictée par l'impression, il ne peut en être différemment dans le second cas.

Or, toutes nos pensées se trouvent ainsi dictées, soit par une impression passée, soit par une impression présente. Elles sont toutes la constatation d'un fait extérieur et celle de l'émotion qui en résulte pour nous ou qui en est résultée pour nous ou pour d'autres ; l'histoire est un catalogue d'émotions passées, de même que la science est le catalogue de toutes les impressions possibles.

Nous concevons dès lors inévitablement la pensée comme étant toute expression arrachée à l'être vivant ébranlé par une impression, nous l'apercevons comme un mode et une forme des mouvements que l'organisme nerveux manifeste à la suite des impressions extérieures. Le problème se pose devant nous dans toute sa simplicité, et notre tâche, désormais bien définie, consistera à montrer le rapport secret qui a dicté la forme particulière des expressions humaines, et par quel lien le langage se trouve rattaché à l'impressionnabilité.

Déjà nous pouvons apercevoir ce qui caractérise

d'une manière générale l'expression en tout être vivant : l'expression est un mouvement *représentatif*, un *signe* compréhensible par lequel l'impression qui le dicte se trouve communiquée à d'autres êtres, et nous pouvons nous faire une idée de la possibilité de ces communications.

Pour cela, il est indispensable de se reporter aux procédés par lesquels on apprend aux enfants le langage ; nous y trouvons l'explication générale de tout phénomène d'expression. Ces procédés consistent à attirer l'attention de l'enfant sur deux impressions à la fois, de telle façon qu'elles agissent simultanément sur l'impressionnabilité et s'y gravent ensemble. Le geste, par exemple, désignera un objet accessible à la vue pendant le temps de la prononciation d'un mot que l'oreille de l'enfant percevra comme son. Ce son se trouve ainsi associé définitivement à la forme dont on veut graver le nom dans la mémoire ; le son et la forme perçus en même temps arrivent à n'être en réalité qu'une seule impression où il n'y a rien à distinguer. Dans l'organisme nerveux de l'enfant, l'impressionnabilité est extrême ; l'association des impressions, leur unification, dirais-je volontiers, se fait rapidement et reste. Le son destiné à être expressif et l'impression qu'il doit représenter ne tardent pas à s'amalgamer d'une manière indissoluble à cette époque de la vie ; tous nous savons au contraire quelles difficultés présente plus tard l'étude des langues étrangères. C'est que la simultanéité qui confond le signe avec l'impression ne peut se produire aisément qu'une fois.

C'est cette association permanente ainsi fixée qui est le principe du phénomène de la pensée réellement expressive, et celui qui s'est bien pénétré de cette observation n'a plus de peine à saisir comment la pensée peut représenter les objets extérieurs.

Les mouvements d'un être, au lieu de n'être qu'un retentissement informe, s'accompagnent d'une signification, deviennent une désignation du jour où une forme particulière de ces mouvements se trouve définitivement associée à une impression donnée. Ainsi l'impression visuelle résultant pour un voyageur de son passage dans une ville reste pour lui toujours associée au nom par lequel cette ville lui est désignée ; il apprend ce nom jusque-là inconnu, absolument comme les enfants apprennent leur langue. A partir du jour où s'est produite l'association représentative, lors même que la ville désignée se trouvera tout à fait hors de la portée de ses perceptions, son image surgira chaque fois que son nom sera prononcé ; cette image, ainsi produite en même temps qu'un son expressif, n'est autre chose qu'un débris de l'impression première, une résurrection partielle d'un phénomène qui ne fait plus qu'un avec son nom. De même qu'un nouveau passage dans cette même ville ramènerait sur les lèvres du voyageur le nom qui la désigne, de même l'audition de ce nom amène un retour plus ou moins complet de l'impression visuelle à laquelle il se trouve associé pour toujours. C'est là l'image représentative ; c'est le fondement de tous les faits de pensée expressive, de toutes les communications de l'esprit. L'impression perçue ne fait qu'un avec le mot qui la désigne. Toujours l'un entraîne l'autre ; pour toujours ils sont confondus et réunis.

Dès à présent, nous levons ainsi un coin du voile de cette mystérieuse faculté de représentation de la pensée.

Pour celui qui a commencé par ses théories à créer un abîme entre la pensée et l'impression, il devient impossible plus tard de comprendre le mécanisme des communications qu'il aperçoit entre l'une et l'autre. Préoccupé uniquement de l'image mentale, perdant de vue son point de départ dans l'impression, il arrive à en faire une espèce de fantôme des objets réels, fantôme chargé de représenter les objets réels et se trouvant en accord avec eux par une espèce de fatalité providentielle ; et comment répondre alors au sceptique soutenant que l'image ainsi acceptée comme point de départ ne peut nullement être acceptée comme une représentation réelle? Toutes ces conceptions, qui ont presque toujours dominé en psychologie, n'ont d'autre fondement que l'aveuglement produit par l'importance exagérée accordée au phénomène de l'image mentale. Il faut enfin le remarquer nettement. La pensée n'est pas seulement l'évocation d'une image intérieure, elle se trouve dans tous les faits expressifs. L'impression présente fait la pensée tout aussi bien que l'impression passée, et l'image intérieure n'est jamais autre chose qu'une impression passée. Dès lors, l'image intérieure se trouve intimement reliée à la source de l'impression extérieure. Nous aurons à exposer avec quelques détails comment elle arrive à se formuler dans l'expression par le langage, mais dès à présent nous apercevons tout à la fois le lien de la pensée avec le fait expressif, le lien du fait expressif avec l'impression. Nos impressions peuvent réapparaître en nous parce qu'elles se trouvent confondues avec un autre fait, parce qu'elles sont données avec ce fait, parce que la réapparition de ce fait suffit pour les faire réapparaître elles-mêmes. C'est là le principe de toute expression représentative et c'est là aussi le principe de toute pensée. Il suffit d'un nom prononcé ou d'un signe écrit pour ramener l'impression spéciale désignée par eux. Le lien qui s'est formé entre l'expression et l'impression fait que toujours l'une entraîne l'autre, et l'esprit voit pénétrer en lui, non pas seulement le son d'une articulation orale, d'une parole ou la vue d'un caractère d'écriture, mais encore la forme du monde extérieur qui se trouve enchaînée à ces expressions.

Nous arrivons ainsi à comprendre que l'association constante d'une impression donnée avec une expression donnée est le fond et l'essence même de la pensée ; c'est dans ce phénomène qu'il faut chercher le point de départ des plus sublimes spéculations de l'esprit. **Penser, c'est exprimer une impression**, et celui qui réfléchit sérieusement sur les conditions de cette opération mystérieuse n'y trouvera jamais autre chose qu'une impression et l'expression qui en résulte. Tout être impressionnable est capable de penser en tant qu'il lui est possible de spécialiser ses impressions dans une forme expressive. Dès lors, nous ne pouvons plus nous étonner que les plus puissants génies soient toujours enchaînés et ne puissent se mouvoir que dans les limites de leur organisation expressive ; l'élévation de la pensée est un résultat de cette organisation et ne peut s'en affranchir. Personne ne pense comme il veut ; personne ne jouit du pouvoir d'imprimer à sa pensée un développement déterminé ; la pensée n'est qu'un résultat, et elle est toujours un résultat nécessaire des conditions qui la déterminent. S'il en pouvait être autrement, la pensée serait toujours une expression exacte, car il n'est personne qui n'ait le désir ou la volonté de penser juste ;

mais le désir ni la volonté n'y font rien ; l'égalité des âmes est une chimère ; aucun homme n'est semblable à un autre homme. César seul a pensé comme César ; il ne s'est jamais trouvé, il ne se trouvera jamais une autre organisation semblable à celle dont il pouvait disposer.

La possibilité d'un mouvement expressif, voilà donc la base de toute possibilité de pensée ; cette possibilité de l'expression n'est au fond rien autre que la possibilité d'un mouvement spécial suscité par une impression donnée et pouvant revêtir par là une signification précise ; dès à présent, tout être capable d'attacher à un acte une signification *particulière* nous apparaît comme doué d'un certain degré de pensée, et cette faculté, nous pouvons l'observer dans la plupart des êtres vivants. L'animal, en effet, s'exprime et se fait comprendre par nous ; de même, il nous comprend, il saisit en nos actes une signification précise. C'est ce que nous montrent chaque jour les succès et les conquêtes de la domestication et de l'apprivoisement. Puisqu'il peut être dirigé par notre intelligence, il est clair qu'il y a entre lui et nous des procédés d'intelligence communs. Seulement sa pensée ne s'affirme que par des manifestations qui sont bien loin de la valeur du langage. Quelquefois vous entendez dire d'un animal : il est bien intelligent, *il ne lui manque que la parole* ; rien n'est plus exact, et c'est précisément ce défaut irréparable qui le met à une si grande distance de nous. Nous montrerons bientôt dans les facultés du langage l'origine de cette supériorité vraiment disproportionnée qui appartient à la pensée humaine ; c'est par un très-modeste détail d'organisation, par une modification presque imperceptible du mode d'émission de la voix qu'il a été donné à l'être humain de s'élever si fort au-dessus de tous les autres êtres.

Parmi les moyens expressifs que nous trouvons en dehors de l'humanité, il en est un doué déjà d'une certaine puissance, c'est le cri. Un grand nombre d'animaux en sont privés, et sont par cela même classés à un degré inférieur de pensée. Le cri, en effet, va plus loin que le geste ; il développe par conséquent les communications expressives, il permet entre les animaux qui en sont doués un échange d'impressions plus variées par une plus grande possibilité de spécialisation : c'est un sens de plus qui se trouve provoqué et peut mettre un être en mouvement. La gamme des cris, par son étendue et par les variations du timbre, peut manifester un grand nombre d'impressions distinctes. Les êtres vivants tout à fait muets, comme les poissons, ne sont susceptibles d'aucune éducation sérieuse, et il a pu être remarqué que la puissance expressive du cri variait dans une même race en proportion de son état de domestication.

Tout le monde sait combien le glapissement du renard est inférieur en expression à l'aboiement du chien. Entre celui-ci et l'homme, il existe une véritable langue. Le chien communique avec notre pensée, il nous fait connaître ses besoins, il connaît nos désirs, il nous obéit ou nous implore, ses impressions se traduisent ainsi constamment par des signes sur la valeur desquels il est en parfait accord avec son maître. Mais, de même que nous oublions les langues que nous avons apprises et que nous ne parlons pas, de même, retombé dans la vie sauvage, le chien ne conserve pas toute sa puissance d'expression. Les modes variés d'aboiement qui manifestaient ses impressions de *civilisé* cessent d'avoir leur emploi et se perdent. La cessation des communications de l'animal avec l'homme mène ainsi tout droit à une espèce d'atrophie des organes expressifs, à une rétrogradation des facultés de pensée désormais confinées dans le cercle où la vie sauvage les fait mouvoir.

Entre les insectes et nous, il n'existe à peu près aucune communication intellectuelle, parce qu'il n'y a presque aucune impression commune. C'est là un résultat des différences infinies qui se trouvent entre leur organisation et celle de l'homme, et de la disproportion qui en résulte. Nous ne pouvons douter cependant que ces animaux ne soient comme les autres capables d'un certain degré de pensée et, pour nous en convaincre, il nous suffit de voir l'adresse avec laquelle ils évitent nos poursuites: entre eux, d'ailleurs, il existe évidemment des procédés expressifs, mais nous ne pouvons en comprendre l'action, parce que leurs organes n'ont rien de commun avec les nôtres. De là vient l'impossibilité de toute domestication, de toute éducation de ces races. Même pour les abeilles, depuis si longtemps en contact avec l'homme, il n'existe pas une vraie domestication ; elles ne sont point soumises ; l'homme n'a pu prendre autorité sur elles. Bien plus encore que le monde des insectes, celui des infiniment petits nous échappe absolument par sa petitesse même. Quelques faits pourtant extrêmement rares nous montrent l'insecte en relation avec l'homme : on peut retenir celui de l'apprivoisement de l'araignée comme une démonstration de l'identité intellectuelle de tout être animé. Il nous est aisé de comprendre cette identité d'intelligence ; elle n'est autre chose que l'effet nécessaire de ce qu'il y a d'identique dans toute organisation nerveuse, cette commune condition de la vie de tous les animaux.

Ainsi, partout où nous trouvons la vie nerveuse, nous trouvons aussi un certain degré de pensée ; nous pouvons considérer la pensée comme étant toujours et à tous les degrés de l'échelle animale un résultat direct des impressions possibles. La pensée se trouve déterminée par la limite des impressions distinctes que chaque être peut percevoir et conserver, et le mode par lequel les impressions distinctes se conservent est dicté par les détails de l'organisation expressive. Les impressions distinctes, propres à chaque espèce, sont communicables à toute l'espèce : celles qui sont restreintes à un petit nombre d'individus ne sont communicables qu'entre ces individus; celles, au contraire, qui s'étendent dans un grand nombre de familles animales permettent entre ces familles une certaine communication expressive. De là est née la possibilité d'un certain degré de pensée entre tous les animaux de même espèce, et par conséquent la vie de relation a pu s'y introduire, ainsi que Bichat le constatait dès le début. Parmi les procédés à l'usage de l'animal, le cri est l'indice d'une supériorité relative ; aussi a-t-il conservé un rôle même dans les langues humaines sous la forme de l'interjection. Les modulations dont il est susceptible sont la source de l'art musical, et constituent pour toute l'humanité une langue commune autant que celle du geste. C'est pour cela qu'au point de vue musical il n'y a plus parmi les hommes de différence dialectique, il n'y a plus de nationalités. Tous les hommes s'entendent dans les limites de l'expression musicale, comme dans les limites du geste et de l'interjection ; mais ce sont des limites étroites et qui n'auraient pas mené bien loin la pensée, si elle avait dû s'y renfermer.

L'inséparabilité de la pensée et de l'expression est un fait si facile à constater, si indéniable, qu'il semble impossible de le méconnaître dès que la remarque en est faite, et nous pouvons maintenant apercevoir toute la vérité des principes que nous avons posés aux premières pages de ce chapitre. Désormais, il ne nous est plus permis de considérer la pensée sans tenir compte des conditions indispensables pour sa réalisation ; nous ne pouvons plus en refuser le principe aux animaux, ni en faire dans l'homme une opération détachée de tout travail expressif. Nous voyons tout ce qu'il y aurait d'inexact à affirmer que l'homme peut penser sans s'exprimer ; notre analyse, repoussant des abstractions chimériques, nous montre les faits réels qui constituent les éléments indispensables de tout acte intellectuel. Nous ne pouvons plus méconnaître les rapports étroits du langage avec la pensée, et nous sommes astreints à reconnaître l'emploi qui en est fait dans toutes les opérations mentales et l'impossibilité de s'y passer d'une langue déterminée. Par une série d'abstractions, la philosophie était arrivée à dépouiller la pensée de son enveloppe expressive, oubliant qu'elle ne pouvait se plier au caprice de l'imagination, qui lui enlevait ainsi sa vraie substance ; mais nous montrons avec certitude que le langage est associé en réalité à toutes les manifestations de la pensée.

Sans doute, penser n'est pas parler, pas plus que penser n'est écrire. La pensée peut se produire sans l'articulation d'un *mot extérieurement saisissable*, mais elle ne peut se produire sans l'articulation d'un mot. Le mot ainsi renfermé dans une expression purement cérébrale, n'en est pas moins une forme déterminée, attachée à des vibrations nerveuses particulières et produite par la pression d'un fait qui a agi sur les sens. Celui qui a devant ses yeux un objet extérieur, quel qu'il soit, un arbre, un cours d'eau, devra employer un mot ou une série de mots pour penser l'impression de cet arbre ou de ce ruisseau. Sans l'emploi d'un mot, il lui serait impossible, absolument impossible, de penser quoi que ce soit. Le mot, dans ce cas, est attaché à l'image extérieure et fait apparition avec elle, et tout ce qui est impression produite trouve par son emploi son retentissement naturel.

Dans l'acte de la *réflexion* proprement dite, le rôle du mot n'est pas moindre, et même il est plus important encore : c'est le mot qui détermine l'image. C'est ce qui se passe dans la lecture, et c'est aussi ce qui se passe dans les déductions mentales. Un sujet donné, c'est-à-dire l'expression, le mot désignant en abrégé un ensemble de faits est le point de départ d'une série d'observations mentales par lesquelles le sujet donné se trouve successivement décomposé. Le mot ici est la première source de la pensée, qui va ensuite de mots en images et d'images en mots, jusqu'à ce qu'elle ait aperçu tout ce qui se trouvait implicitement contenu dans la donnée du sujet. En somme, il n'y a point de mot qui ne fasse image, il n'y a point d'impression qui n'entraîne un mot.

Voilà le vrai fondement de la pensée humaine, et nous ne pouvons plus en douter. Penser, c'est associer une expression à une impression : peu importe le mode de l'expression, il en faut une. C'est cette association qui se forme d'une manière lente et inconsciente dans le cerveau de l'enfant au moment où il apprend les mots ; c'est-à-dire au moment où un son donné se fixe en lui en même temps qu'une impression donnée. Savoir une langue, c'est savoir penser avec elle ; les barbarismes de la prononciation ou de l'orthographe n'enlèvent rien à ce savoir. Chaque enfant apprend sa langue bien avant de savoir la parler, et la possibilité de l'articulation des mots ne suit souvent que de bien loin la connaissance de la langue.

Il nous faut insister ici, car celui qui comprend bien ce point délicat obtient de suite toute la lumière possible sur ce qui constitue l'acte intellectuel. La pensée naît dans l'enfant du jour où une forme extérieure ne se représente jamais devant lui sans entraîner la sensation du son par lequel cette même forme lui a déjà été désignée ; peut-être l'émission de ce même son lui restera à jamais impossible par un défaut d'articulation vocale. Il n'importe, car, dès à présent, il entend toujours le son expressif en même temps qu'il aperçoit l'objet cause d'impression, de même qu'il obtiendra une image de l'objet chaque fois que le son expressif lui parviendra. L'enfant qui ne parle pas encore, mais qui sait sa langue, l'homme qui réfléchit solitaire, l'homme enfin en qui une attaque apoplectique ou toute autre cause organique a aboli la possibilité du langage, sont tous capables d'une même opération ; tous connaissent le son associé par une langue à une impression donnée ; chacun d'eux reste capable de pensée en tant que leurs impressions leur arrivent avec l'escorte des mots ; en d'autres termes, sans mots, point de pensée, voilà la conclusion définitive de l'analyse de la pensée humaine.

Le mot est donc la forme de l'ébranlement cérébral d'une impression donnée, forme qui surgit nécessairement en chacun de nous avec l'impression, parce qu'elle se trouve définitivement associée à cette impression depuis le jour où la langue a été apprise. Le mot ne doit pas être considéré comme ayant son principe dans la volonté de le prononcer, mais dans la possibilité de l'entendre. L'impression d'un son coïncidant avec une autre impression, voilà le point de départ réel de l'acte intellectuel ; *c'est là une remarque considérable* : elle suffit à rattacher entièrement la pensée à l'impressionnabilité. Le mot n'est pas un *son prononcé*, c'est surtout un *son entendu* ; c'est par l'ouïe que la pensée a pu s'incarner dans le langage. Nous ferons voir plus tard le rôle capital aussi de l'articulation vocale, mais il ne faut jamais oublier comment l'enfant apprend à penser ; ce n'est pas en parlant, mais en écoutant des sons, et par l'association de ces sons avec d'autres impressions simultanées. Nous arrivons ainsi à comprendre très-nettement comment la pensée pour se produire n'a nul besoin de l'articulation extérieure, de l'émission d'un son ; il lui suffit d'entendre le mot sous l'impression, ou de voir l'impression sous le son proféré. Celui qui pense entend en réalité les mots surgir l'un après l'autre ; il *s'écoute*. C'est là le fondement de toutes les facultés intellectuelles.

L'habitude de l'enfant d'associer une impression à un mot est telle, que le mot lui suffit pour motiver la croyance à une impression correspondante. C'est là le début de tous les faits de croyance. Le mot y est considéré comme une preuve suffisante d'un être qui motive le mot, sans autre examen préalable de la valeur réelle du mot ; la tendance à la foi trouve ainsi sa racine dans notre analyse de l'intelligence.

Nous pouvons aussi maintenant nous rendre un compte exact du sens des mots, *conscience et sens intime*, si fréquemment employés par la philosophie de notre temps. Les faits de conscience sont les impressions successives produites par tout acte intellectuel. Toute pensée est sentie, comme le serait tout autre évènement de l'impressionnabilité ; nous avons conscience de notre pensée comme de tout autre fait sensible, et cela ne peut être autrement, puisque nous avons rattaché l'événement de la pensée à la série des faits qui composent le domaine de l'impressionnabilité.

En effet, nous n'avons pas seulement conscience de notre pensée, mais aussi de toutes nos impressions, quelle qu'en soit la nature. Celui qui éprouve la faim a la conscience de sa faim, absolument comme il aurait la conscience d'un travail mental ; c'est que la faim, tout comme le travail mental, tout comme une douleur musculaire, tout comme un événement quelconque de notre être, est un fait distinct, susceptible d'être noté à part, et que la conscience de cet événement commence aussitôt que son impression précise commence de faire apparaître un travail expressif correspondant. Tout fait de conscience est donc *l'apparition notée* d'une impression ; la *conscience manque*, quand la *notation manque* ; c'est pour cela que les événements de nos rêves nous échappent presque toujours ; ils ne provoquent point en nous une expression précise susceptible d'être conservée et retrouvée.

C'est pour cela aussi qu'on a pu dire que la conscience est la pensée de la pensée : cette expression est exacte. En elle-même et prise à part, la pensée est un événement dans notre vie ; pensez à cet événement, arrêtez-vous à le considérer, et vous obtenez la réflexion, la conscience, toute la série des plus délicates opérations de l'esprit.

Le caractère commun de tous ces faits n'a rien de plus mystérieux que la pensée elle-même, car il ne s'y trouve pas autre chose que l'impression distincte produite par un événement distinct, il ne s'y trouve rien autre chose que la contemplation produite par l'apparition d'une forme expressive. Celui qui réfléchit sur l'univers, pense à ce qui est exprimé par ce mot *univers* ; il retrouve en lui tout ou partie de l'ensemble désigné par ce mot, et cet ensemble lui apparaît comme un résultat de la contemplation de ce mot. C'est là *l'essence de toute réflexion intérieure ;* son mécanisme, c'est la réapparition d'un fait sous l'enveloppe expressive qui lui a été antérieurement donnée. Son point de départ, tout aussi bien que celui de l'expression simple d'un fait extérieur présent, peut donc être retrouvé dans un fait extérieur présent, c'est-à-dire dans l'apparition d'un mot sous la forme orale ou écrite. Il n'y a donc point d'abîme entre la réflexion et la pensée, pas plus qu'entre la pensée et la sensation elle-même ; l'une conduit sûrement à l'autre : la sensation mène à la réflexion par l'intermédiaire du signe particulier fourni par le langage, dont nous apercevons déjà le rôle immense, et dont il nous faut maintenant indiquer l'origine, en même temps que les causes qui lui ont assuré une valeur particulière de représentation.

Dès à présent, nous comprenons nettement que le

sens intime n'est autre chose que le résultat nécessaire du contact de l'être nerveux et vivant avec ses organes. Il n'y a pas deux espèces de conscience. Partout l'être vivant est engagé dans chacun des organes par des ramifications infinies et il ressent toutes les modifications de ses organes, soit qu'ils exercent une pression sur lui, soit que lui-même les mette en mouvement. Nous comprenons ainsi comment le sens intime est accessible à tous les événements internes du corps, pourquoi il discerne les faits de pensée et de réflexion absolument comme les faits de plaisir, de douleur, de faim ou de respiration. En tout cela nous trouvons un *même sujet* sentant, sujet partout impressionnable, ne pouvant rien ignorer de ce qui intéresse une partie quelconque de son être, parce que tout cet être constitue, comme nous l'avons montré, une véritable unité.

Dès à présent aussi nous trouvons la pensée reliée aux phénomènes généraux du mouvement dans les êtres doués de vie. Nous devons maintenant montrer comment le mouvement arrive à être expressif; quel est le principe de l'expression, et comment ce principe se trouve réalisé dans le langage humain: voilà le premier problème que notre analyse va trouver devant elle et dont elle doit fournir une exacte solution.

CHAPITRE VI.

LE LANGAGE.

Tout ce qui est pensée est expression : telle est la première affirmation à laquelle nous nous sommes trouvés conduits dès le début de nos recherches. C'est dans les facultés expressives que gît tout le secret de la puissance intellectuelle ; en nous plaçant à ce point de vue pour l'examen de la pensée humaine, nous sommes amenés à déterminer et à préciser quel est, dans l'organisation de l'être humain, le point par où il se sépare du reste du monde de la vie par l'emploi exclusif d'un procédé particulier d'expression. C'est dire que la question de la valeur du langage se présente immédiatement devant nous ; c'est dire que nous devons trouver, dans la nature propre de ce mode d'expression, l'explication du développement de l'esprit humain. Pour que l'impression obscure de la sensation ait pu devenir intelligence, pour que la pensée humaine ait pu acquérir cette formidable puissance par laquelle elle a envahi la domination de l'univers, il a fallu l'emploi et la possession d'un instrument particulier; dès lors, une sévère analyse doit être entreprise pour découvrir, pour faire saillir avec netteté la relation de l'intelligence avec le langage, pour discerner l'opération essentielle qui en est le fond et la substance, pour saisir au milieu de la confusion infinie des diverses langues ce qui fait leur unité et permet à tous les hommes un échange possible de leurs pensées par la communication possible de leurs idiomes. Etudier le langage à ce point de vue, c'est pénétrer en quelque sorte le mécanisme de la pensée; si notre point de départ est exact, nous devrons ainsi faire apparaître et jouer les plus secrets ressorts par lesquels les progrès de l'esprit ont été possibles.

L'entreprise pourtant apparaît d'abord comme entourée de difficultés inextricables. Chaque langue, en effet, est un fouillis de formes où il est inutile de chercher un principe commun. La végétation des langues s'est développée dans des directions absolument opposées; le Chinois et les langues ariennes n'ont aucune ressemblance, ni dans leurs lexiques, ni dans leurs grammaires; le temps est passé où l'on prétendait reconstituer la langue mère de l'humanité; mais tout en confessant l'impossibilité de trouver aux divers dialectes une racine commune, l'esprit philosophique ne doit point se laisser troubler par cet aspect confus. Il n'y a là qu'un reflet nécessaire de l'infinie variété des impressions possibles; il faut néanmoins qu'au fond de chaque langue il y ait un procédé d'expression identique, puisque l'unité de la pensée humaine est restée comme un dogme inébranlable, respecté par les scepticismes les plus radicaux.

C'est par le langage, en effet, que l'humanité s'est reconnue pour une véritable unité. Non-seulement tous les hommes parlent, ce qui fait défaut aux autres espèces douées de vie, mais la communication orale de la pensée est possible entre tous les hommes. Quelle que soit la différence d'éducation et de race, un être humain peut apprendre la langue d'un autre homme, il peut lui emprunter ses procédés d'expression. C'est là une preuve infaillible que la faculté du langage est indépendante des variations dialectiques. Peut-être, à aucune époque de la vie de l'humanité, n'y a-t-il eu entre ses diverses branches rien de commun dans le choix des mots; il importe peu. Le Basque et le Japonais, le Samoyède et l'Italien, peuvent arriver à s'entendre. Un abîme, au contraire, sépare ici le plus dégradé des Australiens du plus intelligent des singes. Jamais animal ne s'est exprimé par le langage. Seul, l'homme parle, et c'est le signe infaillible qui marque sa royauté. Sans aucune hésitation possible en tous temps, en tous lieux, quelles que fussent ses difformités, quelle que fût sa couleur, si étranges que fussent ses mœurs, tout être doué de la parole a été un être humain. S'il en est ainsi, l'étude de la pensée n'a rien à espérer des méthodes de dissection anatomique. Aucun détail de structure intime ne peut avoir une valeur égale à ce caractère de l'emploi exclusif du langage. L'espèce humaine est circonscrite dans le domaine de cette faculté et n'a pas besoin d'autre marque; aussi lorsque, récemment encore, dans le nouveau monde, les théoriciens de l'esclavage cherchaient sa justification dans les différences physiques des races diverses, l'impossibilité de nier au nègre la faculté du langage les a arrêtés dans leur œuvre et a maintenu l'esclave noir dans l'humanité.

Celui qui peut s'exprimer comme nous, est un de nous; ce principe admis, il faut le reconnaître, il y a, il doit y avoir dans toutes les langues une base commune qui leur permet de se transformer les unes dans les autres. Quelle que soit la différence des mots et des sons qu'elles emploient, nous devons pouvoir retrouver ce qui fait d'elles toutes un procédé unique pour l'expression de toute pensée. Quel est ce procédé fixe et universel ? Pour le découvrir, pour arriver à une conception précise, il nous paraît indispensable de reprendre et de développer l'exposé du principe de l'expression, déjà indiqué dans le chapitre précédent.

D'une manière générale, en tout être vivant, l'impression extérieure engendre un retentissement qui se communique et se distribue à toutes les parties où pénètrent les filets nerveux ; c'est là un résultat nécessaire de cette disposition native à l'ébranlement vibratoire que nous avons reconnue pour le caractère essentiel de toute espèce de substance nerveuse. La propagation des vibrations ainsi engendrées peut être assimilée à une vague dont la direction générale vient aboutir en un lieu déterminé de l'organisme, tout en se faisant sentir même dans les recoins les moins envahis. Toute impression se résout, en conséquence, en une manifestation extérieure, se traduit en un mouvement de l'être impressionné. Nous comprenons par là que le mouvement qui a produit l'impression ne se perd point dans les êtres vivants; il se métamorphose en eux suivant les lois physiques générales; il traverse le milieu où il a pénétré et, sous une forme nouvelle, il en sort pour continuer sa propagation en d'autres milieux. Tout mouvement qui vient ainsi apparaître à la sortie des organes des êtres animés, où il s'était introduit par la porte des sens, mériterait très-exactement d'être appelé *une expression*; ce terme correspondrait à celui d'*impression*, par lequel on désigne toute introduction d'un mouvement dans les êtres sensibles. Ce mouvement, cheminant dans le milieu nerveux, aboutit en définitive *hors* de lui. Le mot d'*expression* ainsi compris devrait désigner tout résultat quelconque de la mise en activité d'un appareil nerveux cédant à une pression extérieure.

Notre langue toutefois n'a point voulu attacher au mot *expression* une signification si étendue ; pour elle, le mouvement d'un organe et l'expression ne sont point des synonymes, et nous devons entreprendre de distinguer avec netteté le phénomène particulier pour lequel elle a réservé la désignation que nous étudions.

Et d'abord, il est aisé de remarquer que la langue refuse d'admettre, en dehors des êtres sensibles, aucune communication expressive ; seul, Orphée a eu le don d'émouvoir les rochers et les plantes par le récit de ses douleurs; entre le monde inanimé et le monde vivant, l'unique rapport possible est un rapport d'action ; les modifications qu'ils peuvent s'imprimer l'un à l'autre ne sont jamais entrées dans le domaine de ces émotions communicatives engendrées par les mouvements expressifs.

Cette remarque nous paraîtra-t-elle suffisante pour circonscrire et caractériser l'*expression*? Assurément non. Même entre êtres doués de sensibilité, il existe des rapports, des communications de mouvement étrangers à toute puissance expressive. Qu'y a-t-il de commun entre l'homme et le monde immense des insectes? Rien, à ce qu'il semble; de l'un à l'autre, la pensée reste inaccessible, et pourtant l'homme est capable de comprendre infiniment plus de choses qu'aucun autre animal. Entre animaux d'espèces différentes, il n'y a réellement presque aucune place pour l'expression ; c'est que l'impression, pour se communiquer d'un être à un autre, doit pouvoir se faire jour en autrui comme en nous-même, par des organes semblables ; nous ne pouvons faire comprendre à un autre être les impressions qui ne sont point dans sa nature, nous ne pouvons faire pénétrer en autrui des émotions dont il est incapable et qu'il ne peut se *représenter*. Ce qui caractérise, en effet, le mouvement expressif, c'est d'être représentatif, et déjà nous pouvons apercevoir comment une pareille forme de mouvement a été possible, comment la pensée d'un individu peut être saisie et pénétrée par un autre individu.

Tout phénomène d'expression suppose deux êtres en présence, et principalement deux êtres de même race ; entre animaux d'espèces différentes, l'expression est dépourvue de tout développement sérieux. Mais si nous avons bien compris que l'impression est la source d'où découlent tous les phénomènes expressifs, une conclusion va s'imposer à nous. En deux êtres doués d'une organisation identique, une même impression devrait aboutir à des mouvements nerveux d'une similitude absolue ; en des êtres semblables par la race, c'est-à-dire par une organisation presque identique, une même impression doit fréquemment aboutir à des mouvements presque semblables. Ce résultat se produit, en effet. Les êtres vivants forment des groupes caractérisés par un certain nombre d'organes semblables remplissant une même fonction chez tous les membres du groupe ; cette identité d'organes et de fonctions coïncide d'ailleurs avec l'identité du milieu où s'écoule leur vie : les animaux de même espèce se trouvent ainsi soumis aux mêmes conditions d'existence. Exposés aux mêmes influences, ils éprouvent les mêmes impressions, ils sont sollicités aux mêmes mouvements.

Dès lors, le développement de l'expression représentative cesse d'être pour nous un indéchiffrable énigme. Un mouvement peut devenir un signe, dès l'instant qu'il se trouve associé d'une manière constante à une même impression. Cette association intime tient simplement à ce que l'un est la nécessaire continuation de l'autre ; il en est une portion ; il s'y trouve compris, et par là il devient révélateur. Si le chagrin a fait jaillir vos larmes, les larmes d'autrui deviennent pour vous le signe du chagrin d'autrui ; si la douleur vous a arraché des cris, ces mêmes cris entendus vous feront connaître l'impression douloureuse qui les suscite. Nous comprenons ainsi comment nous pouvons pénétrer jusqu'à ce fond de l'émotion d'un être semblable à nous ; cette émotion inaccessible se trouve exprimée et représentée par les mouvements qu'elle suscite toutes les fois que ces mouvements peuvent être aperçus par des êtres dont l'organisation peut aboutir à un même retentissement. Le caractère du mouvement expressif se trouve dès lors bien défini ; il nous apparaît comme la conséquence nécessaire d'une similitude d'organisation ; il doit se faire jour partout où l'on rencontre des impressionnabilités identiques.

Voilà le principe de l'expression représentative ; voilà le début de toutes les formes de communication de la pensée. Ce principe, on le voit, explique la possibilité d'une communication d'impression entre individus des plus humbles familles animales. Il n'existe aucune espèce absolument dépourvue de toute vie de relation. En même temps, nous pouvons nous rendre compte d'une vérité importante, c'est qu'il n'y a rien de mystérieux ni d'occulte dans l'origine des facultés d'expression ; il n'y a aucune qualité particulière rendant un acte plus expressif qu'un autre. Tout mouvement peut être expressif, tout mouvement peut être une représentation d'une pensée ; il suffit pour cela que le souvenir d'une impression se réveille par lui en celui qui aperçoit ce mouvement. L'intention qui a dicté le mouvement n'ajoute rien à sa puissance expressive. Peut-être l'individu dont nous croyons pénétrer la pensée n'était pas réellement agité par l'impression que nous supposons en lui, peut-être la signification de l'acte nous échappe ; il n'importe : pour nous, le mouvement perçu était un signe non équivoque, il nous rappelait une impression particulière que nous avons dû supposer en autrui. On le voit, dès lors, la connaissance qui nous arrive par un mouvement expressif n'est autre qu'un retour, un souvenir de nos propres impressions. Ce que nous savons d'autrui, ce n'est pas son impression, mais la nôtre, et la concordance de nos organisations est notre seule garantie de l'exactitude de notre discernement.

Ces principes ont une telle importance, que nous ne pouvons nous dispenser d'y insister, et peut-être un exemple en fera mieux saisir la vérité :—Voici un homme en fuite ; l'observateur qui l'aperçoit, ne sait rien des causes de cette action ; rien ne lui révèle le danger pressant dont l'émotion a décidé la fuite. Pourtant l'attitude, le geste, la physionomie de cet homme qui passe, révèlent ses terreurs, ne permettent pas de méconnaître la nature de ses sentiments. L'intention n'est pour rien dans cette pénétration de la pensée; celui qui est en fuite n'a qu'une seule volonté, c'est d'échapper au péril qui le presse; mais son acte n'en est pas moins expressif et suffit à faire deviner tout le drame de sa pensée. En vain peut-être il voudrait cacher à tous la défaillance de son cœur, l'effroi qui le possède imprime à tout son être le signe de ses sentiments intimes, et son émotion se trouve exprimée et communiquée à un autre homme en qui la même impression se serait fait jour de la même façon.

L'identité d'une émotion et de certains actes qui l'accompagnent toujours, voilà donc le principe de l'expression représentative. Au début, cette *identité a été un fait de nature* aussi bien en l'homme que pour tous les autres êtres vivants. La communication des impressions n'a pas eu besoin de se composer un attirail de signes, elle s'est produite comme le résultat nécessaire d'une certaine ressemblance d'organisation. Tous les êtres nerveux semblables ont toujours pu se comprendre dans une certaine mesure, et pour peu qu'on tienne compte, en outre, des résultats de l'éducation de la famille, qui ne fait complétement défaut dans aucune race animale de quelque importance, on se trouve en possession de tous les éléments qui expliquent les débuts de l'expression. Rien de plus simple désormais que l'explication des rapports expressifs entre les êtres qui se rencontrent pour la première fois. L'expression par le geste permet entre les races humaines les plus distantes une certaine communication de pensée. Peu à peu les signes se forment et se complètent, et leur emploi éveille une impression commune chez tous ceux dont l'impression personnelle se traduirait par les mêmes signes. Nous parvenons par là à impressionner les autres, à leur faire partager nos sentiments et nos idées, parce que l'expression que nous employons répond chez eux aux mêmes sentiments et aux mêmes idées.

L'expression ne trouve réellement un champ libre pour se produire qu'entre animaux de même race ; pourtant, et dans la limite où persiste l'identité d'organisation, il y a encore place pour un échange possible d'impressions entre les êtres d'espèce différente : c'est précisément cette possibilité qui a permis l'entreprise de la domestication des animaux. L'imitation de leurs cris a été le plus grand artifice. Certains gestes, certains mouvements des yeux, ont aussi fourni des éléments communs ; le regard arrive à l'expression pour tous les êtres doués de la vue ; mais, dès que l'organisation devient absolument dissemblable, il n'y a plus de possibilité pour l'acte expressif : un grand nombre d'êtres animés nous sont aussi indifférents que les végétaux et les pierres ; entre eux et nous, il ne peut y avoir que des rapports d'action.

Ces principes posés, il n'y a aucune difficulté spéciale à comprendre comment a pu s'introduire l'expression par le langage. La possibilité de l'émission du son par un même procédé dans toutes les races humaines a conduit naturellement à l'emploi de ce signe expressif pour toute l'humanité. Mais nous n'avons point encore aperçu par là la cause de la supériorité du langage sur tous les autres modes d'expression ; c'est dans l'examen du système particulier des signes oraux qu'il nous faut chercher la solution d'une question qui comprend à elle seule toute la philosophie du langage.

Ce qui fait la valeur d'un signe, c'est de représenter fidèlement l'impression. Il est aisé de voir qu'il faut pour cela une association du signe avec l'impression, se produisant avec une fixité absolue, toujours constante et invariable. Ce caractère essentiel ne peut être trouvé, ni dans le geste, ni dans le regard, ni même dans le simple cri. Tous ces procédés expressifs manquent de mesure ; ils sont soumis à toutes les variations du caprice des impressions les plus fugitives. Réduit aux ressources qu'ils présentent, l'homme ne se fût jamais élevé à la compréhension de l'univers. Heureusement le langage lui fut donné et put lui fournir un moyen d'association fixe et inaltérable entre une impression et son signe. Par lui, l'impression a cessé d'être fugitive ; elle a pu reparaître avec le signe expressif avec lequel elle s'incarnait ; par lui, l'expression a pu représenter toujours, partout, pour tous les hommes, une même forme d'impression ; pourquoi cela ? c'est qu'*à chaque impression distincte, le langage a associé définitivement une expression distincte*; toujours, en conséquence, une même impression a amené le retentissement d'une même expression. La représentation des impressions a pris ainsi un caractère de netteté particulière. Pour celui qui porte dans ces questions une vision précise, voilà ce qui est au fond de la faculté du langage, ce qui se retrouve un et essentiel comme principe de tous les procédés expressifs de l'humanité. Une fois ce principe saisi, l'immense confusion de forme des diverses familles de langues et leur écart irréductible, ne peuvent nuire en rien à l'unité fondamentale de l'intelligence humaine :

sans doute, entre les procédés de la langue chinoise et ceux du français, il n'y a aucune similitude de racines, aucune ressemblance de grammaire ; mais dans le chinois comme dans le français, comme dans toute langue humaine, il y a un phénomène typique qui fait que l'expression langage leur convient également à toutes ; c'est ce phénomène que nous venons d'apercevoir distinctement par l'analyse à laquelle nous nous livrons ; ce phénomène n'est autre que celui de *l'individualisation des impressions* par *l'individualisation des expressions*.

Dans toute langue, *un phénomène particulier est rendu par une expression particulière* ; tel est le fait d'expression qui est le propre du langage humain, et ce fait est capital : il explique comment l'impression a pu cesser d'être un éblouissement passager, comment elle a pu être tirée à part et être rappelée à l'esprit d'une manière précise. Chaque impression a trouvé ainsi un signe distinct, et la confusion générale a cessé. Ce signe, c'est ce que nous appelons un *mot*. Toute langue se compose de mots ; dès lors, il importe peu qu'en toutes langues les mots diffèrent. Le procédé de l'emploi du mot se trouve dans toutes un mode identique de représentation, et par là elles se touchent toutes ; partout la base est la même, partout la représentation d'une impression est fondée sur son association avec une expression particulière. Tout mot est une forme vocale particularisée, ne s'adaptant, ne pouvant s'adapter qu'à une seule forme d'impression. Par là, le monde phénoménal a été reproduit, peint, sculpté dans chacun de ses éléments ; toute confusion a pu cesser, et le langage a permis de *distinguer* le monde. Au lieu d'un amas informe et sans détail, il en a fait une série de particularités ; c'est cette distinction, cette particularisation qui a été le procédé essentiel par lequel il a été permis à l'être humain d'arriver à la représentation de l'univers.

La puissance de l'expression par le langage se trouve dès lors mise en tout son jour ; une chose pourtant reste à montrer, c'est le détail, c'est le point spécial qui a rendu possible au langage humain la représentation particulière de chaque impression. Pourquoi est-il le seul procédé expressif permettant cette particularisation précise des phénomènes? Quelle est la raison de l'infériorité de tous les autres êtres vivants? Pourquoi leurs procédés d'expression restent-ils absolument incomplets et insuffisants? Voilà les problèmes auxquels il faut une réponse exacte, si l'on veut pouvoir pénétrer jusqu'à la nature intime de ce phénomène du langage, phénomène le plus grand de tous, puisque c'est en lui qu'il faut chercher le secret de cette étrange domination de la pensée humaine sur tout le reste de la nature.

Nous venons de le montrer : distinguer les impressions, attacher à chacune d'elles une expression distincte, voilà ce qui fait la force expressive du langage. Il faut en conclure que cette force dérive des procédés particuliers qui ont permis au langage de créer des expressions distinctes. L'expression distincte, c'est celle qui ne peut être confondue avec nulle autre, c'est celle dont le relief est tellement précis, qu'il se grave dans une association indélébile avec l'impression qui l'a fait naître. C'est ce relief qui a été trouvé dans la vocalisation humaine. En vain vous multiplieriez les gestes et les cris, en vain vous donneriez à la physionomie et à l'attitude du corps toutes leurs possibilités expressives, vous n'y trouveriez point des moyens suffisants pour une représentation complète des phénomènes extérieurs. *L'infini des impressions possibles ne peut être rendu que par un nombre infini d'expressions.* Chaque émotion nouvelle, chaque découverte scientifique, chaque produit nouveau de la pensée exige une forme correspondante affectant un mode de représentation fixe, permanent, ne pouvant être confondu avec nul autre. Le pouvoir du langage, c'est d'avoir permis la constitution d'un nombre infini de sons fixes, permanents et distincts. Sans doute, l'émission d'un son est possible à toutes les espèces animales douées du cri, mais la conformation de ces espèces ne leur permet pas d'aller plus loin. A l'homme seul, il est donné de réunir toutes les conditions physiques de l'émission des sons clairs et distincts, susceptibles de se fixer sous une forme invariable dans la mémoire. C'est ce qui a constitué pour lui un procédé expressif supérieur ; ce procédé, c'est l'*articulation*. Aucun autre être vivant n'y peut atteindre. Les animaux inférieurs s'élèvent à peine jusqu'au cri. Quelques-uns des oiseaux sont arrivés jusqu'au chant, encore ce chant est toujours le même et n'exprime qu'un nombre très-restreint d'impressions. Du reste, même en multipliant les intonations par l'accent musical, on ne peut arriver à la précision nécessaire ; il a fallu davantage pour fournir une possibilité à la représentation de tous les faits d'impression. Il a fallu cette netteté de prononciation qui a classé les sons en voyelles distinctes ; il a fallu cette articulation plus précise encore, par laquelle a été rendue possible l'émission des sons consonnes. Voilà ce qui a caractérisé pour toujours le parler humain. La consonne a fait le vrai langage ; avec elle sont nées des émissions vocales séparées les unes des autres; elle leur a donné la fermeté nécessaire pour produire sur un autre homme une impression distincte; elle a permis ainsi au langage de devenir un procédé de représentation définitive, et de graver dans la mémoire des pensées qui fussent restées à jamais confuses sans la précision de l'expression orale qui leur est associée.

Il ne faut point, du reste, s'y tromper; la précision de l'articulation dépend, au fond, de plusieurs détails d'organisation qui y concourent: la forme de la bouche et des lèvres, la longueur et la mobilité de la langue, y jouent pourtant et de beaucoup le principal rôle. En constatant ce fait, nous ne voulons nullement méconnaître plusieurs autres éléments qui ont une part sérieuse dans la supériorité expressive de l'être humain. Il est clair que la station bipède a fourni, soit pour le geste, soit pour la communication orale, des ressources dont le défaut est irréparable pour les autres animaux. Il est clair aussi que l'absence de système pileux et un développement crânien plus important qu'aucun autre, ne sauraient être négligés comme éléments de la puissance de l'humanité. Enfin, il n'est point permis d'oublier le rôle immense de l'organe à la fois expressif et industriel, la main. Mais pour celui qui voudra bien y réfléchir, tous ces éléments n'ont été réellement vivifiés que par la faculté du langage articulé. Il est aisé de se représenter ce que pourrait être une société de muets, et de mesurer par là l'importance disproportionnée qu'il convient d'attribuer à l'expression orale. Des muets ne se seraient jamais élevés au-dessus de la bestialité! Incapables d'acquérir et de fixer aucune connaissance, ils seraient restés dans les limbes, dans l'obscurité de l'instinct ; les sciences n'auraient pu se former et, certainement, ils eussent été des premiers vaincus dans la lutte contre la nature. Donnez, en revanche, le langage à certaines races simiennes ; sans doute, elles resteront encore très-inférieures par le volume et la forme du cerveau, inférieures aussi par leur vice de conformation de la main, par leur développement du système pileux, enfin, par leur attitude naturelle. Néanmoins, qui pourrait affirmer que ces races n'eussent pas fait de grands progrès dans la guerre de la concurrence vitale, si la faculté du langage leur avait permis de reconnaître leurs impressions, de les conserver indéfiniment par la famille, et de commencer ainsi les arts et les sciences ? C'est donc bien ce mince détail d'organisation qui a rendu pour l'homme seul le langage possible qui lui a donné son irrésistible supériorité dans ses moyens d'expression et de pensée. Sans l'articulation, la simple émission orale d'un son fût restée impuissante ; des sons indistincts n'auraient pu particulariser les impressions, qui se seraient forcément éteintes avec le retentissement passager et insaisissable qui seul est donné aux espèces animales privées de tout moyen de conservation et de réapparition.

Et de suite il faut noter quelque chose de plus : la nécessité des consonnes pour une expression distincte n'est point encore suffisamment marquée par ce qui précède. Ce qui a fait la force de l'expression orale humaine, ce n'est pas seulement d'avoir offert une possibilité de séparation des diverses formes vocales, c'est encore et surtout d'avoir présenté avec ces formes la possibilité d'un procédé imitateur. C'est par là que l'adjonction des consonnes aux voyelles a été le plus grand fait qu'il puisse être donné de remarquer dans l'histoire du genre humain. La consonne a tout de suite présenté l'immense avantage d'offrir pour les commencements de la représentation toute une série de sons imitateurs pouvant affecter une forme plus ou moins ressemblante avec celle des impressions qui pénétraient en l'homme par le son de l'ouïe. La prononciation des consonnes a fourni ainsi un procédé de représentation par *consonnance* applicable à toutes les sensations auditives, elle a permis l'imitation des bruits extérieurs. On comprend tout le profit qui a pu être tiré de là pour les communications expressives ; l'adjonction des consonnes aux voyelles a pu faciliter ainsi les premiers essais de représentation des impressions. La consolidation du langage, c'est-à-dire l'association d'un son expressif avec une impression donnée n'a eu nul besoin d'être cherchée, et s'est pour ainsi dire *imposée* du jour où un son expressif a reproduit la forme d'un son impressionnant. L'expression a pu débuter dans l'association représentative par l'émission de *consonnances* ou sons imitateurs vraiment distincts et reconnaissables par leur ressemblance avec les sons originaux ; une fois ceci compris, le rôle de la consonne, le rôle de l'articulation, apparaît dans toute sa grandeur ; on aperçoit comment le langage a pu prendre de suite la forme d'une représentation sérieuse et exacte, comment, grâce à la possibilité de la consonnance, grâce à l'*homophonie*, s'est trouvé fait le premier pas dans la particularisation des impressions, c'est-à-dire dans leur représentation spéciale par un son, ce qui est le propre du langage.

Ce premier pas fait a permis tous les autres ; l'emploi d'un procédé de représentation naturelle a conduit tout droit à la représentation artificielle. Du jour où une impression auditive s'est trouvée communicable, de ce jour le langage a pu être conçu comme un procédé universel de représentation et, quant au mode de formation des procédés artificiels, rien n'est plus aisé à saisir quand on se rend compte de la valeur et de l'emploi de l'analogie. Chaque expression primitive a pu fournir des formes dérivées à l'infini pour la représentation des impressions ultérieures apparaissant avec quelques ressemblances avec les causes d'où avait surgi le mot original. L'aurore de la formation des langues suppose ainsi une puissance d'imagination d'une juvénile fraîcheur, c'est-à-dire un concours d'impressionnabilités naïves associant les sensations neuves aux sensations anciennes souvent par le plus ténu de tous les fils. De même que la philologie moderne a pu nous montrer le sanscrit engendrant tout entière l'immense tribu des langues indo-européennes par une végétation ininterrompue, de même une vue intelligente jetée sur les origines du langage ne peut douter qu'il ait suffi d'un très-petit nombre de sons homophoniques représentatifs pour permettre le développement des diverses langues-mères de l'humanité. Nous pouvons comprendre dès lors quel sens il faut attacher à l'expression *les racines des langues* ; nous arrivons à saisir, grâce au jour jeté par les sciences linguistiques modernes, la série infinie des dégradations successives par lesquelles se sont fait jour les variétés innombrables des dialectes humains. Nous apercevons chaque langue particulière comme formée par un développement très-lent d'un petit nombre de signes initiaux. Des analogies souvent très-lointaines, très-fugitivement aperçues et dont la trace disparaît plus vite encore, ont fait appliquer aux perceptions nouvelles des expressions déjà fixées, en se contentant de leur faire subir une déviation légère. Tous ces phénomènes se présentent encore chaque jour à l'observation attentive ; constamment des mots nouveaux se forment pour exprimer de nouveaux aperçus ; la chimie a créé de toutes pièces une langue nouvelle, et tous les éléments de cette langue sont empruntés à l'analogie. Mais ces procédés se montrent encore mieux dans les dialectes populaires ; c'est dans ce milieu de langues non fixées que l'on appelle les patois, que l'on peut le mieux voir à l'œuvre les curieuses métamorphoses de pensées qui permettent la création des expressions nouvelles. De nos jours, tout comme aux temps les plus reculés de la vie de l'humanité, le peuple sait créer de nouvelles images en appliquant avec des modifications légères des mots anciens à des impressions neuves. La création des langues ne cesse jamais.

Ce point de vue nous laisse comprendre et distinguer comment nous pouvons rencontrer dans les langues les plus distantes quelques caractères communs, comment aussi ont pu naître des différences irréductibles qui ne permettent pas de leur attribuer une origine identique. Les langues se ressemblent toutes en ce sens que toutes se sont formées, étendues, accrues par des dérivations lentes et inimaginables de quelques consonnances initiales ; mais il n'y a rien là qui permette de conclure à une identité originelle. Bien loin de là, nous savons par les enseignements philologiques, et nous comprenons par la philosophie de la formation du langage, que les procédés imitateurs ont varié et qu'ils ont dû nécessairement varier avec les milieux et avec les organisations ; de même que la similitude absolue des organismes aurait abouti à des racines imitatives absolument pareilles, de même il faut comprendre que les différences qui ont séparé dès le début les premiers pères du genre humain ont dû faire saillie dans les expressions qui s'échappaient de leurs lèvres vierges encore. C'est pour cela que tout espoir doit être perdu de pouvoir remonter de racine en racine, d'analogie en analogie, jusqu'à une prétendue langue primitive. Cette langue primitive n'a jamais existé ; sans doute il n'est point impossible qu'une même forme vocale ait été employée par les diverses races humaines pour désigner à l'origine un même phénomène initial, mais il n'est pas moins certain qu'une pareille rencontre n'a jamais été nécessaire : les premières formes expressives qui ont procédé par l'imitation se sont trouvées dictées par des sensations souvent très-différentes. Combien de bruits divers, en effet, peuvent être perçus dans le retentissement du tonnerre ! et cette observation peut être faite pour tout autre bruit naturel ; d'autre part, l'émission orale a varié nécessairement dans les diverses races primitives, en sorte que les homophonies même les plus simples n'ont point dû amener toujours un même résultat expressif. On aperçoit dès lors comment l'adoption de tel ou tel mode d'expression n'a jamais pu être l'effet d'une nécessité irrésistible pour tous les organismes humains, puisqu'il faudrait supposer pour cela des hommes absolument semblables en tous leurs organes.

Les débuts de chaque langue peuvent donc être conçus comme absolument distincts les uns des autres, de même que dans leurs développements ultérieurs nous les voyons tout à fait indépendantes. Le langage se forme encore sous nos yeux par les mêmes procédés qui ont permis ses premiers bégaiements. Toute impression nouvelle, tout fait nouvellement enregistré dans les annales de la science, entraînent une expression nouvelle, un nouveau mot à placer dans le dictionnaire. Aujourd'hui comme autrefois, l'analogie qui guide dans la création du mot nouveau est quelquefois bien subtile, souvent très-inexacte et dirigée par une réflexion bien incomplète ; de même, à l'aurore des langues, leur végétation n'a été guidée par aucun raisonnement précis ; elle était livrée à toutes les influences, aux caprices les plus désordonnés des jeunes imaginations qui lui donnaient le jour.

Voilà ce qu'il est possible d'apercevoir clairement de la formation du langage ; ce qui reste à expliquer scientifiquement c'est l'origine des détails organiques qui ont rendu l'articulation orale possible. C'est là un problème purement physiologique, sur lequel la science n'a recueilli encore presque aucune donnée et auquel elle ne paraît pas même jusqu'ici avoir attaché toute son importance. La mobilité de la langue humaine en est sans aucun doute le point le plus essentiel ; la forme des lèvres et du nez y a joué aussi un rôle considérable. A vrai dire, le problème de ces origines n'est autre que celui de la naissance de l'humanité, et nous ne pouvons que le répéter ici, il y a dans ces questions d'origine un facteur dont il restera à jamais impossible de calculer la puissance, c'est celui des transformations successives et des modifications nécessaires survenant pendant l'infini du temps écoulé. Ce n'est point par les quelques milliers d'années de l'histoire écrite, ce n'est point même par millions d'années qu'il faut supputer l'histoire de l'homme et chercher à emplacer la date de la première syllabe sortie des lèvres émues de l'humanité surgissante ; nous ne pouvons, à vrai dire, avoir aucune idée de la durée réelle des périodes géologiques pendant lesquelles la science s'est trouvée peu à peu contrainte de reconnaître l'existence de l'être humain.

Ce que nous pouvons affirmer toutefois, ce qui ressort dès à présent avec clarté de notre analyse, c'est que l'homme, c'est-à-dire l'être intelligent, n'est vraiment né que du jour où les conditions de l'articulation orale se sont trouvées réunies et ont permis la première explosion d'une syllabe expressive. Jusqu'alors, un être existait peut-être déjà plus noble, mieux conformé qu'aucun autre ; mais la pensée, cette pensée dominatrice qui a conquis l'univers, ne pouvait vraiment surgir et restait enfouie dans les ténèbres d'une organisation impuissante. Mais un jour le langage apparut et avec lui la vraie intelligence pénétra dans le monde. Combien faibles, combien isolés furent ses premiers pas ! il serait malaisé d'en donner une idée précise, et pourtant aucun événement ne s'était produit encore, aucun événement ne se produira jamais plus fertile, plus grandiose, plus émouvant par ses conséquences, que ce premier bégaiement presque indistinct encore par lequel deux êtres commencèrent de s'entendre et de se parler.

Et maintenant comprenant ce qu'est le langage, nous apercevons les raisons de sa puissance et comment il a offert une possibilité de représentation pour toutes les impressions possibles. Grâce à lui, tout ce qui a pu être aperçu a pu être exprimé ; il peut se former des mots pour la désignation de toutes choses. Nous devons chercher maintenant les conséquences naturelles qui ont découlé de l'emploi de ce procédé expressif, et nous pouvons espérer de trouver dans cet examen l'explication de tous les phénomènes de l'esprit.

CHAPITRE VII.

LA RÉFLEXION.

Nous venons d'exposer comment est née l'expression représentative, c'est-à-dire, comment une impression a pu être associée d'une manière permanente à un son, grâce aux procédés d'articulation propres à l'émission de la voix humaine. Envisagée de ce point de vue, toute forme expressive apparaît comme une détermination particulière d'un phénomène donné, toute expression prend le caractère d'un résultat, résultat distinct d'une impression délimitée par une vue individuelle. Ce résultat, nous le devons au langage, et sa forme essentielle, c'est le *mot*. Un *mot* est une image, et par conséquent il doit être une image précise et détaillée. Pour être absolument expressif, il devrait ne correspondre qu'à une seule impression, il devrait aussi en ramener la sensation tout entière. Ces deux conditions d'une expression parfaite, nous verrons que le mot est impuissant à les remplir. Sans doute, il n'est aucun mot qui ne fournisse une image, qui ne ramène avec lui l'impression qu'il veut rendre, mais cette impression ne revient qu'affaiblie ; elle n'a ni la force ni la netteté d'une première apparition. Et pourtant c'est cette possibilité du retour des impressions sous la forme de mots qui a fourni à l'homme tous les éléments de sa supériorité de pensée. Nous nous trouvons ainsi amenés à l'examen des diverses opérations de l'intelligence, et à montrer par quel lien elles se rattachent au langage, à la mise en activité de cet appareil expressif.

Un mot, disons-nous, est une image, et il faut entendre ceci au sens le plus large. Le mot *soleil* nous ramène l'impression visuelle qu'il désigne, et c'est là vraiment une image dans le sens commun du mot ; mais l'expression *coup de tonnerre* n'est pas moins imaginative. Elle fait retentir en nous quelque chose du bruit auquel elle est associée. On comprend par là que la lecture d'un dictionnaire produit l'effet d'une fantasmagorie infinie pour celui qui a ressenti toutes les impressions qui s'y trouvent désignées ; il y retrouve dans une dispersion absolue toutes les images fournies par la représentation du langage ne formant entre elles aucun lien.

Ce qu'il faut bien comprendre, c'est le point essentiel par où l'image verbale se distingue d'une impression réelle. Celle-ci ne se produit que par l'action d'une forme extérieure et disparaît avec cette action ; l'image verbale, au contraire, se produit à l'état d'amalgame avec une forme expressive et ne disparaît qu'avec cette forme. Aussi longtemps cette forme sera présente, aussi longtemps sera persistante l'image avec laquelle elle est incarnée ; il suffit dès lors que l'expression soit en vue pour que le phénomène qui lui est attaché fasse réapparition dans la conscience. C'est là ce qui constitue, à bien dire, l'élément primordial de toute réflexion mentale. Le regard fixé sur une expression et l'attention qu'on lui prête sont un regard jeté du même coup sur une impression, une attention dirigée sur le phénomène représenté. C'est là la *réflexion*, c'est-à-dire, un retour d'une impression au-dedans de nous-mêmes, et ce retour ne nous est possible que par la possession que nous avons du langage. Par le langage parlé, écrit ou artistique, l'expression d'une pensée devient quelque chose d'extérieur pour l'esprit qui vient de la formuler, elle peut se représenter devant lui sous la forme d'un caractère ou d'un son, et sous cette forme nouvelle c'est en réalité une impression ancienne qui se fait jour. Le phénomène ainsi exprimé revient une seconde fois frapper l'intelligence et peut subir sous cette forme un nouvel examen, une nouvelle attention nécessaire pour être vraiment compris et pénétré. Telle est l'origine de la forme réfléchie de la pensée.

Nous comprenons bien aussitôt par quel fil nos facultés de réflexion se rattachent au fait essentiel de l'impressionnabilité. La pensée, avons-nous dit dans les précédents chapitres, c'est l'impression du dehors faisant irruption à travers nous-mêmes, et c'est là en effet la pensée sous sa forme la plus simple, telle qu'elle se rencontre en tout être animé, telle qu'elle peut être prise pour type de tout phénomène mental ; mais tout à côté, et s'y rattachant par des fibres intimes que nous mettons en tout leur jour, nous rencontrons ce fait si considérable, particulier à l'humaine nature, que nous appelons *réflexion*. Réfléchir, c'est revoir, c'est retrouver une impression déjà subie, c'est l'observer avec une attention nouvelle, grâce à la réapparition qui en est obtenue, et cela n'est permis qu'à l'homme. C'est qu'en effet cette réapparition d'une impression *passée* n'est possible que par une impression *présente* susceptible de la ramener ; c'est à cette observation qu'il faut s'attacher, si l'on veut obtenir une analyse exacte du phénomène de la réflexion mentale. Il n'y a point de possibilité de réflexion en dehors de la contemplation d'une forme verbale engendrée par le langage, et c'est pour cela qu'aucun animal n'est doué d'une puissance réelle de réflexion. C'est là le point essentiel qu'il ne faut jamais perdre de vue ; c'est par cette remarque décisive qu'il est permis de rattacher au principe de l'impressionnabilité toute espèce de phénomène mental. Aucun fait de réflexion n'est possible sans l'intervention d'un fait sensible, d'un mouvement nerveux aboutissant à l'apparition d'un mot significatif. En l'absence du mécanisme producteur de l'expression verbale, aucune réflexion ne peut se faire jour. La réflexion n'est autre chose que la perception d'une forme verbale entraînant à sa suite le cortège d'une impression passée.

Réfléchir, c'est donc voir un fait passé conjointement avec un fait présent, et c'est là tout le secret des plus délicates opérations intellectuelles. Le chapitre précédent nous a montré comment le langage humain seul a pu permettre cette permanente association, cette intimité, cette contiguïté persistante d'une impression avec un fait expressif correspondant par lesquelles s'est introduit le pouvoir de représentation qui est le fond des phénomènes de l'esprit. C'est là le principe fécond qui rend possible en l'être humain la résurrection du passé, et du même coup la prévision de l'avenir. Car l'avenir prévu n'est autre chose qu'un enchaînement de faits susceptibles de se renouveler. Aucune prévision n'est possible d'un fait sans analogie avec le passé. Les vraies prophéties ne sont que des réminiscences. Le fonds de tous ces phénomènes, c'est toujours une image, c'est-à-dire un souvenir surgissant à l'appel d'un fait expressif qui lui est intimement associé.

Essayons de préciser avec exactitude les conséquences de cette réapparition sous une forme expressive. Une première remarque est aisée. Une forme verbale peut être maintenue indéfiniment en face de l'être impressionnable; une fois fixée, elle peut devenir un sujet constant de méditation. Les phénomènes extérieurs, au contraire, nous échappent; notre attention ne peut les suivre dès que les sens les ont perdus de vue. Nous trouvons dans cette remarque une première lueur sur la puissance des procédés que l'expression orale a mis à la disposition de l'homme. En effet, une impression fugitive traverse l'être trop rapidement pour qu'il lui soit possible d'y rien discerner; au contraire, une impression persistante permet de saisir avec netteté ses contours. Lorsque les astronomes étudient le soleil pendant les éclipses, personne n'ignore que la durée du phénomène est le principal élément de la sûreté de leurs observations, et récemment nous les avons vus, comme pour prolonger cette durée, faire appel à la reproduction photographique des formes solaires observables pendant l'éclipse. Nous saisissons ici dans son principe même la puissance des procédés d'expression. L'image photographique joue le même rôle que toute autre image expressive; comme le langage, elle fournit une représentation persistante, un élément de réapparition constante du phénomène à étudier. De même que la photographie solaire permet à l'astronome observateur de conserver une impression qui se fût trop vite évanouie sans ce secours, de même l'expression par le langage a permis aux premiers hommes la réapparition de phénomènes qui se seraient enfuis dans les ombres d'un passé à jamais obscur. Le mot, lui aussi, est une incarnation du phénomène, et par cette incarnation le fait durer, le conserve et le délimite. Sans doute, l'image qui revient avec lui n'a pas toute la netteté de l'impression primitive, mais c'est néanmoins une représentation réelle. Chaque fois que l'expression est présente, elle entraîne derrière elle le souvenir du phénomène qui lui a été rattaché, elle ressuscite ainsi dans une certaine mesure un ébranlement de l'impressionnabilité tout pareil à celui qui se produirait sous l'influence de l'impression directe.

Et maintenant, quelle est la puissance particulière de ces images ? Comment pouvons-nous expliquer qu'elles nous montrent autre chose qu'il n'avait été vu dans l'impression dont elles ne sont que le reflet ? Comment pouvons-nous concevoir que la vue scientifique succède à la simple sensation ? Tel est le problème qui s'offre à nous et qui réclame une solution précise ; cette solution, nous pouvons déjà l'entrevoir, grâce aux principes que nous avons posés. Et d'abord la persistance de la réflexion sur une expression permet de distinguer dans l'image ses divers éléments et en facilite ainsi l'analyse. En effet, un mot, avant de devenir un sujet de réflexion, correspond à un phénomène non encore analysé et décomposé, et la représentation obtenue se présente avec des caractères analogues à ceux de l'apparition primitive. Mais lorsque, à côté de ce phénomène d'ensemble, une circonstance quelconque fait apparaître un fait nouveau circonscrit dans les limites du premier phénomène, ce fait, grâce à la conservation de l'image expressive, apparaîtra en rapport avec elle, en constituera une dépendance, et le nom par lequel ce fait sera désigné devra faire sentir ce rapport. Sans la réapparition expressive, rien de cela ne serait possible. Lorsque nous avons désigné du nom de soleil la forme lumineuse qui nous éblouit, si nous observons que cette forme coïncide avec une sensation de chaleur, c'est que le langage nous permet de conserver en nous-mêmes une image de cette forme, et aussi une image de la sensation de chaleur. Le pouvoir analytique de l'esprit est donc intimement lié à la puissance du langage.

Mais ce n'est là encore que l'un des avantages de la représentation expressive. Ce qu'il faut bien voir, en outre, c'est que la puissance de l'esprit dépend de la possibilité que le langage a fournie pour un rapprochement d'impressions qui, sans lui, n'auraient jamais pu entrer dans le même cadre. Aucun homme ne peut voir à la fois les régions polaires et la zône torride, mais cette vue lui devient possible par l'œil de la réflexion. En effet, le langage dégage par une expression commune ce qui dans ces régions est à la fois commun à l'une et à l'autre; il montre en même temps dans un état d'opposition ce qui dans chacune d'elles est contradictoire. Il se forme ainsi des vues d'ensemble qui n'auraient jamais été possibles sans le parler humain. En conservant la représentation expressive donnée à un fait, il a permis d'apercevoir en quoi un second phénomène se trouvait identique au premier. Grâce au pouvoir de représentation par le langage, les choses les plus éloignées peuvent se trouver ainsi comprises dans un ensemble, les phénomènes les plus divers peuvent se trouver ramenés en présence les uns des autres; on en saisit la conséquence ; par l'expression commune qui les rassemble, ils cessent d'être étrangers les uns aux autres, comme ils l'étaient au moment de leur première apparition. Leur image particulière se trouvant donnée par la forme expressive qui les ramasse, ils s'offrent ensemble au regard, ils deviennent l'objet d'une seconde vue qui est commune à la fois aux unes et aux autres, seconde vue où chacun d'eux, sans cesser d'avoir son caractère propre, apparaît dans un rapport nouveau avec ses voisins d'expression. Ainsi apparaissent les faits généraux. C'est cette seconde vue, cette vue d'ensemble, qui fait la puissance de la réflexion mentale ; elle fournit des points de vue absolument nouveaux et qui n'auraient point existé sans elle, et l'on comprend que les impressions qui en résultent doivent donner naissance à une nouvelle expression, et comment se trouve ainsi créée une nouvelle pensée qui ne se serait pas fait jour sans le rapprochement qui lui a donné naissance.

C'est là le vrai caractère de la vue de la réflexion, et sa puissance ne nous apparaît plus désormais comme un mystère. La représentation par les mots permet de considérer des tableaux où se trouvent rassemblés par l'expression des phénomènes qui n'auraient jamais été donnés sans elle dans une impression commune. Elle forme ainsi des phénomènes de toutes pièces, et peut-être est-ce quelque vue obscure de ces grands principes qui, dans la philosophie alexandrine, valait au mot, au verbe, l'épithète de créateur. C'est ce caractère de la vue réfléchie qui lui a mérité dans le langage les noms identiques au fond de perception, compréhension, intelligence. Tous ces mots, en effet, expriment étymologiquement un même phénomène ; tous indiquent cette vue commune s'appliquant à des faits ramassés ensemble, exposés ensemble au regard. Les faits ainsi englobés se montrent nécessairement avec ce qu'ils ont de commun ; leur rapprochement permet de voir leurs similitudes en même temps que leurs différences. L'impression qui en résulte est une impression nouvelle entraînant après elle une expression nouvelle, une nouvelle pensée qui surgit ainsi sans qu'aucun phénomène extérieur nouveau lui soit venu donner naissance ; on comprend dès lors comment la pensée a pu s'affranchir des liens de la sensation immédiate, comment la contemplation de l'expression a pu devenir génératrice de la puissance de l'esprit. La réflexion nous apparaît comme la pensée des pensées antérieures, elle est une impression fournie par le retour de précédentes impressions ramenées par la forme expressive où le langage les a fixées.

Ces aperçus nous montrent que les philosophes du dernier siècle, en attribuant à la réflexion l'œuvre de la formation du langage, avaient pris exactement le contrepied de la vérité. Le langage est un produit spontané et irréfléchi de l'impressionnabilité ; il est donné à l'homme par le retentissement naturel de son organisation, et n'a d'autre origine que celle de cette organisation même. Ce qu'il faut comprendre maintenant, c'est qu'une fois le langage donné, la réflexion était donnée, puisqu'elle n'est autre chose que la contemplation d'une forme expressive. Avec le langage, la réflexion est nécessaire ; sans le langage, il n'y a point de réflexion possible. C'est par lui que nous avons vu naître la possibilité d'une désignation distincte des impressions distinctes, c'est par lui que nous apercevons maintenant la puissance intellectuelle qui rassemble dans un même tableau les impressions les plus éloignées de manière à en saisir les rapports. Le pouvoir de l'esprit n'est rien autre chose. D'une part, faire cesser la confusion de l'impression directe et introduire la particularisation des phénomènes ; d'autre part, réunir dans un même point de vue les phénomènes épars, voilà l'œuvre de l'intelligence, voilà les triomphes de la pensée, et cette œuvre et ces triomphes appartiennent tout entiers au langage.

En deux mots, distinguer et comprendre, c'est tout l'esprit, et l'esprit est compris dès que ces deux opérations sont comprises ; nous ne rencontrons plus d'obscurité. Séparer, toucher à part tout ce qui est donné à l'état confus dans l'impression directe, voilà la première opération de l'intelligence ; cette opération, nous en avons saisi le mécanisme en exposant le procédé de formation du mot, en montrant comment l'expression orale a pu distinguer le monde phénoménal. Nous apercevons maintenant ce que c'est que comprendre. Réunir, ramasser exposer à un même point de vue des phénomènes qui ne se trouvent nulle part réunis dans une même impression, voilà le second travail fécond rendu possible par la puissance de représentation du langage, et ce travail n'a été possible que par la concentration expressive fournie par la brièveté du mot.

L'esprit, c'est-à-dire la faculté de distinguer et de comprendre, cesse maintenant de nous offrir aucun mystère ; pour l'expliquer, il semble que nous n'ayons nul besoin de chercher en dehors des conditions du milieu du monde de la vie ; la puissance intellectuelle peut être désormais intimement rattachée à un simple fait d'organisation ; l'esprit, c'est l'être vivant lui-même, doué d'une faculté particulière, parce qu'il est muni d'organes particuliers ; cet être vivant suffit seul à la tâche ; il apparaît dans son unité ; pour défendre cette unité, nous ne sommes plus réduits à invoquer purement le sens intime. Nous sommes arrivés à apercevoir d'une manière claire et précise la nature de l'opération intellectuelle ; à tous les degrés, pensée, réflexion, raisonnement, elle est l'emploi d'un procédé spécial d'expression, elle trouve dans ce procédé spécial tous les éléments de sa force et de sa puissance. L'homme a pu distinguer ses impressions parce que son organisation vocale lui a fourni des expressions distinctes ; il a pu comprendre ce qu'il avait distingué, parce qu'il a pu assembler et voir d'un coup d'œil sous leur forme expressive des impressions qui n'auraient jamais, sans ce rapprochement, révélé leurs rapports. Tout ce qui a été aperçu dans ce point de vue commun, tous les développements de la réflexion la plus consommée, tout cela n'aurait pu naître sans la possibilité d'une perception commune ; tout cela par conséquent découle comme un ruisseau de sa source, de cette faculté de représentation simultanée qui n'a été possible qu'au seul être humain doué de langage.

Dorénavant, la démonstration est faite : l'identité de la pensée et de l'expression nous apparaît dans tout son jour. Les progrès de la science humaine sont une question de méthode expressive, et nous pouvons comprendre l'importance du rôle civilisateur des découvertes qui ont donné à l'expression de nouvelles facilités. Au premier rang, et de bien loin avant toutes les autres, se montre l'invention de l'écriture ; sa valeur est telle, qu'elle pourrait presque être comparée à la puissance des procédés d'articulation orale. C'est qu'en effet l'écriture a réalisé dans toute leur énergie les progrès de l'expression. Par elle, les mots ont pris un relief distinct, permanent, indestructible. Le rôle de chaque mot a pu apparaître dans son individualité résistante à toute confusion, et non-seulement la distinction des mots s'est trouvée assise sur une base inébranlable, mais aussi le rapprochement des formes expressives a été affranchi des défaillances de la mémoire par la fixité extérieure qui leur a été donnée. Cette fixité a valu à chaque mot une personnalité distincte. Chacun d'eux prenant un corps est devenu un phénomène extérieur, permanent, accessible à tous les hommes de même langue, se transmettant de génération en génération avec une signification précise. Par là, la pensée d'un seul homme a pu devenir la pensée de tous, les plus humbles intelligences ont pu profiter des découvertes des plus grands génies ; peu à peu ainsi s'est formée cette communauté d'idées et de savoir qui est le vrai fondement, la raison d'être persistante des nationalités historiques ; par là, a pu se commencer l'amoncellement du trésor des connaissances acquises, base de tous les progrès ultérieurs de l'humanité.

La valeur des civilisations peut ainsi se mesurer par celle des méthodes expressives. Les nations qui ont le privilége d'une langue bien faite y trouvent un des instruments les moins contestés de leur supériorité. Les langues, en effet, ne sont point également expressives ; un grand nombre d'idiomes sont à jamais impuissants pour un développement considérable de la pensée, et c'est là qu'il faut chercher la cause de l'infériorité incurable de certaines races. L'aptitude des nègres à un meilleur état social que celui de l'Afrique centrale n'a point tardé à éclater aux yeux les plus prévenus, dès que l'esclavage des Indes les a mis en contact permanent avec les procédés expressifs des nations européennes. Sans doute, leur infériorité native n'est point encore complétement rachetée depuis qu'il leur est donné d'user des langues nobles, mais leurs progrès ont été énormes ; en ce sens, l'esclavage a été civilisateur. Même les idiomes divers des peuples civilisés n'ont pas tous une égale valeur, et depuis longtemps cette remarque a été faite que les traductions françaises des œuvres allemandes sont plus claires que l'original. La distance si accusée qui apparaît entre nos races indo-germaniques et les sauvages tribus australiennes n'est autre que celle de la puissance de leurs moyens respectifs d'expression. La pensée de l'homme civilisé lui fait retour d'une manière complète sous une forme sensible et permanente par le procédé de l'écriture. Chez les animaux, au contraire, l'expression est tellement fugitive, que toute réflexion est impossible. De même, chez les peuples où les formes du langage n'ont pu atteindre qu'un développement restreint, le phénomène de la **réflexion** ne se produit qu'à l'état embryonnaire. Ceux des insulaires Océaniens ou autres peuplades barbares qui n'ont point eu la force de s'élever à l'usage de l'écriture, sont par cela même presque aussi incapables que l'animal de toute réflexion sérieuse. La réapparition de l'expression par la seule puissance de la mémoire manque de cette base fixe permettant une conservation indéfinie de la pensée. C'est pour cela que chez les sauvages qui ont à peine ébauché les procédés de cette conservation, il n'y a pas de réflexion vraie. La pensée ne leur *revient* pas ; ils passent d'une impression à une impression contraire avec la plus extrême mobilité ; une conception scientifique étendue ne peut se faire jour dans leur esprit, parce que les éléments qui y devraient entrer ne sont point amassés pour eux dans le recueil des expressions du passé ; les faits restent ainsi pour eux dans l'isolement ; ils ne peuvent les rapprocher les uns des autres, parce qu'ils ne sont pas suffisamment fixés dans une forme expressive permettant de les retrouver et de les comprendre. Telles sont les raisons vraies de l'incapacité actuelle de certaines races, dont l'intelligence est pourtant ouverte, dont l'imagination est vive, dont l'impressionnabilité est vierge encore. Dès que ces peuples ont pu entrer en communication avec les vieilles nations civilisées, ils ont pu montrer que cette incapacité n'était pas un vice de nature, mais seulement un défaut de développement ; ils ont pu faire sur quelques points de très-rapides progrès : c'est que l'instrument d'une réflexion plus complète leur était apporté par les nouveaux venus. En apprenant l'écriture à leurs néophytes, les missionnaires des religions européennes peuvent conquérir à la vraie civilisation une masse énorme d'intelligences actuellement bornées et incomplètes. La fixation du langage par les formes inaltérables de l'écriture doit être considérée comme la plus grande métamorphose qui ait transformé l'humanité ; c'est alors seulement qu'a pu apparaître la conscience historique. L'aurore de la civilisation de chaque peuple n'a d'autres lueurs que celles de ses premiers écrivains ; depuis lors deux faits seulement ont eu une même importance par le nouveau développement qu'ils ont permis aux facultés expressives : c'est d'abord l'invention de l'alphabet phénicien et grec par lequel s'est créé et propagé le mouvement des civilisations antiques; c'est, de nos jours, l'invention de l'imprimerie, par laquelle l'Europe moderne s'est placée à la tête et de bien loin à la tête de tous les progrès et de tous les peuples.

Ce qui est vrai pour l'échelle des nations diverses l'est aussi pour les nations considérées en elles-mêmes selon les degrés de développement de l'instruction. L'enfance (infantia, *in fari*) dure jusqu'au moment où la faculté du langage est devenue complète ; c'est à ce moment que l'homme commence à avoir une conscience, une moralité. Sa responsabilité pourtant n'est considérée comme entière que du jour où son éducation est terminée, vers la seizième année. Le jeune enfant passe d'une impression à une autre avec la mobilité d'un sauvage ; la réflexion ne peut être complète chez l'adolescent lui-même, tant qu'il n'est pas le maître de sa pensée et de son expression. Les classes peu instruites, celles qui forment le peuple proprement dit, ne s'élèvent que bien rarement à une réflexion maîtresse d'elle-même ; la vivacité de leurs impressions en fait de grands enfants, prompts à la colère et aux tempêtes, s'inclinant pourtant devant les noms et allant bien rarement jusqu'au fond des choses. Dans les classes lettrées elles-mêmes, que de degrés de réflexion, et j'oserais dire, combien peu de degrés de réflexion ! La puissance créatrice de l'esprit s'use le plus souvent dans une lutte ingrate contre les tristes conditions de la vie commune, et sur ce fond incolore se dessinent à peine de siècle en siècle quelques individualités dominatrices par la puissance de leur pensée.

La révolution qui a créé le langage écrit n'a point été un fait subit résultat d'une illumination soudaine ; ce qu'il faut remarquer, c'est qu'elle n'a eu toute sa valeur que lorsque le signe scriptural a pu être une représentation du mot, au lieu d'être une représentation de l'impression. C'est ce jour-là seulement que l'écriture a été féconde. A l'origine, l'écriture a été une image, une effigie ; toute forme de langage est pour un peuple la véritable image du monde, la forme sous laquelle le monde lui apparaît ; l'écriture était une forme de ce genre, un signe matériel dans lequel étaient réalisées les impressions fournies par le sens de la vue. L'écriture a eu les mêmes débuts que la peinture ou la sculpture, c'est-à-dire une forme représentative empruntant les procédés du dessin d'imitation, ou bien elle a été un simple signe mnémotechnique n'ayant d'autre but que de rappeler à la mémoire les faits du passé. C'est sous cette forme que les conquérants espagnols la trouvèrent parmi les populations mexicaines (quichuas). Notre écriture constitue un procédé bien plus raffiné. L'expression idéographique (hiéroglyphe) a disparu dans toutes les langues qui ont joué un rôle considérable dans les relations des hommes. Ce changement, nous l'avons comme saisi sur le fait le jour où Champollion a pu donner par l'écriture démotique la clef de la valeur des signes hiéroglyphiques ; l'ancien procédé n'avait point disparu d'un coup devant le nouveau, les deux alphabets ont pu vivre longtemps côte à côte ; mais avant que le nouvel alphabet fût inventé, la langue parlée et la langue écrite avaient formé en réalité deux langues complétement différentes. Pendant que le langage parlé dérivait uniquement des procédés expressifs retraçant à l'origine les impressions auditives, le langage écrit ne pouvait formuler que les impressions de l'organe visuel ; évidemment *au début* il n'y avait rien de commun entre ces deux procédés expressifs ; de même aujourd'hui encore la peinture et la musique sont deux procédés artistiques entre lesquels aucune communication n'est possible. Et pourtant dans la formation du langage cette communication a fini par s'établir ; il a fallu pour cela que l'écriture renonçât à être une représentation directe de l'impression pour se contenter d'être un signe mnémotechnique des sons. L'invention de l'alphabet ou représentation écrite des sons a fait oublier tous les procédés dérivant de l'impression visuelle et rétabli ainsi l'unité du langage ; la langue écrite est devenue identique à la langue parlée, en sorte qu'il n'y a aucune expression orale, même nouvelle, qui ne puisse être immédiatement fixée par l'écriture. C'est ce qui a fait la très-grande supériorité de nos procédés alphabétiques. Certaines langues déjà nobles n'ont point su y parvenir. La langue chinoise, et beaucoup d'autres avec elle, dépassant sans doute de bien loin le niveau de l'écriture hiéroglyphique, c'est-à-dire la représentation directe des impressions, ont essayé de donner à chaque son expressif une marque particulière. On comprend que, pour pourvoir aux développements d'une civilisation considérable, elles ont été amenées ainsi à la création d'une quantité énorme de signes ; c'est ce qui explique la stagnation actuelle de ces races. Il est arrivé un moment où le tré sor des expressions n'a pu s'accroître, parce qu'il dépassait les possibilités de la mémoire ; aussi leur principal souci est de conserver les notions acquises : elles obtiennent ce résultat par l'importance exceptionnelle qu'elles ont accordée au corps des lettrés.

Nous apercevons maintenant par quels moyens s'est opérée la représentation expressive ; nous comprenons comment la représentation par les sons et la représentation scripturale découlant de deux sources différentes, ont fini par confondre leurs eaux et les rouler dans un même lit. Nous devons entreprendre à présent de décrire la formation des combinaisons expressives auxquelles la pensée est parvenue. Le mot, en effet, n'y suffit point ; il n'a point la perfection représentative ; en lui-même, isolé, nous le montrerons presque impuissant. L'immense majorité des mots provient d'un travail d'assimilation reposant sur des analogies très-peu sûres ; leur dérivation s'est souvent opérée de la manière la plus futile, la moins propre à justifier le choix de l'expression ; mais, malgré l'obscurité qui en résulte et qui s'étend sur les rapports de l'impression avec l'expression, il ne faut pas dédaigner d'une manière absolue les indications qui peuvent être fournies par l'observation du mot. Tout mot est une métaphore, c'est-à-dire le transport d'une expression d'un phénomène sur un autre, transport fondé sur une identité plus ou moins sérieuse. Sans doute la vérité ainsi entrevue reste confuse ; quelquefois même il n'y a qu'une fausse lueur contre laquelle la réflexion ultérieure devra protester ; mais il ne faut pas méconnaître que l'impression qui amène la formation d'un mot nouveau est souvent assez nette pour que le mot en conserve la lumière. La science a justifié plus d'une fois des expressions que la poésie croyait n'employer que comme métaphores sans valeur réelle. Ainsi nous avons vu successivement dans ces derniers temps les découvertes chimiques et physiques confirmer scientifiquement les expressions : *Flamme de la vie et chaleur d'expression*, qui ont apparu comme dictées par un aperçu intuitif de la nature réelle de la respiration pulmonaire et de l'identité du mouvement et de la chaleur.

L'exposition de ces principes nous laisse désormais bien apercevoir le caractère de cette opération mentale jugée si mystérieuse, la réflexion. Réfléchir, c'est revoir, c'est, par conséquent, recevoir une impression, et il n'y a aucune réflexion qui puisse s'accomplir sans une impression actuelle qui lui sert de point d'appui nécessaire. L'être réfléchissant voit apparaître des mots, et ce sont ces mots, formes purement extérieures, inséparables de la mise en mouvement de l'appareil expressif, ce sont ces mots qui par leur concours font réapparaître des phénomènes actuellement hors de la portée de nos sens. C'est par ce procédé que la réflexion se substitue à l'impression du premier moment, et c'est par la possibilité de la tradition des expressions fixées par la mémoire de génération en génération que les progrès de la science ont pu s'accomplir.

La base de la réflexion, comme de toutes les opérations intellectuelles, est donc l'association définitive d'un fait avec une formule expressive. La possibilité de cette association constitue la faculté que nous appelons mémoire. Nous comprenons sur quoi elle repose, c'est sur l'identification qui s'opère entre deux faits cheminant à la fois dans l'être impressionnable.

La réflexion passe d'un fait à un autre et devient active

parce que le souvenir d'un fait est provoqué par un autre fait. C'est qu'en effet un mot unique suffit à ramener sur la scène intellectuelle une série infinie d'impressions ; un mot fait revivre plusieurs mots, et chacun de ces mots à son tour en fait revivre beaucoup d'autres : c'est là ce qui constitue l'enchaînement de nos idées. L'apparition d'une expression au-devant de nous fait naître par une fatalité irrésistible tout un ensemble d'autres expressions qui forment comme un bloc avec elles. Ainsi le mot *Alexandre* suffit à rappeler, non pas seulement la figure et la prestance du héros, mais encore toute la série des événements historiques de sa vie, bien plus, les guerres mêmes de ses successeurs. Car tout cela ne fait qu'un corps avec ce seul mot *Alexandre*. C'est là tout le secret des rapprochements de l'intelligence, c'est par là que le genre humain a pu nouer cette trame immense de faits qui s'appelle la science et échapper à cette confusion infinie que devait engendrer l'aspect de phénomènes se chassant les uns les autres devant l'esprit.

Le fait capital de l'analyse de l'intelligence, c'est donc la réapparition de l'impression sous une forme expressive appropriée grâce aux ressources du parler humain. Seul, ce fait suffit à expliquer la possibilité du développement de la pensée humaine, à lui seul il est l'origine de tout ce que nous appelons réflexion, intelligence, idée. L'impression ainsi marquée d'un sceau définitif devient sous sa forme verbale un perpétuel sujet de méditation.

CHAPITRE VIII.

L'ANALYSE.

Au point où nous sommes arrivés, nous pouvons déjà apercevoir la direction définitive de la route où nous sommes engagés. L'expression par le langage a pour principe de représenter les phénomènes dans l'individualité de leurs perceptions ; elle fournit par la conservation de cette représentation la possibilité de composer des tableaux où les phénomènes les plus dissemblables au moment de leur constatation se trouvent rapprochés dans un même point de vue. Il nous faut maintenant entrer dans les détails et montrer par l'analyse de tous les faits intellectuels le fil qui les rattache à la puissance de distinction et de compréhension du langage.

Toute impression distincte entraîne une expression distincte, une désignation individuelle ; tel est notre point de départ fixe et inébranlable. Tel est aussi le début de l'opération intellectuelle que la science appelle *analyse*. En effet, il n'est aucun travail d'analyse qui ne constitue une œuvre de discernement d'un phénomène qui n'avait point encore de notation particulière et pour lequel se forme une expression distincte, une *dénomination*. Cette œuvre de dénomination est le principe de toutes les conquêtes de l'esprit. Toute dénomination nouvelle est le résultat d'une vue attentive, d'un examen qui a été fructueux et par lequel ont été engendrées des impressions plus nettes surgissant au milieu d'une clarté nouvelle. Cette conquête des faits nouveaux n'est du reste nullement liée à la nécessité d'une préméditation, d'une réflexion volontaire : l'homme primitif n'institue pas d'expériences, il n'a point recours à des instruments analytiques perfectionnés ; il attend l'impression sans la chercher, et combien d'hommes sont encore primitifs en ce point ! Les premières constatations de l'analyse n'ont été que les résultats des facultés expressives agissant dans toute leur spontanéité native. Telles elles se manifestent encore aujourd'hui devant tous les phénomènes qui frappent pour la première fois les sens. Telles aussi nous les trouvons dans leur naïveté originelle parmi les nombreuses populations qui ne sont point encore en possession des procédés spéciaux de l'analyse expérimentale.

L'analyse ainsi comprise est soumise à toutes les variations de l'impressionnabilité. En effet, ce qui pénètre dans l'homme, c'est l'impression, c'est-à-dire, un ébranlement nerveux, un mouvement de l'extérieur empruntant un caractère particulier à son mode spécial de communication par les sens. Cette impression se fait sa marque, et c'est là le phénomène de l'analyse ; cette marque est plus ou moins ineffaçable suivant le degré possible de conservation de l'expression qui lui est donnée. Ce qui en reste, c'est l'image de l'impression originelle, et le propre du travail analytique est la création d'images rappelant tous les traits de l'impression qui a été marquée. L'analyse tient toute sa puissance de celle de l'instrument sensitif ; elle grandit et se développe avec lui ; elle s'arrête avec lui ; elle a pour auxiliaires inespérés tous les instruments d'observation employés pour les conquêtes de la science. C'est qu'en effet ces instruments constituent pour nous un agrandissement de l'aptitude naturelle ; ils doublent nos facultés. Quoi qu'en ait dit Gœthe dans des vers fameux, la volonté est impuissante à pénétrer seule le secret du monde. Il y faut les leviers et les vis. Si Lœvenhœck n'eût inventé le microscope, aucun effort de l'esprit n'aurait pu nous mettre en présence des colpodes et des vorticelles, aucun acte intellectuel n'a de puissance pour étendre le cercle de notre vision. Tout fait scientifique, toute conquête de l'analyse, ne sont donc autre chose qu'une impression distinctement précisée et exprimée. Nous aurons à montrer pour cela le caractère particulier des procédés fournis par le langage, nous devrons esquisser dans toute son étendue le mouvement expressif. Dès à présent nous comprenons que toute espèce d'analyse n'est que l'application du langage à la spécialisation et à la conservation des souvenirs.

L'attention est le début de l'analyse. Dès le commencement de ce siècle, on a soutenu que l'attention présentait quelque chose d'irréductible à l'impressionnabilité ; c'est par cette remarque que les adversaires du sensualisme ont repris l'offensive. Et pourtant, lorsque pour un moment on oublie tout ce que la passion d'inventer peut engendrer d'inexactitudes, il semble qu'un aveuglement volontaire seul pouvait méconnaître l'étroit rapport, l'invincible enchaînement de l'attention et de l'impression. L'attention, considérée d'une manière abstraite, c'est l'état d'un être qui sent l'envahissement d'une impression ; le travail de l'expression va en être la suite ; il va traduire sous une forme quelconque le point de vue nouveau qui vient de s'imposer à la conscience. C'est ce moment d'émotion imposée, distingué analytiquement au milieu des autres faits intellectuels, qui a été nommé l'attention ; nous y rencontrons comme fait caractéristique la domination d'une impression particulièrement saisissante. Le mouvement expressif n'a point encore accusé sa direction définitive. L'être en sent le travail, et c'est le sentiment de cette émotion intérieure qui a créé la constatation du phénomène de l'attention.

Mais, a-t-on dit, l'attention est un fait volontaire; tout homme peut diriger son attention sur tel fait de préférence à tel autre, et il y a dans ce fait de la direction possible de l'attention par la volonté quelque chose qui ne peut se confondre avec le simple éveil de l'impressionnabilité.

Avons-nous bien besoin de montrer combien il est aisé de répondre à cette difficulté ? Nous n'examinons point ici le phénomène de la volonté, nous ne recherchons point pour l'instant quelle est sa cause et son explication naturelle. La volonté ne peut-elle être ramenée à l'impressionnabilité? Nous le saurons plus tard ; actuellement notre analyse ne porte que sur le fait de l'attention elle-même ; de ce fait, nous connaissons la propre nature ; c'est l'état d'un être intelligent placé sous l'influence d'une impression quelconque. Nous pouvons être sous la direction de notre volonté, mais nous n'y sommes point toujours; nous sommes attentifs, au contraire, dès que nous sommes impressionnés. Le fait de l'attention ne peut donc être rangé dans la catégorie des faits volontaires : vouloir être attentif ou être attentif sont deux faits absolument distincts. Réduit ainsi dans ses vraies limites, nous ne trouvons dans le phénomène de l'attention qu'une première évolution de l'être impressionné et le premier ébranlement par lequel débute la métamorphose intérieure qui conduit au mouvement expressif.

L'analyse, en marquant les faits, ne s'est point bornée à ceux qui tombent naturellement sous les sens; guidée par les progrès de la réflexion, elle a pu s'élever peu à peu jusqu'aux procédés de l'expérimentation. La possibilité de ce progrès est due aux inductions de l'analogie. Au milieu d'erreurs innombrables ont pu surgir ainsi quelques éclatantes vérités. Pendant de longs siècles, la réflexion a trouvé un aliment suffisant dans les faits avec lesquels l'impressionnabilité se trouve directement en contact. Mais un moment vint où le discernement de faits nouveaux semblait impossible. Nos sens paraissaient avoir donné tout ce qu'ils pouvaient. Toutes les expressions fournies par les observations antérieures se trouvaient discutées et comprises ; le progrès scientifique était arrêté, l'essor de l'esprit humain se confinait dans les limites de dissertations purement verbales. Nos races modernes purent heureusement échapper à cet engourdissement de la pensée, à ce royaume des ombres où il ne restait place que pour les ébats puérils et solennels d'une théologie et d'une logique purement abstraites. Au lieu de se renfermer dans la discussion épuisée et stérile de faits vingt fois classés, compulsés et décomposés par les analyses les plus subtiles, il fut cherché des voies nouvelles. Puisque la science, en effet, est bornée à l'étendue des impressions possibles, puisque les impressions seules fournissent les matériaux de la perception et de la réflexion, il devenait évident qu'une seule ressource demeurait. Pour agrandir le champ de la science, il fallait étendre celui de l'impressionnabilité, il fallait conquérir des impressions nouvelles. C'est ce qui a été fait. Pendant que les peuples éteints consumaient leurs dernières forces dans des spéculations purement verbales, le monde moderne, renouvelé par la découverte de l'Amérique, jetait en même temps les premiers fondements des sciences expérimentales. Qui dira jamais ce qu'il leur fallut de force, de science et de génie à ces fondateurs d'une humanité nouvelle ? Quels noms ont droit au respect, à l'affection, à la reconnaissance comme ceux de Colomb, de Vésale et de Galilée ? Depuis cette aurore, depuis cette seconde naissance du monde, la méthode expérimentale n'a plus cessé un seul jour ses conquêtes ; le monde moderne a pu tout entier passer par la brèche ouverte au milieu des débris des entités théologiques et scolastiques. Combien de nouveaux phénomènes se sont étalés depuis sous les yeux émerveillés de l'humanité ! Grâce aux progrès des instruments d'optique, la vue peut distinguer des êtres que la nature n'avait pas mis en contact avec nous ; de même que pour le myope, certains caractères d'imprimerie restent toujours indiscernables, de même le genre humain tout entier était atteint de myopie pour ces phénomènes innombrables. En apparaissant par la simple puissance de concentration d'un arrangement lenticulaire particulier, ces phénomènes ont du même coup fait comprendre la valeur réelle de la vue humaine ; ils ont montré que la sensibilité du nerf à la lumière était le seul point essentiel par où l'appareil visuel se distingue de tout autre instrument d'optique. Dès lors, il a pu être compris qu'il n'y a dans le fait de la vision aucune prédestination nécessaire, et que la seule singularité du nerf optique était d'être en contact avec l'extérieur par l'intermédiaire d'un appareil concentrant la lumière d'après les lois ordinaires des verres lenticulaires. C'est cet intermédiaire qui nous rend les choses visibles, et cet intermédiaire peut être corrigé comme tout autre instrument. Nous sommes arrivés ainsi à comprendre la vraie nature de la sensation lumineuse ; elle existe dès qu'il y a un mouvement du nerf ébranlé par l'action des objets lumineux ; elle apparaît ainsi comme la continuation d'une vibration extérieure se transformant dans le milieu nerveux, comme elle eût pu l'être par sa pénétration dans tout autre milieu accessible.

L'emploi des instruments, microscope, scalpel, etc., donne pour résultat un agrandissement du domaine de l'impressionnabilité et la possibilité d'une constatation de nouveaux phénomènes ; un autre procédé n'a pas eu une moindre influence sur le développement de l'analyse, et nous ne pouvons négliger de le noter. Lorsque l'homme a eu discerné, comme nous le montrerons plus tard, que tout phénomène constaté pouvait être rapporté à l'apparition d'une forme extérieure, il a été aisé de penser qu'en rapprochant les unes des autres des substances que l'observation naturelle fournissait dans un état d'isolement, on obtiendrait des actions réciproques qui ne se seraient jamais produites sans ce trouble artificiel. L'homme est devenu ainsi le modificateur du monde ; il a pu, par son initiative propre, se mettre en possession d'un nombre considérable de substances vraiment neuves et qui sans lui n'auraient jamais apparu dans l'univers. Ces combinaisons ont eu par conséquent un caractère créateur : aujourd'hui la chimie est maîtresse de l'apparition d'une infinité de substances qui ne pouvaient tenir l'existence que des recherches humaines qui les ont appelées au jour ; elle peut ambitionner de fabriquer tout un monde de formes dont les types n'avaient jamais existé avant l'industrieuse activité du génie scientifique qui a réuni leurs conditions d'existence. C'est là un fait considérable au point de vue philosophique, tellement considérable qu'il faut toute l'obstination naturelle aux vieux systèmes pour que l'importance en ait été méconnue jusqu'ici. En effet, nous arrivons à surprendre ainsi dans son essence même tout le secret des constructions organiques et minéralogiques ; la nature cesse pour nous d'être un mot insondable dès l'instant que l'apparition de corps et d'objets jusqu'alors inexistants peut être réalisée par le seul fait de la mise en présence de substances jusqu'alors isolées les unes des autres. Dès lors, tout devient possible par un simple changement dans les conditions de l'existence, et l'apparition des formes qui remplissent actuellement le monde doit être conçue comme un fait du même genre. Combien, du reste, ces idées n'ont-elles pas fait de progrès peut-être inconscients pour qu'un savant illustre ait pu récemment exprimer l'espérance de l'apparition de nouvelles espèces physiologiques et animales dues à l'action modificatrice de l'humanité ! Si cette espérance peut paraître encore téméraire dans l'état actuel des données de la science biologique, elle n'a pourtant rien de plus étrange que les faits de production d'animaux hybrides, elle n'a rien de plus extraordinaire que la création déjà opérée d'une masse énorme de substances organiques qui n'avaient auparavant aucun rôle dans le monde de la vie.

Étendre l'empire de nos sens, le champ de nos impressions, voilà donc l'œuvre de l'analyse, voilà tout le secret des victoires scientifiques ; cette œuvre a été de tous les temps, elle est l'indispensable élément primordial de toutes les acquisitions de l'esprit. Sans doute ce n'est point tout le rôle de l'esprit, sans doute il y a dans les sciences autre chose que les constatations obtenues par des instruments nouveaux ou par des expérimentations nouvelles ; au travail de discernement et de dénomination, vient se joindre celui de la généralisation exprimant les lois communes à tout un ordre de faits ; mais cette vue générale, qui embrasse un ensemble, suppose précisément une vue préliminaire et distincte des faits particuliers, et c'est cette vue seule qui peut fournir la matière de la connaissance. Il n'est aucune science qui n'ait pour base et pour fondement des faits donnés par l'observation pure, et cela est vrai même pour ces sciences dites mathématiques qui nous semblent, au premier abord, complétement indépendantes de l'observation. On a cru bien souvent que ces connaissances étaient sorties, comme Minerve, toutes armées du cerveau humain ; il n'est pas inutile de faire toucher au doigt l'inexactitude de ces affirmations et de montrer les faits observables où elles ont été puisées et dont elles fournissent en réalité l'expression par leurs procédés démonstratifs.

Considérons un instant la Géométrie. Est-il vrai que cette science ait pu se passer de l'analyse, est-il vrai que l'expérience ne lui ait fourni aucun de ses éléments? Selon l'illustre Biot, les géomètres ont une notion parfaite du cercle, quoique la nature ni l'art ne leur aient jamais présenté de cercle parfait. L'affirmation est incontestable, mais il ne faut point en conclure que la notion du cercle eût été possible sans les données sensibles. Un cercle, en effet, est chose absolument abstraite, c'est-à-dire une expression verbale dans laquelle aucune réalité ne trouverait entièrement son image; mais l'abstraction suppose un fond d'où elle a été extraite, et c'est ce fond qui est une donnée sensible. En vain on affirmera qu'il n'existe dans la nature ni triangle ni cercle; il n'en reste pas moins sûr que dans une société d'aveugles-nés, il serait absolument impossible de produire la plus simple des propositions qui forment les livres d'Euclide. En réalité, sans les données de la vue, la science géométrique eût été impossible à former, et tous ses éléments ne sont autre chose que des formes purement visuelles. Avant de pouvoir montrer les relations des surfaces et des solides, avant même de définir la simple ligne droite, il a fallu que les diverses figures géométriques aient fait apparition dans l'impressionnabilité, il a fallu qu'elles soient discernées chacune dans leur individualité indépendante, et il importe peu que chacune des formes ainsi distinguées dans l'espace ne soit pas identique absolument aux formes de même nom; ce qui a été rassemblé sous ce même nom, c'est seulement ce qui était trouvé identique en chacune d'elles, et c'est là le propre de l'opération intellectuelle que l'on a appelée *abstraction*. Mais ce quelque chose de commun qui a valu un nom distinct aux diverses figures ne résultait pas moins d'une donnée des sens.

Ainsi se sont formés et présentés avec un nom spécial, et aussi avec une représentation figurative spéciale, le triangle, les polygones, la circonférence, etc. Dans la création de ces figures, il y a eu une apparition de formes expressives nouvelles correspondant à une distinction nouvelle faite dans le monde sensible, et le principe de cette opération est absolument le même que celui de la formation des langues. C'est cette première opération, faite depuis si longtemps que nous en avons perdu de vue la nécessité, c'est, dis-je, cette première opération qui a joué pour les débuts de la science géométrique le rôle de l'observation analytique. Une fois les phénomènes de surface et de volume ainsi discernés et délimités par une expression représentative, le rôle de la réflexion mentale, c'est-à-dire la perception des identités, des communs rapports qui ont pu être dégagés des figures contemplées, a eu son tour et a achevé la science, telle qu'elle nous apparaît aujourd'hui dans son indestructible théorie; mais toute théorie était radicalement impossible avant le travail préparatoire créateur des formes sur lesquelles elle s'est exercée.

Les formes géométriques sont donc des créations de notre imagination; elles sont un résultat de nos facultés de réflexion s'exerçant sur des données sensibles. Lorsque nous parlons des propriétés des polygones, il est vrai que nous ne parlons spécialement d'aucun phénomène extérieur, mais nous parlons de tous les phénomènes extérieurs en tant qu'ils affectent une forme polygonale. L'idée que nous avons d'une figure polygonale est un résultat des observations qui ont été faites sur toutes les figures de ce genre, et elle se trouve applicable à toutes parce qu'elle ne considère dans ces figures que ce qui est commun et identique en chacune d'elles. Sans doute il n'y a rien dans le monde extérieur que nous puissions considérer comme étant uniquement un polygone ; mais, dans un phénomène visible, nous sommes assurés que les considérations polygonales trouvent toujours une possibilité d'application, et nous retrouvons ainsi le lien qui rattache les figures géométriques à l'impressionnabilité.

Ce que nous disons de la géométrie est également et complétement vrai de l'arithmétique ou science des nombres. Il semble d'abord difficile de rattacher les nombres à des phénomènes extérieurs, et pourtant rien n'est plus aisé. Tandis que la géométrie a pour but l'expression des rapports possibles discernés dans des figures dissemblables ; l'arithmétique, en réalité, a une base toute pareille ; les nombres, eux aussi, supposent la possibilité de la vue et sont des faits de l'ordre des perceptions visuelles. Les nombres sont engendrés par l'aspect des figures semblables considérées comme distinctes dans l'espace ; c'est pour cela que toute question de grandeur se résout en expressions numériques. Toute numération n'est autre chose que la seule distinction possible dans une série de phénomènes supposés identiques et occupant néanmoins des lieux différents. Tout ce qui peut être dit d'une série d'identités peut aussi être dit d'une autre série d'identités, et un nombre n'est autre chose que l'expression d'une série quelconque. Dans son Dictionnaire philosophique, ce livre resplendissant de tant de vérités, Voltaire s'est laissé aller à une légère erreur en critiquant la définition du nombre donné par Euclide. Suivant Euclide, le nombre est une série d'unités de même espèce, et cette définition n'a qu'un tort, c'est de ne pas indiquer suffisamment la nature de l'unité. Voltaire, sans voir ce défaut, critique néanmoins la définition en disant que l'idée du nombre 9 a pu résulter de la contemplation de trois pierres et de six arbres ; évidemment il se trompe, car l'addition suppose une somme composée d'objets jouant tous un même rôle, pouvant tous être pris les uns pour les autres, de telle sorte que la soustraction de l'un équivaut à la soustraction de l'autre. Dès lors, ce qu'il faut bien voir, c'est que la définition d'Euclide elle-même est insuffisante, parce qu'elle définit le nombre comme une série d'unités, sans dire ce que l'unité est elle-même et si elle est autre chose qu'un nombre.

L'unité n'est pas un fait extra-sensible et fourni par une intuition inexplicable. La vue spéciale qui a engendré la dénomination de l'unité peut être retrouvée encore aujourd'hui ; cette cause n'est autre que l'aspect d'une pluralité, c'est-à-dire d'une série de formes semblables. Tous les nombres, quels qu'ils soient, sont l'expression applicable à tous les phénomènes de même grandeur, à tout ce qui apparaît comme identique de forme, tout en faisant dans l'espace une saillie distincte. Ce sont ces saillies distinctes d'objets absolument pareils qui ont dû être notées dans l'impressionnabilité et arriver à une forme expressive. Cette forme, qui est le nombre, ne reflète donc, en réalité, qu'une chose, la distinction dans l'espace. C'est en cela que se trouve le rapport de l'arithmétique avec les données sensibles. L'unité n'est autre chose que le nom d'un quelconque des objets semblables, elle est indifféremment le nom de l'un ou de l'autre de ces objets. Toute unité suppose ainsi une pluralité observée et en constitue la première détermination. Dans aucun nombre il n'y a autre chose que des unités dont la quantité fait varier l'expression numérique. De même que toute autre science, l'arithmétique tire donc ses premières données du monde des sens.

Dans son livre de la Langue des Calculs, Condillac n'a point fait une exposition exacte de ces principes, bien qu'il ait paru quelquefois en approcher; infidèle à sa propre méthode, il n'a point entrepris de donner avant toute chose une définition précise des expressions *nombre* et *unité*; de même, dans ses œuvres de philosophie pure, il n'avait point su se rendre compte de la valeur réelle des mots *pensée* et *idée*.

Il ne peut entrer dans notre plan de faire une critique des œuvres de Condillac pas plus que de tout autre philosophe; notre seul but est de donner aux expressions philosophiques un sens clair et précis. Toutefois Condillac a été présenté quelquefois comme un précurseur de la philosophie véritable, et il n'est pas inutile de voir jusqu'à quel point il a poussé la suite et la clarté des idées.

Presque au début de la Langue des Calculs nous trouvons cette phrase où l'auteur paraît être sur le chemin du discernement de la vraie nature de la pensée : « *Idées abstraites et noms généraux sont une seule et même chose.* » Certes la pensée ne se présente pas encore avec clarté, car il serait difficile d'expliquer ce qui constitue une idée abstraite ; l'idée, nous le montrerons plus tard, est en alliance intime avec la réalité bien plus qu'avec l'abstraction ; mais il ne fallait peut-être pas un grand effort pour substituer à cette expression confuse celle de l'identité absolue de la pensée et de l'expression. Condillac, en effet, ajoutait avec l'apparence d'une logique vigoureuse : Si vous croyez que les idées abstraites sont autre chose que des noms, dites, si vous pouvez, quelle est cette autre chose ; quand vous aurez fait abstraction des noms qui sont les signes des nombres, en vain vous chercherez ce qui reste dans votre esprit, vous n'y trouverez absolument rien.

Eh bien, cette heureuse intuition qui pouvait vivifier toute une œuvre philosophique n'a point porté de fruits. L'auteur, en effet, loin de développer sa pensée, s'empresse de la restreindre en soutenant que le mot *idée* a en réalité deux acceptions, et pour cela il ajoute : «Si je dis un caillou, deux cailloux, le mot *idée* est pris au propre, car je trouve les idées de deux et de un dans les objets que je joins à ces noms ; mais si je dis un, deux, ce ne sont là que des noms généraux, et ce ne peut être que par extension qu'on les nomme des *idées*.»

Essayons de nous reconnaître au milieu de ces idées si confuses.

Et d'abord cessons d'employer ce mot *idée* dont notre analyse n'a point encore fourni la définition et le sens exact. N'employons pas, comme Condillac, des mots que l'on peut soupçonner de présenter deux acceptions différentes, nous verrons plus tard ce qu'il en est. Examinons simplement à la lumière de nos principes la valeur d'un nom de nombre.

Lorsque Condillac nous dit : Supprimez les noms d'un nombre, et il ne vous restera de lui rien, absolument rien, il se trompe ; une chose reste toujours, c'est l'impression qui a engendré ce nom de *nombre*; si cette impression se représente, une expression correspondante sera nécessairement formée ; or, cette impression est celle d'une pluralité contenant divers objets semblables ; les idées de un et de deux ne sont point dans les objets qui sont joints à ces noms ; mais les noms de un et de deux surgissent nécessairement devant une pluralité quelconque ; voilà la vérité.

Les noms de nombre sont donc toujours des abstractions; ils ne désignent jamais des êtres réels, et cela leur est commun avec toute la classe des mots adjectifs. Dès lors, on comprend pourquoi ils ne peuvent être remplacés dans leur rôle expressif. Un objet, en effet, peut être remplacé par sa définition ; mais les mots simplement qualificatifs ne sont point susceptibles d'une définition véritable. Voilà ce qui a peut-être été entrevu par Condillac dans ce passage le plus important au point de vue philosophique de la langue des calculs ; mais à coup sûr, il ne faut y chercher ni la clarté ni la précision de la langue philosophique véritable.

Bientôt, en effet, Condillac montre encore mieux cette inégalité constante de la lucidité de son exposé. Il prétend trouver dans les doigts l'origine de tous les nombres ; d'où il faudrait conclure que l'homme privé de doigts eût été incapable de créer les nombres. Évidemment il confond ici la source de l'impression numérique avec un des modes de son expression. Rien ne prouve que la contemplation de la main humaine ait été la plus propre à engendrer la distinction des nombres ; les doigts sont loin d'être des objets parfaitement identiques; une foule de formes naturelles, telles que les fleurs, les fruits, les animaux de même espèce, étaient plus nettement discernables dans leur individualité et plus identiques dans leur figuration, et dans tous les cas étaient parfaitement suffisantes à faire naître tôt ou tard le besoin de l'expression numérique. Que l'on puisse soutenir que l'on a commencé à compter sur les doigts, c'est-à-dire à exprimer ainsi les impressions numériques, c'est possible, mais c'est sans importance pour la détermination philosophique de l'origine de la numération.

Concluons donc par l'affirmation de la vraie nature de l'unité. Ce n'est pas la conception de l'unité qui a précédé celle du nombre, c'est le nombre, au contraire, qui a précédé l'unité. Il n'y a point d'unité réelle qui puisse être discernée sans une multiplicité; l'unité est le produit de l'analyse d'un groupe d'objets identiques; elle suppose ce groupe, elle est le résultat de sa décomposition, et cette décomposition serait impossible sans le sens de la vue où nous retrouvons l'origine et la vraie source de tous les nombres.

Nous pouvons dès lors le retenir pour une vérité indiscutable. Il n'y a aucune science qui ne repose sur des faits; il n'y a par conséquent aucun axiome qui ne dérive d'une observation sensible. Un axiome n'est pas autre chose que l'affirmation de l'identité de deux expressions, et c'est par là que l'axiome diffère des expressions des rapports de l'extérieur avec nous-mêmes. En réalité, dire que deux et deux font quatre, c'est ne rien dire de plus que deux est deux, ou quatre est quatre, puisque l'expression *quatre* correspond à l'expression *deux plus deux* et n'a aucune autre signification. Il en serait de même si l'on disait: Le bleu est le bleu, et le rouge est le rouge ; les axiomes absolus ne correspondent point directement à un fait sensible, mais ils n'ont d'autre valeur que celle qui leur est attribuée pour l'expression des faits sensibles. Ce sont de simples modes d'expression, et toute leur vérité consiste en ceci : c'est que lorsque nous avons adopté tel mode d'expression pour tel phénomène, nous retrouvons toujours cette même expression pour tous les phénomènes semblables ; ce qui sert pour une impression sert pour toutes les impressions pareilles.

Ce que nous venons de dire de la nécessité d'une base sensible pour toute espèce de science est vrai, d'une vérité absolue ; nous avons appelé *analyse* l'opération de discernement et de dénomination qui forme ce préalable nécessaire de toute connaissance. Cette analyse porte sur les faits extérieurs et leur donne à chacun une expression distincte. Cette analyse ne doit pas être confondue avec une autre opération intellectuelle, avec l'analyse des expressions. L'analyse des faits discerne et distingue le monde, elle est l'expression de chaque rapport particulier entre nous et les objets de nos sensations. L'analyse de l'expression, au contraire, n'a nul souci du monde sensible. Elle ne s'applique point aux impressions venant de l'extérieur, mais aux images qui se trouvent conservées en nous par l'association expressive. C'est l'emploi de cette analyse qui constitue l'esprit philosophique, de même que l'analyse des faits est l'instrument scientifique par excellence.

L'esprit philosophique consiste dans le discernement des phénomènes déjà exprimés, il les retrouve sous l'expression qui en fournit l'image souvent voilée et défigurée. Le principe de son analyse n'est autre que celui de l'association de l'impression et de l'expression, principe qui est l'origine du langage et par conséquent de la pensée humaine. Puisque nos impressions reçoivent par leur association avec un mot la faculté de se conserver et de réapparaître avec le mot, il est clair que la méditation du mot n'est autre chose que l'attention donnée à l'image qu'il fournit. C'est là à proprement parler le phénomène de la réflexion mentale. Lorsque nous réfléchissons sur un mot, nous ne considérons pas seulement une forme de caractère d'écriture, nous apercevons en même temps tout ou partie du phénomène dont le mot est devenu l'incarnation visible, et c'est là le principe de l'analyse de l'expression. Mais cette analyse n'est point toujours aisée, nous allons bientôt le voir; le mot n'est point une image fidèle; il ne désigne jamais toute l'impression éprouvée; il associe en outre sous une même dénomination des faits souvent très-distincts. De même que le monde extérieur se montre à nous dans un état de confusion que la science a pour but de faire cesser, de même nos expressions finissent par former un monde d'images souvent mêlées et contradictoires, et l'esprit philosophique n'a d'autre tâche que de faire cesser cette indistinction en attribuant à chaque mot un sens précis et indiscutable. Tel est le travail auquel nous nous livrons nous-même pour un genre particulier d'expressions.

CHAPITRE IX.

L'INSUFFISANCE DU MOT.

Nous connaissons la vraie nature du travail analytique de l'esprit ; nous comprenons comment il a abouti dans toutes les directions à une création de dénominations nouvelles ; il nous faut maintenant saisir avec exactitude par quelle nécessité intérieure s'est produite entre ces dénominations cette espèce de soudure qui est le principe de toute classification. Jusqu'ici nous n'avons bien clairement analysé que l'origine du mot considéré comme base du langage et de la pensée ; mais une langue n'est pas seulement une série de mots, il n'en est aucune qui n'ait recours pour l'expression à l'agglomération de plusieurs formes verbales. Les mots dans les langues n'apparaissent point dans un état d'isolement, et il faut toujours le concours de plusieurs mots pour une formule expressive complète. Quel est le principe de ce concours, quelle est la cause qui l'a rendu nécessaire, voilà le problème dont la solution précise est indispensable pour compléter l'exposé des relations des phénomènes intellectuels avec nos facultés d'expression.

Jusqu'ici le principe qui nous a guidé est celui de la spécialisation des impressions, et nous avons montré le mot, formule spéciale correspondant uniquement à une impression particulière et la ramenant avec elle. Toutefois, il faut bien le remarquer : une conséquence considérable en découle invinciblement.

En effet, lorsqu'une impression est une fois dénommée, si elle se renouvelle, il n'arrive jamais que ce renouvellement se produise dans des circonstances absolument identiques à celles où l'impression avait été une première fois ressentie. Il y a toujours des dissemblances, et pour qu'une expression formée trouve son application à un fait postérieur, il faut nécessairement que certaines nuances, il faut que certains détails soient omis, il faut que le mot ne conserve de l'ancienne impression que ce qui paraît s'en retrouver dans la nouvelle. Toujours, pour une analyse exacte et précise, certaines dissemblances resteraient à noter, et ces dissemblances nous montrent l'impression dans un milieu tout différent de celui où elle avait été d'abord observée et retenue ; et, par exemple, nous appelons lumière ce qui nous apparaît dans les phénomènes solaires, nous retrouvons cette même appellation dans la contemplation des étoiles, nous l'appliquons, enfin, même pour les feux terrestres de toute espèce, si différents qu'ils soient de la lumière des corps célestes. Cette expression ainsi employée dans des circonstances très-dissemblables ne correspond évidemment pas toujours à un fait absolument identique, et dès lors elle ne peut avoir ce caractère de spécialisation absolue que nous avons reconnu pour le principe générateur du mot.

Et pourtant, pour que le mot *lumière* ait paru applicable à l'impression produite par des phénomènes si divers, il faut bien qu'il se soit produit en chacun d'eux un fait de nature à justifier cette identification partielle, et c'est en effet la vérité. Une impression commune en quelque point a été ressentie dans la contemplation du soleil et dans celle des étoiles, et cette impression, une fois désignée par l'expression *lumière*, a dû recevoir la même désignation malgré les nuances entrevues, malgré la différence des milieux et si énorme que fût la différence de l'effet produit. Or, ce même fait s'est nécessairement reproduit lors de la formation de tous les mots sans aucune exception.

Chaque fois qu'un mot s'est trouvé formé, il a dû servir à la désignation de tout autre fait identique à celui pour lequel il avait été formé, lors même que cette identité n'était point parfaite. Cela était nécessaire; car une expression qui n'aurait tenu compte que des différences observables aurait été radicalement insuffisante, puisqu'elle n'aurait point fait sentir à côté des différences l'impression plus considérable encore d'une certaine identité de sensation. Et par exemple, si la lumière solaire a été distinguée et dénommée la première, il est clair que les phénomènes lumineux distingués ultérieurement en d'autres milieux, ne pouvaient recevoir qu'une dénomination rappelant ce qu'il y avait d'identique entre eux et les phénomènes solaires. C'est en ce sens que l'analogie est vraiment le créateur des langues. Dès lors, il n'y a aucun mot qui puisse être autre chose qu'une expression générale; c'est par cette voir, c'est en vertu de cette nécessité organique qui découle invinciblement des procédés constitutifs du langage, c'est par cette fatalité inévitable que les expressions générales se sont formées.

Nous voyons se produire ainsi un résultat considérable ; aucune expression verbale ne suffit à elle seule pour marquer un phénomène présent. Le mot *lumière*, par exemple, employé seul, ne désigne aucune réalité particulière. Pour nous, la lumière n'est pas plus celle du soleil que celle de la lune, pas plus celle de Sirius que celle du Vésuve en éruption ; en elle-même et sans le concours d'une autre expression, le mot *lumière* a cessé à jamais de correspondre à une impression originale. Il n'y a aucun mot qui ne perde ainsi de plus en plus sa spécialisation primitive. Par une nécessité de nature, chaque mot devient une expression commune, et par conséquent une expression abstraite, c'est-à-dire séparée de tout ce qui n'est pas l'impression générale qui se dégage plus ou moins de tous les faits réunis sous cette expression.

La création des mots se trouve ainsi en réalité une œuvre de généralisation inconsciente, généralisation dans laquelle le travail de la volonté ne prend aucune part. De même que le chapitre précédent nous a montré l'œuvre irréfléchie de l'analyse créant pour chaque fait une désignation particulière, de même nous apercevons ici l'impossibilité d'une analyse indéfinie, et la nécessité organique par laquelle chaque mot s'applique peu à peu à tout un ordre de faits. Il y a là une mise en œuvre inséparable des données qui ont rendu possible la faculté du langage. Dès l'instant qu'un mot a été formé, il s'est trouvé nécessairement applicable à un nombre infini de cas ultérieurs, et il est bien remarquable que c'est cette espèce d'imperfection pour une spécialisation rigoureuse qui a permis cette application indéfinie par laquelle un même mot peut se conserver traditionnellement de génération en génération ; c'est seulement à cette nécessité que l'expression par le langage a dû de pouvoir être communicative ; car il n'y a pas en réalité deux organisations humaines qui perçoivent d'un même fait des impressions absolument semblables, et c'est la grande extension de signification laissée à chaque mot qui a permis l'adoption de signes communs.

Tout mot se trouve ainsi empreint d'un caractère de généralité indélébile. Un peu de réflexion vient de nous en montrer la cause. Il est clair qu'une expression qui se conserve, au lieu de passer avec l'impression d'où elle est née, ne pouvait échapper à cette nécessité. Par cela même que le langage pour spécialiser les impressions a dû contracter dans chacun de ces mots une association définitive avec les faits notés, par cela même aussi les mots formés, pour recevoir un emploi ultérieur, pour être transmis de bouche en bouche comme des signes *ad perpetuam memoriam*, n'ont pu conserver leur spécialisation originelle ; servant pour un grand nombre d'hommes, ils n'ont pu rester ce qu'ils étaient dans la bouche d'un seul ; servant pour toute la série des phénomènes pareils, ils ont dû s'adapter plus ou moins à tous. Tout mot, expression absolument spéciale au moment de sa construction, est devenu ainsi l'expression nécessaire de toutes les impressions semblables à celles du moment de sa construction. Grâce à cette adaptation perpétuelle, grâce à cette perpétuelle modification de son sens, chaque mot a pu ainsi se conserver et se transmettre d'homme à homme et devenir un signe commun. Il y a pour chaque mot un certain degré de spécialisation suffisant pour indiquer un même phénomène à tous les hommes de même langue, et ne formant pourtant pas un obstacle à la communication des pensées. Cette observation contient le secret de toute la philosophie du langage. Chaque impression nouvelle, trouvant une expression *permanente* déjà formée, n'y peut trouver qu'une représentation inexacte, parce que le signe auquel elle doit s'accommoder s'est dégagé des circonstances accessoires et a fait abstraction des détails.

On le comprend, dès lors, aucune expression prise en elle-même et à l'état d'isolement ne peut être considérée comme complète, comme correspondant d'une manière réelle à un phénomène senti. Ainsi que nous venons de le montrer, il n'y a rien dans le monde qui corresponde absolument au mot *lumière*, et cette observation peut être renouvelée exactement pour toute espèce de mots. On s'y est trompé souvent pourtant.

Contemplés en eux-mêmes, livrés à la réflexion qui veut pénétrer leur valeur vraie et absolue, les mots finissent par être considérés comme l'expression d'une réalité particulière ; c'est là l'erreur capitale dans laquelle tombent tous ceux qui ne se rendent point préalablement un compte exact du procédé de formation et de la valeur représentative des mots. Il n'y a aucun mot qui corresponde à un être, bien plus, aucun mot qui puisse à lui seul exprimer une impression, et pourtant l'on a voulu bien souvent voir sous un certain nombre de mots des êtres réels et indépendants. L'erreur a été

facilement dissipée, elle n'a même pas pu s'établir pour
certaines expressions dont la formation était encore présente et tellement récente qu'on en pouvait saisir la
gradation. Personne ne s'avise de plaquer un être derrière les expressions *générosité* ou *acidité*; on comprend
tout de suite que ce sont des expressions purement artificielles, de simples tournures de langage sous lesquelles
on comprend tous les faits susceptibles, par exemple,
d'entraîner l'impression rendue par les mots *acide* ou
généreux. De même encore, on n'est plus tenté de considérer la fidélité comme une existence particulière. La
fidélité n'est point le nom d'un être réel, mais simplement un phénomène constaté dans un certain nombre
d'espèces animales, et particulièrement dans l'espèce
canine; ce phénomène lui-même n'est nullement le
même dans tous les êtres en qui il est observé; il n'y
a pas un seul être doué à un même degré de fidélité,
pas plus qu'il n'y a un seul animal doué à un égal degré
des fonctions du goût ou de l'odorat. Sans doute, il y a
une certaine identité d'organisation en tous les êtres en
qui elle est constatée, mais il y a en même temps une
variation indéfinie de ce mode d'organisation commun.
Il y a un point où la fidélité commence à nous apparaître, et c'est ce minimum qui est à vrai dire la seule
chose commune pouvant être rencontrée dans tous les
faits de fidélité. Il n'y a, derrière cette expression, aucune réalité indépendante qui lui corresponde.

Mais si cette vérité est encore aisément saisie ici, il
y a bien des cas où elle commence à se troubler, bien
des cas enfin où elle est complétement méconnue. On
étonnerait peut-être beaucoup de gens en leur faisant
remarquer qu'il n'y a pas plus d'être correspondant aux

mots *poisson*, *arbre* ou *homme*, qu'aux mots de *sensibilité* ou de *fidélité*; mais il y en a encore bien davantage disposés à se récrier et à protester si l'on se permettait de douter devant eux de l'existence réelle de certaines entités physiques, telles que le calorique, l'électricité, la pesanteur.

Et pourtant la croyance à ces existences réelles et indépendantes est une erreur provenant d'un emploi mal raisonné de l'abstraction, et nous devons nous attendre à la voir disparaître et s'évanouir. Déjà ce résultat à commencé de se produire avec une force irrésistible. Il y a peu d'années, les sciences physiques étaient encore encombrées de fluides dits impondérables dont on considérait les divers phénomènes de la nature comme des manifestations montrant leur indépendance réciproque. Ces prétendus agents commencent à être reconnus pour ce qu'ils sont, pour des êtres purement idéaux, produits d'une réflexion hâtive. En réalité, tous les corps sont organisés de manière à nous faire éprouver des sensations de chaleur et de refroidissement, à nous montrer des phénomènes de chute, d'attraction ou de répulsion, à nous faire sentir tour à tour la lumière et l'obscurité. Ces phénomènes sont des résultats de certains modes d'agrégation de la matière et des actions que les corps exercent les uns sur les autres, à raison même de ces différences d'agrégation : voilà la vérité. Déjà le calorique a disparu en tant que fluide d'une nature particulière, et il est reconnu que les phénomènes de la chaleur sont les mêmes que ceux du mouvement. L'agent impondérable, en qui on avait personnifié ces phénomènes, n'a plus de place dans les discussions scientifiques. Il est permis dès à présent de prédire le même résultat pour le fluide électrique. Dès à présent, il est permis d'affirmer que les phénomènes électriques ne sont qu'un résultat de l'organisation de certains corps et des actions qui en résultent sur d'autres corps Quel est le fait particulier d'agrégation, d'arrangement moléculaire qui coïncide avec la production des phénomènes électriques? Nous l'ignorons encore ; mais ce fait sera un jour discerné, et ce jour-là le fluide électrique s'évanouira de la science comme il est déjà arrivé pour le calorique, pour la lumière, pour le fluide prétendu magnétique lui-même. Ne savons-nous point dès maintenant que la réalisation des combinaisons chimiques engendre tout à la fois mouvement, chaleur, lumière, électricité? Ne savons-nous point aussi que les combinaisons chimiques sont des changements dans le mode d'agrégation moléculaire? Dès lors, ce n'est point trop s'avancer que de déclarer les phénomènes électriques simplement liés à un état moléculaire, et de considérer l'électricité comme une simple expression générale n'ayant pas plus d'existence réelle que la fidélité de la race canine. Il y a là une personnification de l'expression aussi peu exacte que celle qui, chez les nations antiques, déifiait par la mythologie toutes les forces de la nature. Si l'on s'en tient à la vérité des faits, tout ce qu'il est permis d'affirmer, c'est que les corps nous présentent des phénomènes dont l'ensemble est caractérisé par les expressions : *chaleur, électricité, lumière, affinité, pesanteur*, et que ces phénomènes sont en rapport avec leurs modes d'organisation et d'agrégation. Quoi qu'il arrive de la connaissance plus précise que nous pourrons avoir un jour à cet égard, il est sans intérêt et contraire à la vérité de s'embarrasser de ces notions d'êtres particuliers décorés pompeusement du titre de fluides lumineux ou électriques. Pour nous, ces prétendus fluides sont insaisissables comme existence, et il n'y faut voir qu'un mode inexact d'expression d'un ensemble de phénomènes produisant une impression commune sur l'être humain.

Ce que nous venons de dire de l'expression *électricité* s'applique avec la même netteté aux expressions *pesanteur* ou *attraction universelle*. Celui qui voit derrière ces expressions autre chose qu'une désignation abrégée de l'ensemble des lois constantes qui régissent la chute des corps et les mouvements des corps célestes ; celui qui les réalise comme des forces indépendantes des corps en qui elles sont constatées ; celui qui en fait des puissances extérieures à ces corps, au lieu d'y voir simplement un rapport inhérent aux corps eux-mêmes, celui-là conserve encore de l'univers une conception presque aussi enfantine que celle qui inspirait aux poètes de la Grèce la fable de Phaéton conduisant les chevaux du soleil. Il est aisé, pour s'en convaincre, de montrer comment l'expression ou notion générale de *pesanteur* s'est établie. Le langage a d'abord désigné du nom de *pesants* tous les corps en qui a été observé le phénomène de la chute, puis la réflexion et l'expérimentation ont démontré qu'aucun corps n'était impondérable, et l'on est arrivé à l'expression générale : tous les corps sont pesants et tombent avec une vitesse qui a été mesurée. Voilà le fait vrai, le phénomène saisi et noté dans son indépendance. Quelle est la cause de ce phénomène ? Évidemment rien n'obligeait à la placer en dehors des corps ; bien plus, rien n'y autorisait. C'est pourtant ce qui a été fait. A la place de la constatation du phénomène en termes précis, on a mis une désignation générale qui le représentait d'une manière plus commode. Mais on a oublié que cette expression générale ne correspondait à aucune réalité saisissable, on l'a considérée comme la représentation d'une existence, d'un être que l'on a appelé une force et que l'on a cru indépendant des corps sur lesquels on l'a fait régner. Cette hypothèse de la force, si répandue qu'elle soit encore, n'a rien de scientifique ; elle ne peut satisfaire que ceux qui se paient de mots. Il n'y a rien dans la nature qui nous ait pu autoriser à cette création de la fantaisie que l'on appelle la *force*. Toujours, partout autour de nous, la force, dans son acception légitime non abstraite, n'est autre chose que le mode d'action, la rencontre d'une masse corporelle avec une autre. C'est en ce sens que nous disons la force du vent, la force d'une machine, la force d'un courant d'eau. Nous n'imaginons point un être qui pousse le vent, ou la machine, ou le courant d'eau. La force n'est, dans tous ces cas, que le mouvement d'un corps se communiquant à un autre corps, et il n'y a en réalité rien autre chose dans les diverses forces dont on a cru à un moment donné pouvoir peupler la nature. La pesanteur n'a pas une vie plus indépendante que celle que les anciens avaient attribuée au vieux dieu Χρονος. A cette époque, le temps était considéré comme une force indépendante du monde. Mais le règne de Saturne est passé depuis longtemps, et nous pouvons apercevoir l'époque où le règne des fluides et des forces n'aura d'autre valeur que celle du souvenir.

Le grand art de la réflexion est de distinguer nettement sous l'expression le fait, le phénomène qui lui a donné naissance, et il est naturel que les expressions générales aient souvent donné lieu à des méprises, parce que les phénomènes qui s'y trouvaient rassemblés étaient trop complexes et ne se représentaient pas avec une précision suffisante. Cela a été et c'est encore une puissante cause d'erreur pour l'esprit humain que cette tendance à plaquer un être derrière chaque expression. Il n'y a, en vérité, aucune expression isolée qui s'adapte exactement à une existence réelle, et nous verrons bientôt comment il a été pourvu à la représentation des réalités; mais tout au moins pour qu'une expression puisse correspondre à un être, il faut que la vue, il faut que l'impression de l'être aient précédé l'expression qui le représente. C'est à ce seul titre que l'expression peut avoir quelque légitimité. Lorsque, au contraire, on induit l'être de l'expression, il n'y a plus de borne aux erreurs possibles. Au lieu des êtres réels, susceptibles de nous impressionner, on forge des existences qui n'ont aucun rapport possible avec l'être humain. On arrive ainsi à dépouiller les corps de leurs propriétés, et l'on cesse de comprendre que les propriétés des corps sont ce qui les fait tels, et qu'ils s'évanouissent avec leurs propriétés. Ce système conduit à ne laisser subsister dans la nature que des forces, des fluides, des entités purement hypothétiques. Et pourtant que voudrait-on trouver dans une nature qui ne serait, ni lumineuse, ni résistante, ni accessible à la chaleur? Elle ne serait rien par elle-même; ce seraient les forces et les fluides qui seraient tout et il faudrait bien qu'ils devinssent eux-mêmes matière. A quoi sert dès lors de vouloir donner la réalité à ce qui n'est qu'abstraction, au lieu de laisser le phénomène dans son association intime et nécessaire avec la matière? La vérité est plus simple, plus compréhensible, que toutes ces fantaisies de l'imagination déviée. Le monde présente un ensemble de phénomènes dont quelques-uns sont rencontrés dans toutes les perceptions, tandis que d'autres ne sont trouvés que dans des catégories particulières. Les qualités générales ainsi perçues n'ont pas une autre valeur que les qualités particulières ; ce ne sont toujours que des qualités résultant des divers modes d'agrégation et d'organisation de la matière ; et, par exemple, la lumière blanche n'a pas plus de réalité que la lumière rouge. Certains corps ne laissent passer que la lumière rouge ; d'autres, plus complétement perméables, transmettent des rayons de lumière blanche. Ces différences sont des résultats de leur organisation moléculaire, et personne n'en doit conclure qu'il y a des rayons rouges et des rayons blancs. La vérité est qu'il n'y a point d'être particulier répondant à l'expression *lumière*, il n'y a que des corps lumineux, c'est-à-dire organisés de manière à produire sur nous l'impression de lumière ; et nous n'entendons nullement par là qu'il n'y a rien dans la nature qui corresponde spécialement à cette impression, mais seulement que ce quelque chose qui y correspond n'est point un être ; en d'autres termes, la lumière serait impossible s'il n'y avait pas des corps portés à un certain degré de température au-dessus du milieu ambiant. C'est là le phénomène qui donne vraiment naissance à la lumière ; on peut dire que la lumière est un certain excès de chaleur, et c'est cet excès qui constitue son éclat ; cette conception nous débarrasse d'un être prétendu que nul n'a jamais pu saisir ou pe... ... L'éther lumineux va rejoindre dans les profondeu... ... de l'oubli scientifique le fluide calorique, et la science n'a plus devant elle que les rapports de certains corps, de certaines agrégations moléculaires, comme le véritable objet de l'étude des phénomènes lumineux.

Nous pouvons maintenant apercevoir avec exactitude ce qu'il faut entendre par la notion d'*espèce*. C'est par un bien singulier abus des facultés logiques de l'esprit qu'on est allé jusqu'à dire que l'espèce avait plus de vérité, plus de réalité que les individus qui la composent. C'est toujours le même procédé s'attachant à un mot isolé, oubliant son mode de formation, sa valeur expressive réelle et supposant un être qui lui corresponde, au lieu d'y voir un simple abrégé, une simple formule comprenant tout un ensemble de phénomènes identiques par le point de vue qui les a ramassés dans une expression commune. Il n'y a certes absolument rien de commun au point de vue du mode de formation entre les diverses espèces de cristaux minéraux et les diverses espèces de plantes ou d'animaux. De même, entre les espèces végétales et les espèces animales, les rapports sont encore extrêmement éloignés, et pourtant la langue emploie le mot d'*espèce*, non-seulement pour les formes animales, non-seulement même pour les formes végétales, mais aussi pour les formes minérales. Le marbre est une espèce de pierre, le plomb une espèce de minéral, absolument comme le chêne est une espèce végétale, ou le cheval une espèce animale. Quelle est donc la signification de ce mot *espèce* ainsi employé pour des choses si différentes? Faut-il y voir la représentation d'une puissance occulte, d'une volonté particulière et permanente distribuant les formes animales, végétales, minérales, dans des moules idéaux? Bien souvent on a commis cette erreur, parce qu'on a réalisé ce qui était sans réalité, parce qu'on a cherché un être particulier correspondant au mot *espèce*, absolument comme on avait cherché le fluide calorique pour cause des phénomènes de chaleur. Mais l'espèce n'est pas un être ni rien de semblable, c'est un simple mot généralisé peu à peu, c'est-à-dire, devenu peu à peu d'un emploi de plus en plus général, parce que cet emploi a été possible dans une foule de phénomènes. L'espèce n'est autre chose que le mot *forme*; il s'applique à tout objet perçu comme constituant un ensemble; la forme d'un objet, c'est un concours d'images pénétrant par le sens visuel; les formes identiques ont été appelées de même espèce, et le mot a été appliqué légitimement à toute espèce de formes identiques dans toutes les catégories naturelles. Voilà le sens vrai du mot *espèce*, voilà son origine, et cette signification est parfaitement claire et précise.

Maintenant, si la réflexion, s'exerçant sur ce qu'il y a de constant dans la distribution des formes, veut pénétrer la cause de cette constance, de cette permanence de certaines formes, qu'aura-t-elle gagné à dire que c'est l'espèce qui en est la cause? Absolument rien; elle se sera payée d'un mot, voilà tout. C'est exactement le même procédé que nous avons déjà indiqué comme la cause de l'erreur qui admet des causes finales. La cause de la permanence de certaines formes minérales, végétales, animales, la cause de la distribution de la matière dans ces moules constants, n'est point dans la volonté de l'espèce ou de l'idée, comme Hégel et son école ont voulu l'entendre; elle ne peut être ailleurs que dans le concours des circonstances qui président à la formation. Il n'existe point d'espèces parfaites, parce que le concours des circonstances de formation n'est jamais absolument le même. C'est là ce qui fait le phénomène de la variabilité ; d'autre part, tous les individus de même espèce se ressemblent en tant qu'engendrés de la même manière, ils diffèrent en tant qu'engendrés de manières différentes. Tout ce qu'il y a d'inconnu dans ces questions, ce sont des faits scientifiques à découvrir ; c'est à la science de nous dire comment les cellules minérales, végétales, animales, sont amenées à se distribuer sous certaines formes, dans certains milieux.

Le développement d'une forme animale ne dépend pas seulement du germe, il dépend aussi du milieu matriciel et d'autres milieux encore, c'est-à-dire du temps, du lieu, du climat, etc.; de même dans le germe, il ne faut pas chercher seulement le père, mais encore toute la série des ancêtres. Toutes ces choses concourent pour faire un individu spécial, et l'on comprend qu'une conséquence en découle, c'est qu'il ne peut y avoir deux individus pareils : dans les naissances gémellaires, l'identité des conditions de développement est portée au plus haut point possible, sans être absolue. Voilà les causes de variabilité ; à côté se trouvent les conditions permanentes par lesquelles l'espèce se perpétue ; la permanence des conditions étant donnée, la perpétuation de l'espèce, c'est-à-dire d'une certaine identité de forme, est nécessaire. Quelle est donc la chose à savoir pour la solution du problème des espèces ? Il faudrait découvrir les lois de la distribution de la matière. De ces lois, nous ne savons actuellement rien, ou presque rien ; les saurons-nous un jour ? Peut-être. Tout ce que nous avions à montrer ici, c'est que la foi donnée à l'espèce n'est autre chose que le masque sous lequel nous couvrons la confusion de notre ignorance scientifique. Un fait connu d'une manière complète est de nature à nous donner une idée déjà quelque peu précise de la formation des espèces; c'est celui de la formation des nationalités. Une nation est un groupe d'individus nés dans un certain milieu constant et ayant acquis ainsi une tendance à un mode identique de vivre. A ce point de vue, une nation est le commencement d'une espèce humaine, c'est-à-dire la réunion d'un certain nombre de conditions d'existences communes à tout un groupe; au lieu du petit nombre de conditions d'existences communes ainsi réunies, supposez l'assemblage d'un nombre beaucoup plus considérable, et vous aurez une espèce au lieu d'une nation. La différence du plus au moins est ici la seule qui subsiste, et il n'existe pour les espèces pas plus de moule préexistant que pour les nations.

En définitive, attribuer une existence particulière à l'espèce, à l'électricité, à la lumière ou à toute autre expression générale, c'est commettre exactement la même erreur que celle de ceux qui croiraient à l'existence du régime parlementaire, comme type indépendant des conditions de sa réalisation. De même que l'espèce, la pesanteur ou le calorique, le régime parlementaire n'est qu'une expression désignant l'ensemble des conditions réelles qui concourent à la production de ce genre de gouvernement; de l'existence de cette expression, il ne faut point conclure à la réalité d'un type subsistant dans une sphère idéale et inaccessible. Il n'y a rien dans l'univers, ni matériellement ni autrement, qui corresponde au type du régime parlementaire ; ce type est une collection formée par la réflexion et rien autre chose. Il en est de même pour l'espèce et pour toutes les expressions générales, quelles qu'elles soient. Ce ne sont que des collections exprimées d'un seul mot dans lequel se sont trouvées peu à peu condensées toutes les conditions de la réalisation de certains phénomènes.

Ce que l'on a appelé *idée* dans l'école idéaliste, n'est donc pas autre chose qu'une expression verbale appliquée peu à peu à tout un ensemble de faits présentant une certaine identité. C'est cette identité qui engendre la généralisation de l'expression, en faisant abstraction dans les phénomènes de tout ce qui ne peut pas y rentrer. Mais les conditions d'existence qui sont ainsi perçues n'ont point une réalité indépendante ; elles n'existent point en dehors des phénomènes où elles ont été constatées. Aucun mot, quelle que soit sa généralité, ne peut suffire à l'expression d'une chose quelconque. En vain les mots considérés dans leur isolement fournissent l'illusion de leur individualité ; il n'en est point qui soit l'expression complète d'une individualité véritable. C'est donc une erreur considérable de se laisser entraîner à croire qu'un mot peut représenter un être réel, qu'un mot unique peut être l'incarnation d'un objet ; mais c'est une erreur encore bien moins excusable de conclure de l'existence d'un mot à l'existence d'une réalité. Celui qui examine ces questions avec une entière indépendance ne peut manquer de reconnaître qu'aucune expression verbale n'existe que comme conséquence de l'opération mentale qui lui a donné naissance ; dès lors, la question est résolue par l'analyse précise des opérations de formation des mots; nous ne pouvons douter que les expressions générales ne sont que des expressions d'un nombre indéfini de phénomène successifs, parfaitement distincts sous une foule de points de vue négligés et réunis seulement par une impression commune qui s'est dégagée d'eux tous. Aucune conception générale ne peut, dès lors, avoir d'autre existence que cette existence verbale par laquelle elle se trouve formulée. Ces prétendues existences, en effet, ne se manifestent jamais autrement que par la forme expressive qui est leur seule réalité ; elles ne sont quelque chose, elles ne peuvent fournir un phénomène que comme choses pensées, comme expressions verbales donnant lieu à la réflexion mentale. Jamais il n'y a eu de perceptions directes fournies par ces prétendues existences ; leur être est tout entier un fait expressif ; leur valeur expressive se trouve méconnue par la difficulté de retrouver en elle tous les faits qui y ont été rassemblés, et c'est ainsi que l'esprit finit par ne plus reconnaître son propre ouvrage.

L'opération mentale qui a reçu le nom d'*abstraction*, nous apparaît maintenant avec sa vraie signification. L'abstraction marche du même pas que la généralisation, elle est en réalité un seul et même phénomène. Par cela même qu'une expression prend une extension plus générale, comprend plus de faits, par cela même elle devient plus abstraite, elle s'éloigne davantage de la réalité phénoménale. Les psychologues ont fait quelquefois de l'abstraction une faculté spéciale, une puissance particulière de l'esprit. Pour nous, la chose est un peu plus simple; il y a nécessairement abstraction, négligence de certains détails dans toute expression, parce qu'une expression ne peut être que le retentissement de ce qu'il y a de plus saillant, de plus émouvant dans une impression reçue. Toute formation d'expression néglige par conséquent certaines parties du phénomène perçu ; c'est cette négligence nécessaire, impérieusement dictée par la forme de notre puissance expressive, c'est cela qui est l'abstraction dans son principe. Le développement de l'abstraction n'est pas autre chose ensuite que celui de l'application de l'expression. Toutes les fois qu'une expression déjà formée est appliquée à un fait nouveau, il y a nécessairement abstraction de tout ce qui aurait pu marquer une différence entre ce fait nouveau et les faits anciens déjà désignés par le mot. En somme, il n'y a pas pour l'esprit une opération particulière qui s'appelle *abstraire* et une autre qui s'appelle *généraliser*. Il n'y a jamais qu'une seule opération de l'esprit ; cette opération, c'est la formation des expressions ; dans cette formation, le rapport de l'expression à l'impression est plus ou moins précis ; voilà tout.

Tout mot est donc nécessairement une expression générale, et la remarque en a été faite depuis longtemps. Elle n'avait point échappé à Hégel. Mais nous avions à faire comprendre l'origine, la cause permanente et essentielle de cet état de l'expression réduite au mot. Nous apercevons désormais avec netteté qu'un mot ne peut jamais être une expression précise, parce qu'un mot n'est jamais en association assez étroite avec une impression quelconque pour la ressusciter dans son entier, pour la faire saisir dans tous ses détails. Nous comprenons par cela même que le mot n'est point la fin, le terme le plus achevé des phénomènes expres-

sifs ; l'expression cherche avant tout la particularisation
des phénomènes, elle veut les rendre dans toute leur
netteté, avec tous leurs caractères distinctifs ; du jour
où elle a cherché le progrès, du jour où la réflexion
a pu s'apercevoir de l'insuffisance du mot isolé, d'autres procédés ont dû prendre naissance pour obtenir
cette exacte photographie de l'impression qu'il était essentiel d'atteindre. Ce sont ces nouveaux développements de l'expression que nous avons à exposer ; mais
nous ne devons point oublier que le seul moyen de
suppléer un mot, c'est un autre mot ; le complément
de l'expression a été fourni par le langage, et c'est dans
l'association de certaines formes verbales, que nous
allons pouvoir montrer le principe de la puissance expressive de l'humanité.

CHAPITRE X.

LE SUBSTANTIF.

Comment le *mot*, cette expression générale et incomplète, a pu aboutir à l'idée, à la science, à la généralisation consciente et réfléchie, telle est la transition qui réclame maintenant de nous une explication précise. Pour cela, il nous faut continuer l'analyse exacte de nos procédés d'expression. Aucun mot, avons-nous dit, ne correspond à un être réel ; et pourtant il est des mots qui par eux-mêmes et grâce à leur forme particulière à laquelle une signification spéciale est attachée semblent avoir pour mission de représenter quelque chose de plus qu'une impression fugitive. Ces mots ont quelque chose de substantiel et de permanent ; et lorsqu'on les analyse, on peut découvrir en eux une espèce de complexité. Cette classe de mots a reçu un nom à part ; à raison du rôle qu'ils jouent dans le langage, on les a nommés des *substantifs*. Notre première tâche est d'examiner l'origine de cette catégorie de mots, de montrer à quoi ils correspondent, et comment a pu se former le rôle expressif qui leur est confié.

Un mot, avons-nous dit, au moment de sa formation, est le résultat direct d'une impression quelconque ; resté associé à cette impression, il en est comme la peinture, et cela est exact, quel que soit l'organe sensible par lequel l'impression s'est introduite. Dès l'instant qu'une impression émouvante a conduit à la fixation d'une expression, cette expression devient un signe et, se conservant à l'état d'amalgame indissoluble, elle ne peut plus être séparée de l'association intime et définitive où elle est entrée. Tel, par exemple, le mot *rose* exprime l'impression visuelle d'une couleur et devra servir pour cette même impression toutes les fois qu'elle se représentera à l'esprit.

Ce que nous avons à observer maintenant, c'est qu'il y a des mots dont le rôle est moins simple et qui semblent s'associer avec plus d'une cause d'impression. Le mot *rose*, par exemple, a pu dans le principe n'exprimer qu'une couleur, mais il est devenu aussi la désignation d'une forme florale dont le tact excite des sensations particulières, et il importe d'expliquer comment de pareilles associations d'impressions peuvent se former.

Pour cela, il suffit de faire une remarque très-simple. C'est qu'une impression isolée, absolument isolée de toute autre, est un fait qui ne se présente jamais. Supposer une impression sans mélange d'une autre impression, c'est créer une abstraction pure, c'est supposer un fait à jamais impossible pour une organisation sensible quelconque. Le monde externe pénètre en nous à la fois par toutes les portes de nos sens, et nous allons bientôt entrevoir les conséquences nécessaires de cette action simultanée de nos divers modes de sentir.

Remarquons-le d'abord ; non-seulement nos organes complètement différents, l'œil, le toucher, l'ouïe, agissent en même temps sur nous-mêmes en sorte qu'il nous est imposé d'être soumis en un même moment à plusieurs impressions dissemblables ; mais un seul et même sens suffit aussi pour les éléments de cette simultanéité possible, et c'est ici qu'il devient nécessaire d'analyser avec précision le rôle particulier du sens de la vue. C'est à lui surtout que nous sommes redevables de cette perpétuelle simultanéité qui nous assiége ; non-seulement il agit en même temps que les autres sens et se rencontre avec eux, mais à lui seul il suffit pour fournir d'un même coup une masse infinie d'impressions différentes. Essayons de mettre en saillie avec une entière évidence ce fait, où nous allons trouver l'explication de l'immense supériorité du sens de la vue et du rôle nécessaire qu'il a joué dans les formations intellectuelles.

Seul, le sens de la vue est complètement synthétique ; seul il admet en foule compacte et presque à l'infini des impressions à la fois distinctes et simultanées. En effet, toutes les fois que nous regardons au-devant de nous, nous sommes frappés de l'apparition de plusieurs formes occupant ensemble tout l'espace qui est le champ de notre vision. Il ne faut point s'y tromper ; ce que nous avons alors devant nous ne constitue nullement une impression unique et indissoluble. Cette sensation, qui semble nous occuper en entier, est un fait d'ensemble pour lequel concourent en réalité plusieurs impressions n'ayant rien de commun les unes avec les autres. L'impression de la vue du ciel étalant son dôme d'azur n'est évidemment point la même que celle du monument triomphal qui le coupe à l'horizon, elle diffère encore davantage de celle de l'astre éblouissant qui le parcourt d'une course majestueuse ; et pourtant ces trois impressions si essentiellement distinctes peuvent pénétrer en nous par un seul coup d'œil. Comment peut se réaliser cette simultanéité si étonnante lorsqu'on songe que son unique instrument est le nerf optique et qu'il suffit à lui seul à cette tâche compliquée ? A coup sûr, le problème est quelque chose d'inexplicable pour celui qui ne sait juger de la possibilité des choses qu'en se guidant sur les rapports que nos sens sont capables de percevoir entre les diverses grandeurs. Mais l'explication de ce phénomène est un problème de l'ordre purement scientifique; pour le philosophe, cette explication n'est point indispensable ; il lui suffit que le fait existe pour qu'il soit autorisé à tirer les conséquences du fait. Or, le fait est indubitable, il est absolument certain que les impressions lumineuses ne se brouillent point dans le trajet du nerf optique; il ne peut être contesté, il est de toute évidence qu'une impression lumineuse spéciale peut se dessiner en nous en même temps qu'une impression lumineuse toute différente, et notre organisation oculaire est telle que ce fait se produit nécessairement et lors même que nous voudrions l'empêcher. En vain, nous voudrions essayer de borner notre vue à une seule impression ; en vain, nous tenterions pour cela de circonscrire dans ses plus étroites limites le champ de notre vision, toujours des images distinctes pénétreront en nous par un seul coup d'œil, toujours le chemin offert à la transmission de la lumière se trouvera parcouru à la fois par plusieurs rayons.

Est-il besoin maintenant d'insister longuement pour faire comprendre toute l'importance de cette propriété de l'appareil visuel ? Ce qui en résulte, c'est évidemment et d'une manière nécessaire la *distinction des formes*. Dans toute impression lumineuse, il y a un phénomène de coloration perçu sur tel point, et sur tel autre point voisin se trouve le phénomène d'une autre coloration qui limite la première. C'est cette perception simultanée de points différemment éclairés qui est le principe de la *distinction* des objets. Deux colorations différentes perçues simultanément se limitent, et en se limitant elles prennent une *forme* spéciale. C'est cette perception de la forme provenant de la rencontre limitative de deux impressions visuelles simultanées et *diversement colorées* qui nous fournit la condition première de la conception des objets *distincts*. Par cette distinction seule, la conception de l'objet est devenue possible, car, ce qui s'offre à nous comme dépourvu de forme, c'est-à-dire l'impression quelle qu'elle soit que nous ne pouvons associer à une forme visuelle et renfermer dans une limite, cela n'est vraiment pas un objet pour nous.

Voilà notre première et principale simultanéité d'impressions. Mais elle n'est point la seule à considérer, elle n'est point la seule qui nous soit imposée par notre condition organique. En même temps que l'œil, les autres sens aussi peuvent être émus. Chacun d'eux travaille en même temps, et la simultanéité de leur travail est sentie ; chacun d'eux apporte en même temps sa pierre à l'édifice de la construction objective. En même temps que la vue fournit la forme, le toucher presque aussi important fournit une sensation de résistance correspondante. De même que la vue fournit le principe de la forme des objets, le toucher leur donne ainsi une matière, c'est-à-dire une sensation de résistance emprisonnée dans une limite. Nous commençons aussitôt à apercevoir pourquoi matière et forme sont inséparables dans notre esprit ; c'est parce qu'elles sont inséparables dans nos impressions. Nulle part, nous ne touchons sans qu'il y ait une possibilité de sensation visuelle ; nulle part, nous ne voyons sans qu'il y ait une possibilité de sensation tactile. Dès lors, forme et matière sont pour nous les deux coefficients inséparables d'une existence quelconque. Nous retrouvons ainsi le principe de l'ancienne distinction aristotélicienne, matière et forme ; nous comprenons aussi du même coup comment Descartes et son école ont pu si longtemps soutenir que l'étendue était l'essence de la matière. Sans doute, l'étendue, c'est-à-dire une forme perçue par la vue, est inséparable d'un objet quelconque ; mais une forme sans résistance n'est point suffisante à donner l'idée complète de la matière. Nous retrouvons clairement dans le jeu des sens l'origine de ces diverses conceptions.

Maintenant il nous devient bien aisé d'apercevoir par quelle fortune un mot peut se substantiver et devenir applicable à la représentation simultanée de plusieurs impressions n'ayant aucun autre rapport entre elles que celui de leur limite commune. Supposez, en effet, qu'une rose, c'est-à-dire une certaine forme perçue par l'appareil visuel, se trouve en même temps à portée de la main humaine et soit ainsi à la fois vue et touchée. Pendant que cette rose sera contemplée, il se produira aussi une sensation tactile particulière, et cette sensation devra nécessairement être rattachée à la sensation de la forme colorée qui a déjà sa désignation propre. En effet, pendant le contact, ce n'est point seulement la rose qui s'offre au regard, c'est aussi la main qui la touche, et il y aura nécessité d'observer que la sensation du tact de la rose s'évanouit aussitôt que cesse le contact observé ; la possibilité de la vue et celle du tact se trouvent dès lors avoir un élément commun. Ce qui peut être vu peut être aussi touché, et partout où la vue atteint, le tact aussi doit pouvoir atteindre. L'impression du tact de la rose se trouve ainsi finir exactement au même point que celle de la vue de la rose. Là où nous ne voyons rien, nous ne touchons rien ; là où nous ne pouvons toucher, nous ne pouvons voir davantage.

On en saisit la conséquence. Lorsque deux impressions naissent ainsi d'un même coup et disparaissent aussi d'un même coup, elles se trouvent renfermées dans une même limite, et par cette limite commune elles se confondent, elles se superposent, et il devient possible de les représenter par une même dénomination. En effet, l'expression une fois formée pour l'une d'elles s'applique nécessairement à l'autre ; s'il est reconnu, par exemple, que la même sensation tactile se produit invariablement chaque fois qu'une forme déterminée apparaît pour l'organe visuel, c'est qu'il y a en somme quelque chose d'identique dans la modalité des sensations qui s'imposent ainsi en même temps aux deux organes. Et de fait, constamment dans la nature il n'existe aucune forme, aucune coloration particulière qui ne coïncide aussi avec une impression de tact *sui generis*. Nous entrevoyons l'explication de ce résultat. Au fond, la vue est un ébranlement du système nerveux dont le principe est le même que celui de l'ébranlement engendré par le tact. La vue est un tact à distance, tact infiniment subtil et pouvant fournir d'un seul coup une masse énorme d'impressions pénétrant à la fois dans la rétine. La distinction des formes que fait la vue est en réalité un phénomène tout à fait identique à celui de la distinction de plusieurs sensations tactiles simultanées, du chaud et du froid, par exemple. Seulement le tact visuel est subordonné à l'activité d'une source de lumière ; il n'agit qu'autant que les objets sont éclairés. Quoi qu'il en soit, l'objet ne peut agir sur la vue comme sur le tact qu'en laissant une trace de sa forme ; cette forme n'est en rien modifiée, soit qu'elle agisse sur le tact, soit qu'elle produise une impression visuelle ; il est donc nécessaire qu'il y ait coïncidence entre les résultats qu'elle produit à la fois sur le tact et sur la vue, et ce principe explique la constance de simultanéité des phénomènes de tact et de vision produits par le même objet.

Il devient ainsi évident que ni le tact ni la vue ne peuvent recevoir d'impressions en dehors d'une limite qui leur est commune ; tout ce qui impressionne le tact peut aussi impressionner la vue ; tout ce qui impressionne la vue peut aussi impressionner le tact. La différence des sensations produites tient à la délicatesse plus ou moins grande de l'organe, voilà tout. Dès lors, il est clair que l'impression fournie par l'un de ces sens n'a nul besoin d'un nouveau dénominateur, lorsqu'elle se trouve déjà en présence d'un mot créé pour l'impression correspondante. Une pointe, par exemple, est un corps pointu aussi bien pour l'œil que pour la main, et rien ne serait plus maladroit qu'une langue qui chercherait une expression différente pour la pointe visible à l'œil et celle sensible à la main. Une langue ainsi faite ne tiendrait nul compte de cette identité profonde de l'objet qui fait saillie tout à la fois pour les deux sens en un même point. Par l'identité du mot *dénominateur*, au contraire, le but de l'expression se trouve atteint. S'agit-il, par exemple, d'une rose, il est clair que l'impression que peut fournir son contact se trouve implicitement désignée par le mot *dénominateur* tout aussi bien que l'impression visuelle de sa forme. Les deux impressions se confondent ainsi en une même expression. Celle-ci, quelle que soit son origine, se trouve naturellement adaptée à l'une et à l'autre ; car elle ne peut représenter l'une sans représenter l'autre en même temps. Entre la vue et le tact d'un même objet, il se forme une association indestructible ; cette association se traduit par l'identité nécessaire d'une expression commune. Nous apercevons ainsi qu'un mot une fois formé se trouve nécessairement associé à toutes les impressions qui peuvent surgir dans la limite de la forme à laquelle il correspond, parce que toutes ces impressions viennent successivement s'amalgamer avec lui.

Nous découvrons la conclusion qui s'impose : tout mot associé comme signe représentatif à une figure nettement délimitée s'est trouvé amené par cette association à jouer un rôle expressif particulier. Nécessairement il a dû servir pour la désignation de toutes les impressions possibles pouvant se manifester dans les limites perçues. Toutes les expressions de faits accomplis dans une même limite ont dû réfléter d'une manière constante la limitation qui en est inséparable. Et c'est là ce qui a fait le substantif. Tout substantif a eu d'abord pour mission spéciale la représentation des objets. Il s'accomplit en lui une espèce de superposition de toutes les impressions possibles dans la circonscription de la forme qu'il représente.

Le substantif entreprend la représentation d'un objet ; ce n'est pas à dire qu'il y suffise : il est clair, au contraire, que pas plus que tout autre mot, un substantif ne peut atteindre à lui seul l'expression complète d'une forme particulière. Formé comme toute autre expression verbale, le substantif est soumis à cette nécessité intrinsèque que nous avons exposée dans le chapitre précédent. Il ne peut être qu'une expression générale et ne peut représenter que des formes abstraites ; pas plus qu'aucun autre mot il n'arrive à la solidité de l'individu. Un nom pourtant semble presque réaliser toutes les conditions du substantif absolu et semble suffisamment particularisé sans le secours d'aucun autre mot ; c'est le mot *soleil*. Presque seul, en effet, ce mot s'applique d'une manière constante à une forme perpétuellement identique à elle-même et ne variant jamais pour les hommes. Et encore il y a plus d'un phénomène qui vient modifier cette perpétuelle identité !

Néanmoins cette exposition nous permet de préciser exactement ce que nous entendons par l'expression *un objet*. L'objet, c'est tout ce qui est autre chose que nous-mêmes et qui nous impressionne à la fois par plusieurs côtés. Un objet, c'est ce que nous touchons et qui est en même temps visible, c'est ce que nous voyons et qui est en même temps tangible. Ces deux sens, le tact et la vue, concourent à la fois pour tous les objets. Il n'en est pas de même de nos autres sens ; un grand nombre d'objets ne peuvent émouvoir, ni l'ouïe, ni le goût, ni l'odorat ; le tact et la vue se rencontrent au contraire comme le fondement de toutes nos conceptions objectives. Dire que nous avons un objet devant nous, c'est dire que nous avons au-devant de nous une *forme*, et que la sensation d'une résistance quelconque peut se produire partout où cette forme occupe l'espace ; en d'autres termes, *une forme et une résistance, voilà l'objet*, et tout ce que nous connaissons autour de nous est un objet pour nous ; nous ne pouvons avoir aucune idée d'une chose qui pourrait être touchée et resterait pourtant invisible, d'une chose qui pourrait être vue et resterait intangible.

Donc nous trouvons et appelons objet toute espèce de forme tangible, conservant une certaine identité de tact à côté d'une identité de coloration. En dehors d'une forme, en dehors d'une limite, nos impressions cessent pour nous de prendre un caractère objectif. Tout objet se traduit dans la langue par une expression spéciale, comme la limite à laquelle elle correspond, et cette expression, c'est le substantif.

Le mot qui acquiert ainsi une faculté spéciale de représentation d'un objet, ce mot, on le comprend, cesse par là même de correspondre à une seule et unique impression. Il est devenu un signe pouvant servir à deux, trois, ou plusieurs impressions provenant des différents sens. Sa signification cesse en conséquence d'avoir une limpidité absolue ; il est plus difficile à pénétrer, plus profond ; car aucun des faits qu'il représente implicitement et à l'état de possibilité ne peut obtenir par lui seul une représentation adéquate ; et voici ce qu'il en faut conclure.

De même que l'expression verbale arrive nécessairement à se généraliser et perdant en précision se trouve avoir besoin d'un complément qui fournira les détails auxquels elle se refuse, de même aussi l'expression, en s'enrichissant, en devenant le support possible de plusieurs impressions, perd en clarté et a besoin d'un développement pour combattre cette obscurité. Par lui-même, c'est-à-dire par l'effet de la limitation qui s'incruste en lui et qui motive sa forme particulière, un substantif est moins général qu'une expression absolument indéfinie, mais par cela même aussi il n'emporte point de lui-même et immédiatement une notion claire et distincte, en ce sens qu'il ne correspond pas uniquement à un seul mode d'impression. On en saisit la conséquence ; chaque fois qu'un mouvement expressif se produit et conduit à la désignation d'un objet, non-seulement il est nécessaire de spécialiser cet objet par un procédé particulier le faisant reconnaître parmi les objets de même nom, mais encore il devient non moins indispensable de marquer l'impression particulière du moment, suscitée par l'objet désigné. Il faut par conséquent tout à la fois donner aux expressions trop générales la précision qui leur manque et marquer dans les mots substantivés l'impression actuelle. C'est à cette double nécessité qu'il a fallu pourvoir, et nous allons y trouver le secret des développements du langage.

Dès à présent, nous sommes arrivés à le comprendre nettement. Il n'y a aucun mot qui puisse espérer de suffire à lui seul à une représentation quelconque. En vain, une expression nouvelle au moment où elle est formée semble avoir une spécialisation absolue ; cette spécialisation se perd immédiatement par l'application du mot à tous les phénomènes semblables ; une conséquence en résulte, c'est qu'à tout mot devenu vague et insuffisant par son excès de généralité, il a fallu nécessairement adjoindre d'autres expressions pour suppléer à ce défaut et arriver ainsi à la particularisation et à la représentation précise du phénomène qui est en vue. Mais cela ne suffit point encore pour dégager avec netteté tous les éléments de l'impression. Nous venons de l'expliquer, toute forme aperçue et exprimée engendre du même coup une expression complexe impuissante à caractériser un fait particulier. Les mots ainsi formés, les substantifs, ont eu besoin d'être mis en rapport avec l'impression actuelle qui leur est rapportée. Dans le mot *soleil*, par exemple, est implicitement contenue l'idée de la chaleur qui émane de l'objet désigné. Mais il a fallu la dégager, et pour cela une seconde expression a dû être associée à la première. Cette expression particulière par laquelle nous déterminons le rôle actuellement actif d'un objet quelconque et son impression sur nous, cette expression corrélative à un objet et indiquant son rapport avec nous-mêmes, cette expression, c'est le *verbe*. En tous les hommes et dans toutes les langues se rencontre la nécessité de marquer nos émotions et le rapport de ces émotions avec un objet ; nous venons d'indiquer le principe de cette association constante de nos impressions avec une forme objective. Cette nécessité est la base même de la grammaire générale et montre comment il a été possible aux diverses races de se rencontrer dans l'emploi d'un moule identique pour la communication de leurs pensées. Le chapitre prochain va nous montrer tous les développements analytiques de ce nouveau point de vue.

Toutefois, nous ne pouvons nous dispenser de dire immédiatement quelques mots d'une controverse qui, après avoir occupé tout le XVIIIe siècle, se perpétue encore de nos jours sur l'importance du sens de la vue.

On a soutenu, on soutient encore que la vue ne joue aucun rôle dans l'acquisition des idées d'étendue, de grandeur et de forme, et l'on cite à l'appui la prétendue expérience de l'aveugle-né de Cheselden.

Cheselden, chirurgien anglais, parvint en 1730 à rendre, par l'opération de la cataracte, la vue à un aveugle-né. Celui-ci, interrogé par quelques personnes qui se piquaient de philosophie, ne put dire la forme des objets qu'on lui montrait, ni connaître les distances, ni apprécier des grandeurs diverses; de là, nombre de métaphysiciens s'empressèrent de conclure que notre connaissance des formes, des grandeurs et des distances, ne provenait pas du sens de la vue.

Nos principes nous montrent aisément la précipitation et l'inexactitude de cette conclusion. Le fondement de nos connaissances, c'est l'association d'une impression avec une dénomination. Dès lors, une impression absolument nouvelle ne correspond avec aucun nom spécial, et l'aveugle auquel une forme apparaît pour la première fois doit être incapable d'appliquer à cette forme tel nom plutôt que tel autre ; qu'il en ait été ainsi, c'est la chose la moins surprenante du monde : il était impossible qu'il en fût autrement.

Ce qui a induit dans cette circonstance les philosophes en erreur, c'est que l'aveugle de Cheselden connaissait les noms des formes; seulement ces noms, au lieu d'être associés en lui à des formes visuelles, se trouvaient alliés à de simples sensations de tact. L'éducation qui lui avait été donnée n'avait pu à coup sûr remplacer en rien les notions vraies que la vue seule peut fournir, mais on lui avait mis une boule dans la main, en lui disant : voilà qui est rond, et il avait dû appeler rond tout ce qui rappelait en lui cette association expressive et rien autre ; lorsque, plus tard, il vit un objet rond, il n'avait aucune espèce de raison de le reconnaître pour tel avant de l'avoir touché, et c'est ce qui arriva. L'analyse exacte de l'histoire de ce fameux aveugle contient donc une simple confirmation de nos principes sur l'origine de nos facultés de connaître, et rien de plus.

CHAPITRE XI.

VERBE ET ATTRIBUT.

Nous venons de comprendre ce que nous entendons par un objet, et comment, parmi les mots, a pu prendre naissance le rôle expressif particulier de ceux que nous nommons *substantifs* ; poursuivons maintenant l'analyse des formes du langage et montrons les relations qui ont dû s'établir entre les mots substantivés et les autres mots.

Un objet, avons-nous dit, c'est une forme résistante et distincte. L'adjectif *distinct* indique qu'un objet est une forme revêtue d'une nuance particulière au milieu d'autres formes ayant, elles aussi, leur propre coloration. C'est là le propre sens du mot *distinguer*, voir ce qui est teint à part ; en sorte que le principe de la distinction des objets appartient presque exclusivement au sens de la vue.

Ce qui en résulte et que nous pouvons remarquer immédiatement, c'est que la délimitation d'un objet est réellement une opération en dehors de nous-mêmes et dans laquelle nous ne sentons plus la domination de notre impression personnelle ; c'est dans cette remarque que nous allons trouver le point de départ de toutes nos conceptions sur ce qui est extérieur et sur ce qui est intérieur. Il est vrai que les débuts de l'expression semblent uniquement dictés par le point de vue de l'émotion personnelle pénible ou agréable que nous éprouvons ; mais il n'en est plus de même lorsque nous analysons les formes diverses qui occupent le champ de notre vision ; nous nous dégageons alors des liens de notre personnalité et nous envisageons ces formes comme un événement extérieur. Ainsi, nous reconnaissons pour un fait interne la douleur qui suivra un coup frappé par un couteau, mais ce couteau lui-même n'est pour nous qu'un objet extérieur. D'où provient cette distinction ?

Cette conception de l'extériorité tient à l'indifférence du sens de la vue au regard des formes qu'il embrasse. Lorsqu'un ensemble s'offre à nos yeux, il est en réalité composé d'une multitude de sensations visuelles différentes. Mais aucune de ces sensations ne domine les autres ; elles se valent toutes pour l'œil, c'est-à-dire qu'il n'y en a aucune qui le trouble et dont il se sente plus particulièrement affecté. C'est ce qui constitue la *sérénité* de la vue. Il est vrai que divers événements peuvent nuire à cette calme sérénité, et dans ces cas la vue perd sa netteté et son harmonie, comme il arrive par l'éblouissement des rayons solaires ou de tout autre foyer lumineux trop intense. Mais, lorsque la vue agit dans les conditions ordinaires, elle peut s'oublier elle-même, elle ne se sent nullement affectée par ce qu'elle contemple, et les impressions qu'elle fournit sont comme indifférentes pour l'être nerveux, tout en se distinguant les unes des autres.

Les conséquences en sont évidentes. Dans une sensation normale de la vue, rien ne vient dominer l'événement de la distinction des formes. Chaque objet apparaît avec sa limite et sa nuance caractéristique, et, en même temps que lui, chacun des autres objets qui l'entourent. L'impression qui en résulte est uniquement celle de leurs rapports réciproques et de l'indépendance de ces rapports vis-à-vis de notre propre sensibilité. En effet, dans la considération de ces rapports, rien ne vient nous émouvoir. Ils n'ont rien de commun avec nous-mêmes et nous ne nous apercevons d'aucun rôle dans les constatations que nous en faisons. L'ébranlement optique nous les transmet tous en même temps, en sorte que les formes respectives des objets restent la seule chose importante, la seule qui nous frappe. Les objets ainsi une fois marqués d'une forme particulière sont bien des êtres extérieurs, uniquement distingués par leurs limites, par leur co-existence avec d'autres formes objectives. Cette co-existence n'est pas un fait intérieur, car elle ne dépend pas de nous-mêmes ; elle n'a rien de commun avec une simple émotion nerveuse : dès lors, l'impression qui résulte de ces constatations, en se réflétant dans nos réflexions, nous a fourni les objets extérieurs comme absolument dégagés des liens de notre propre sensibilité et ayant une forme indépendante.

Il y a donc vraiment des phénomènes extérieurs et hors de nous, il y a aussi des phénomènes purement internes et dont la dénomination est prise dans les constatations de nos propres modifications.

Or, il y a possibilité d'une simultanéité entre un fait externe, c'est-à-dire l'apparition d'une forme, et un fait interne, c'est-à-dire une affection quelconque de notre être, et voici ce qui résulte de cette simultanéité :

Lorsqu'un fait purement intérieur se trouve en coïncidence avec un fait purement extérieur, l'expression qui résulte de l'un et de l'autre ne peut négliger de marquer cette coïncidence, et par conséquent ces faits apparaissent avec un lien réciproque. L'un des deux devient une dépendance de l'autre ; ils se confondent l'un dans l'autre et forment une association intime qui laisse trace dans l'expression qui leur est commune. En d'autres termes, l'apparition simultanée d'un fait intérieur et d'un fait extérieur, d'une sensation toute intime et d'une forme objective, fait que la sensation et la forme ne font plus qu'un ; elles sont rapportées l'une à l'autre, et ce rapport a dû être constaté par le langage. Sans cesse nous découvrons ainsi des formes, des objets externes associés d'une manière indissoluble à certaines modalités d'impressions. Dès que le soleil se montre au-dessus de l'horizon, nous ressentons la chaleur de ses rayons, et la coïncidence de cette sensation avec l'apparition de la forme solaire s'impose perpétuellement à nous.

Il en est ainsi partout. Toujours nos sensations les plus intimes se trouvent liées avec la perception de certaines apparitions extérieures, et ces alliances constantes de certaines impressions, en s'imposant à nous, sont le principe des associations expressives qui y correspondent et dont nous retrouvons par là l'origine. Le rapport des impressions s'est traduit par un rapport expressif, et ce rapport a constitué la phrase, la proposition, en un mot, le discours humain.

Le langage, par cette évolution nécessaire, se trouve composé d'une série d'associations de mots. Toute phrase contient, d'une manière expresse ou implicite, la formule d'un rapport entre une forme visible et une sensation purement interne. D'un côté, un objet, une forme limitée et sensible ; de l'autre, une émotion intime correspondante, voilà le fonds, voilà l'essence de tous les faits auxquels nous appliquons des expressions.

Et voici ce qu'il faut maintenant bien saisir. En présence de ces systèmes de faits, la langue ne peut employer que les mots déjà formés, correspondant aux formes et aux impressions perçues. Ces mots ne se confondent point ; ils ont chacun leur individualité propre ; il faut donc marquer de quelque façon leur union temporaire, il faut faire rentrer chacun d'eux dans un concert attestant l'association d'impressions qui s'impose ; pour cette coopération de mots distincts, employés un moment pour un but unique, il faut un lien expressif, et il faut que ce lien puisse être employé indifféremment dans les circonstances les plus diverses, pour tous les cas où un objet apparaît comme cause d'impression et où se réalise cette coïncidence de la sensation intérieure surgissant en même temps qu'une apparition extérieure. Ce lien expressif, c'est le verbe *être*.

Pour bien comprendre la vraie nature du verbe, il est essentiel de se placer à ce point de vue : c'est que dans tous les cas, dans toutes les propositions, sans aucune exception, il ne joue d'autre rôle que celui de *ciment* de l'expression. Partout et toujours il met en relief le rapport d'une impression avec un objet ; il n'est pas inutile de vérifier par quelques exemples cette importante vérité. Rien n'est plus aisé que d'en apercevoir l'exactitude dans les phrases où un objet particulier joue explicitement un rôle, mais au milieu de l'infinie variété des formes du langage et de la complication qui en résulte, il serait plus d'une fois nécessaire de se livrer à une analyse très-délicate pour apprécier le rôle réel des mots employés.

Et par exemple, il semblera peut-être malaisé de rattacher les expressions des événements moraux dans une phrase telle que celle-ci : « La générosité ennoblit le cœur » à l'apparition d'une forme extérieure ; il semble que cette proposition et une infinité d'autres avec elle échappent complètement à la loi que nous voulons poser.

Il n'en est rien pourtant : pas plus dans ces phrases abstraites que dans celles qui sont un écho direct du monde extérieur, il ne faut méconnaître le rôle générateur d'un objet réel et sensible. La générosité, non plus que toute autre qualité morale, ne se trouve réellement dégagée de l'apparition d'une forme. Toujours elle est conçue comme ayant son support dans un individu, dans une personne vivante, et l'apparition de cette personne a été l'événement primitif qui a donné lieu à l'expression. Cette apparition est l'élément indispensable de toute affirmation morale ; toujours l'homme y est sous-entendu. Sans l'homme, en dehors de l'homme, c'est-à-dire en dehors d'une forme sensible et animée, il ne peut exister ni générosité ni noblesse de cœur, et si cette forme sensible n'apparaît point dans la phrase que nous avons citée, c'est qu'en réalité elle y est implicitement comprise et qu'elle peut toujours y être rattachée.

Il en est de même pour les expressions scientifiques.

En vain on dirait que la pesanteur est une notion générale et que les lois qui la dirigent ne reçoivent pas une expression particulière à un objet donné ; il n'en est pas moins vrai que tout ce qui peut être dit de la pesanteur est l'expression de phénomènes visibles. Il n'y a aucune mesure, pouvant s'appliquer aux faits de pesanteur, qui ne soit tirée de l'observation des objets par le sens de la vue. Un corps peut être plus ou moins pesant pour la main qui le supporte, mais l'expression scientifique des rapports de densité ne peut être fournie que par la balance, c'est-à-dire par les lois du phénomène de la chute. Un corps pesant n'est pour la science qu'une forme qui se déplace avec une rapidité plus ou moins grande, et la mesure de la rapidité de ce déplacement est notre seul moyen pour apprécier l'exacte puissance de l'effort qui aurait pu porter l'objet avant ce déplacement.

Ce que nous disons de la pesanteur peut être observé de même pour la chaleur, l'électricité, la lumière et le son. Il n'est aucun des phénomènes physiques qui puisse être réduit en loi autrement que comme fait accessible à la vue. Partout dans le monde extérieur, sondé par la science, nous trouvons la coïncidence de l'apparition d'une forme extérieure avec une sensation intérieure caractéristique. Chaque fois que nous éprouvons une sensation de chaleur, nous pouvons découvrir une source visible de calorique et des effets mesurables de dilatation. Il en est de même pour l'électricité, de même aussi pour l'acoustique. Nous savons, en effet, que la science de l'acoustique n'est autre chose qu'une expression de mouvements extérieurement saisissables à la vue et qu'elle n'a pu devenir une science qu'en tant qu'expression de ce genre de phénomènes.

Toujours nous pouvons retrouver ainsi un fond identique de tous les objets de notre science et de notre pensée, toujours il nous est possible de discerner un sujet extérieur auquel se rapportent nos impressions, et c'est dans cet accord persistant entre l'apparition de certaines formes et les impressions qui en sont le reflet, que nous trouvons l'origine de toutes les connaissances scientifiques. Ces principes une fois posés, nous arrivons à comprendre nettement la nature du verbe.

Le verbe *être* est, en réalité, un mot unique de son espèce ; aucun autre mot ne joue un rôle analogue au sien ; toujours indispensable pour relier une forme extérieure avec nous-mêmes, il ne correspond par lui-même à aucune impression particulière et peut être considéré comme faisant nécessairement partie de toutes nos expressions. Ce qu'il marque toujours et partout, ce n'est pas telle impression particulière, mais c'est qu'il existe une impression quelconque. Dire simplement qu'une chose est, c'est dire que cette chose exerce une action sur l'impressionnabilité, sans déterminer ni définir la nature de cette impression. Le verbe *être* n'a point d'autre signification ; il ne dit que cela, et il dit toujours cela dans toutes les propositions où il est rencontré ; il se trouve ainsi contenu tacitement ou expressément dans toutes les formules expressives, puisqu'elles ont toutes pour but la représentation d'une impression. Aussi a-t-on remarqué depuis longtemps, et avec toute raison, que le verbe *être* pouvait être retrouvé dans tous les autres verbes; c'est qu'en réalité il n'y a point d'autre verbe que lui. Isolé de toute autre expression, le verbe *être* ne peut donc changer de signification ; ce qu'il représente dans cet état d'isolement, c'est l'impression à l'état abstrait, et rien n'est moins proche d'une réalité substantielle. *Être* seulement, c'est n'être que bien peu de chose, c'est une expression absolument insuffisante et incomplète. Dire simplement d'une chose qu'elle est, c'est tout ce qu'on en peut dire de plus insignifiant et de moins substantiel.

Cette qualité essentielle du verbe *être*, de se retrouver au fond de toute espèce d'impression, fait bien comprendre de suite pourquoi il a pu jouer constamment le rôle d'auxiliaire, c'est-à-dire qu'il n'y a aucune phrase, aucun mode d'expression dans lequel le verbe *être* ne puisse se placer et où il ne soit indispensable. En réalité, la valeur du verbe *être* ne varie jamais ; son emploi correspond toujours au même besoin, et il n'y a philosophiquement qu'une seule et unique forme de phrase, qu'un seul et unique moule expressif.

Ce moule, c'est la relation entre une forme extérieure et une sensation purement interne établie par le verbe *être* ; il n'y a aucune phrase, nous l'avons déjà montré, qui ne puisse être réduite à un tour de ce genre. Dans toute forme du discours, nous trouvons toujours les deux éléments essentiels de l'expression, d'un côté, un objet extérieur désigné par un substantif ou par une tournure équivalente, et de l'autre, un mot représentant simplement une impression actuelle qui est attribuée à l'objet. Examinons maintenant le mode d'emploi des expressions qui jouent ce dernier rôle. Les mots qui y concourent et qui se trouvent ainsi mis en regard de l'objet impressionnant par l'intermédiaire du verbe *être*, ces mots peuvent être envisagés dans ce rôle indépendant et reçoivent alors un nom particulier dans notre langue ; ce sont des *attributs*.

Nous appellons *attribut* tout mot qui, au moment de son emploi, peut être envisagé comme le simple reflet d'une impression non objective, et qui apparaît ainsi comme dégagé de tous les liens d'une forme particulière, et nous verrons en effet que tout mot attributif est susceptible de s'allier à des formes très-dissemblables. Les mots qui jouent le rôle d'attribut n'ont aucune limitation au moment où ils jouent ce rôle ; pour eux, la limitation ne résulte que de leur adjonction avec un mot jouant un rôle objectif. Un mot quelconque peut faire fonction d'attribut dès l'instant qu'il ne joue pas dans la phrase un rôle objectif et qu'il se trouve mis en rapport avec un autre mot jouant ce rôle objectif. Il ne faut donc point s'étonner de ne rencontrer dans notre langue aucune forme verbale spéciale pour le rôle d'attribut. Ni l'adjectif, ni le participe, ni le verbe, n'y sont exclusivement propres ; c'est qu'on ne demande à l'expression attributive rien autre chose que de représenter l'impression actuellement en vue.

Et, par exemple, si nous disons de quelqu'un qu'il est *aimé*, ou bien si nous en pensons qu'il est *aimable*, dans un cas comme dans l'autre, avec l'adjectif *aimable*, comme avec le participe *aimé*, nous aurons employé une expression attributive. Et cette observation porte aussi sur les verbes ; tous ont pour mission de représenter une impression spéciale sans aucune préoccupation de limite et sans s'incarner nullement dans un objet ; tous forment ainsi une série d'expressions attributives pouvant être employées pour marquer un rapport possible entre une forme et l'être impressionnable, tous se décomposent en un attribut et le verbe *être* ; lorsqu'ils sont employés sous la forme de contraction qui fait disparaître le verbe *être*, l'unité de tour du langage semble s'évanouir pour les yeux inexpérimentés, mais leur rôle vrai finit toujours par apparaître et permet de retrouver un mode unique pour toute expression ayant un caractère objectif. Il n'y a donc vraiment qu'un seul et unique mot jouant le rôle de verbe, si nous considérons le mot *être* comme un verbe ; tous les autres verbes sont formés par une espèce de contraction entre le verbe *être* et un attribut. La forme réelle de l'attribut dégagé des liens de cette contraction se retrouve dans les participes.

Il semble que ce soit bien à tort que les grammairiens considèrent comme appartenant à un même verbe la voix active et la voix passive, et qu'ils comprennent dans une même conjugaison le participe présent et le participe passé. En effet, l'idée représentée par le participe *aimant* n'a rien de commun avec celle qui est suggérée par le participe *aimé*. Chacun de ces participes représente une action absolument distincte et peut être employé comme attribut dans des situations tout à fait dissemblables. La voix active et la voix passive correspondent par conséquent à des phénomènes qui n'ont rien de commun, et doivent être considérées comme des modes d'expression tout à fait indépendants l'un de l'autre.

Nous l'avons déjà indiqué, le rôle de l'attribut peut être rempli par toute espèce de mots ; les substantifs eux-mêmes peuvent y être employés, il suffit pour cela qu'au moment de cet emploi ils soient dépouillés de tout caractère objectif, de manière à n'être pris que comme une représentation d'une impression purement actuelle. C'est ce qui arrive dans les phrases qui contiennent la définition d'une forme individuelle et son classement dans un genre plus étendu. Dans ces phrases, l'individu seul joue le rôle objectif, le substantif qui désigne le genre n'est plus qu'une généralité, il cesse de représenter pour le moment l'idée d'un objet réel. C'est ce qui se présente, par exemple, dans la phrase suivante : « Le chimpanzé est un singe. » Il est exprimé par là que l'impression produite par la vue d'un chimpanzé est en quelque chose pareille à celle que produirait la vue de tout autre singe. Ce dernier mot « singe » n'a plus alors rien d'individuel, il n'est que la représentation d'une généralité, c'est-à-dire de ce qu'il y a de commun dans la forme de tous les singes, et cette forme devient un attribut rattaché par le verbe *être* à l'animal particulier appelé *chimpanzé*.

Partout, nous retrouvons donc cette vérité, c'est que nos formules expressives contiennent toujours l'exposé d'une détermination actuellement en vue, représentée par un mot qui n'a point de caractère objectif, mise en regard d'un objet auquel elle est rapportée par l'intermédiaire du verbe *être*. Ce dernier mot joue toujours le rôle d'intermédiaire, et il ne joue que celui-là ; il le joue explicitement dans la voix passive, implicitement dans la voix active, et c'est pour cela que les grammairiens lui ont donné avec raison le nom de *copule*. Par ce procédé, l'objet impressionnant se trouve séparé et distingué de l'impression produite, tout en lui restant associé d'une manière suffisante pour marquer l'unité du fait générateur de l'expression. Il est exprimé par ce moyen que le fait actuel dont l'impression est sentie est *attribué* à une forme présente au même instant dans la conscience. Par cette *attribution*, le fait actuel et la forme deviennent quelque chose d'identique, et c'est cette identité que le verbe *être* réalise et étale aux regards. Ce qui est au fond de ce mouvement expressif, c'est l'affirmation d'une perpétuelle coïncidence entre l'impression émouvante et la forme extérieure à laquelle elle est rapportée.

Ainsi envisagés, les attributs représentent des rapports entre certains objets et nous-mêmes ; toutefois, nous allons bientôt montrer qu'ils peuvent exprimer les rapports des objets entre eux. Mais le cas le plus simple est celui d'un rapport avec nous-mêmes. Ainsi, un attribut de la rose c'est d'être odorante, et c'est là un rapport spécial entre la rose et tous les êtres doués d'odorat. La rose n'est point odorante indifféremment pour tous les objets ; elle ne l'est que pour les êtres doués d'un organe olfactif, de même la forme de la rose n'existe que pour les êtres qui possèdent le sens de la vue, elle n'est telle que pour l'appareil visuel ; ce sont là des rapports spéciaux entre la rose et les êtres doués de vie, et nous trouvons dans cette notion exacte de la valeur des rapports organiques la preuve de l'inexactitude du scepticisme de Kant. Kant, en effet, soutient que la notion que nous obtenons des choses dépend uniquement de la forme de notre organisation sensible. C'est là une affirmation non justifiée. En effet, l'odeur de la rose ne dépend pas uniquement de l'organisation de notre appareil olfactif ; car, s'il en était ainsi, cet appareil nous fournirait toujours les mêmes odeurs. Nous savons, au contraire, par l'exacte notion que nous possédons de la valeur du mot « objet » que l'odeur de la rose ne peut se produire sans une perception simultanée de la forme de la rose ; nous n'appelons « rose » que les objets où nous trouvons ces deux perceptions en même temps, et nous avons d'ailleurs montré que la distinction des formes ne dépend pas de l'appareil visuel, puisqu'elle s'effectue dans un même travail de l'œil. On le voit, par conséquent, la rose, c'est-à-dire une forme spéciale et odorante, est indépendante de nous. Sans doute l'odeur de la rose n'est telle que pour une organisation capable d'une perception d'odeur, mais elle n'est telle aussi qu'autant qu'elle est accompagnée de la perception d'une forme spéciale. Les impressions qui accompagnent la vue d'une rose se trouvent ainsi inséparables de sa forme, et constituent par conséquent un rapport objectif, c'est-à-dire, un rapport entre une forme extérieure et nous.

Nous arrivons ainsi à la vraie notion des choses : nous comprenons comment il existe des réalités indépendantes de nous-mêmes ; elles sont l'alliance indissoluble d'un certain nombre d'impressions toujours données dans une forme donnée.

Ces principes une fois bien établis, nous sommes conduits à examiner comment se sont formées les notions de rapport entre des objets autres que nous-mêmes. Jusqu'ici, nous nous sommes bornés à l'examen du cas plus simple du rapport entre les objets et nous ; mais nos connaissances ne se bornent point là, sans cesse nous affirmons dans nos expressions des rapports entre les objets extérieurs. Nous sortons ainsi de nous-mêmes et nous devons nous poser cette question. Comment pouvons-nous constater autre chose que des modifications de nous-mêmes et cesser d'être l'acteur unique dans le drame de la vie qui s'agite autour de nous ?

Cette question, qui a paru si souvent insoluble, reçoit pourtant une réponse, grâce à la lueur des principes que nous avons posés dès le commencement de ce chapitre. Nous avons montré comment le sens de la vue a permis la distinction des objets par la perception simultanée des formes diversement colorées se limitant les unes les autres dans le champ de la vision, et comment nous obtenons ainsi la notion des choses extérieures. Ce que nous pouvons remarquer maintenant, c'est qu'entre ces formes diverses prennent naissance naturellement les rapports de grandeurs tous basés sur la conception de l'unité dérivée, comme nous l'avons vu, d'une multiplicité de formes semblables. C'est là l'origine des mathématiques, et c'est parce que les objets extérieurs ne sont scientifiquement connaissables qu'en tant que formes visibles, c'est pour cela que les mathématiques ont une perpétuelle et indéfinie application dans le monde extérieur. Toutefois, aux rapports de grandeur d'autres se joignent. De deux formes observées simultanément, si l'une se modifie et se transforme inévitablement chaque fois qu'elle est en présence de l'autre, s'il y a ainsi une coïncidence constante entre l'apparition de cette dernière forme et une modification déterminée de la première, cette modification constitue un rapport susceptible d'être retenu, et cette coïncidence doit être constatée en vertu de la même nécessité qui nous fait constater les modifications de nous-mêmes et nos relations avec les objets extérieurs. Or, ces modifications et ces coïncidences constatées ne sont plus des faits purement intérieurs et ne dépendent pas de notre impressionnabilité ; car c'est un même coup d'œil, c'est-à-dire un même travail visuel qui nous montre en même temps que l'apparition d'un objet les modifications successives de l'autre ; dès lors, nous sommes autorisés à conclure qu'il y a dans le phénomène perçu autre chose qu'une modification de nous-mêmes. Le rapport à exprimer ne nous intéresse plus directement, il n'est plus qu'un rapport entre deux formes, et lorsqu'il est noté, la marque de son extériorité s'impose directement avec lui.

Tout rapport entre deux objets et par conséquent tout fait scientifique a pour caractère d'être la constatation d'une modification extérieure, c'est-à-dire d'une modification de forme. Une même forme peut se trouver associée à une infinité de faits différents, c'est-à-dire à une infinité de modifications d'autres formes. Ainsi, tel feu qui, à certaine distance, nous procure simplement une sensation agréable, serait à une distance moindre une cause de désorganisation des tissus vivants ; ce même feu, en outre, produira l'évaporation de l'eau, fera fondre le plomb et rougir le fer. Ce sont là des rapports particuliers entre le feu ou combustion à un certain degré de température, et les différentes formes : eau, plomb, fer, tissus vivants, qui en subissent le contact. C'est la vision simultanée de ces objets et du feu qui fait connaître leurs rapports, et ces rapports n'ont *absolument aucune autre base que celle de cette vision simultanée*. Il en est de même de tous les rapports que nous concevons entre les divers objets ; dans tous les cas possibles, ils sont dans la dépendance absolue de la possibilité d'une vue commune.

Les rapports ainsi constatés complètent la série des attributs d'un objet donné. Un objet extérieur est en rapport avec nous-mêmes et a de ce chef une série d'attributs; en outre, il est en rapport avec d'autres objets et aboutit ainsi à une série nouvelle d'expressions attributives. Le feu fait évaporer l'eau, fondre le plomb, rougir le fer, absolument comme il peut nous réchauffer ou nous brûler. L'ensemble des attributs ainsi rassemblés constitue la connaissance complète d'un corps donné, et se trouve rapporté à un même principe. Nos modifications propres se trouvent par là identifiées à des modifications de formes extérieures, et le mouvement, c'est-à-dire une altération de forme, apparaît comme le fait universel de la nature.

Nous concevons ainsi les objets comme ayant une action les uns sur les autres; de même que nos impressions se modifient en raison des objets qui leur correspondent, de même la forme de certains objets se modifie constamment en raison de l'opposition d'autres objets, et de même encore nos impressions et nos mouvements en produisant le contact de nos organes avec les objets environnants peuvent être une cause de modification pour ces objets. Partout la notion que nous obtenons de l'action d'un corps sur un autre dérive d'un même point de vue, la perception d'un mouvement, c'est-à-dire un changement dans les rapports de contact ou un changement dans une forme notée. Et notre analyse nous montre qu'il ne peut en être autrement, puisque toute la connaissance que nous avons d'un objet est une connaissance de forme et de limites. La conception générale qui se forme ainsi du système du monde dérive moins peut-être de la notion de notre activité que de celle de notre passivité; en d'autres termes, pour se faire une idée de ce que c'est qu'une action, nous avons eu une source d'informations bien plus abondante dans les modifications de nous-mêmes que dans celles que nous faisons subir aux autres. La vérité est que les unes et les autres dérivent d'un même principe, et aboutissent, les unes et les autres, à la communication d'un mouvement observable pour l'appareil visuel.

C'est là, pour nous, l'essentiel dans tout ce qui nous frappe; et c'est pour cela que la forme d'un être est son essence. Les modifications de forme s'obtiennent par un changement de milieu, c'est-à-dire par l'apparition de nouveaux objets. Le plomb fond au milieu d'un brasier, parce que ses conditions d'existence y sont changées; le changement d'aspect qu'il subit alors n'en fait pourtant pas un nouveau corps, parce que, entre le plomb solide et le plomb liquide, il reste un grand nombre d'actions identiques à exercer, et il reste aussi une certaine identité d'aspect. Lorsque la forme d'un objet se trouve modifiée seulement dans une certaine mesure, il n'en résulte pas immédiatement un changement de dénomination, et ce qui subsiste de l'ancienne forme suffit à marquer son identité avec la nouvelle; c'est pour cela que les modifications dites purement physiques des corps ne sont point considérées comme un changement dans leur essence, tant qu'il reste d'eux un ensemble suffisant pour correspondre à l'ancienne dénomination. Ce qui reste le plus ordinairement de suffisamment identique pour justifier la conservation du nom, c'est le poids, autrement la densité du corps. Quelle que soit sa forme solide, liquide ou gazeuse, un corps est toujours considéré comme identique à lui-même, tant qu'il conserve le même poids; le nom d'un objet s'attache à tout ce qui en reste, tant que ce reste conserve quelque chose de commun avec l'objet d'abord perçu.

L'action d'un corps sur un autre a donc toujours pour résultat une modification de forme, et tant que la forme n'est pas absolument détruite, il y a conservation de l'expression qui s'y était incrustée. Ce qui nous reste à noter, c'est que le mode le plus ordinaire d'expression pour marquer une modification qui s'opère, c'est l'emploi de la forme des verbes actifs.

Mais, ainsi que nous l'avons déjà exposé, ces verbes ne sont qu'une contraction d'un attribut et du seul verbe vrai, le verbe *être*. Seul, ce dernier correspond à toutes nos impressions. Nous ne pouvons nous débarrasser de son secours chaque fois qu'une sensation nous apparaît, et s'il se retrouve ainsi au fond de tous les autres verbes, c'est que toute relation entre deux objets, toute modification de l'un par l'autre, reposent nécessairement sur la base d'une impression que nous avons pu noter. Tout ce qui est nous impressionne, et nous ne concevons aucune existence en dehors des tressaillements de notre impressionnabilité.

CHAPITRE XII.

PROPRIÉTÉS ET QUALITÉS.

Un substantif correspondant à une forme, un attribut rattaché au substantif par le verbe *être* et marquant une impression actuelle, voilà les éléments expressifs que nous avons notés et qui forment une déduction nécessaire dérivée tout à la fois de nos impressions et de notre mode d'expression par le langage. Pour compléter dans ses grands traits l'analyse générale de l'expression, quelques mots restent à dire sur les procédés destinés à reproduire et à mettre en saillie les particularités des choses.

Jusqu'ici, nous avons trouvé, d'un côté, des formes représentées par des mots généraux; de l'autre, une série d'attributs convenant à chacune de ces formes prises dans leur généralité, et toutes les fois qu'en présence d'un objet quelconque nous ne remarquons en lui que des phénomènes en parfaite concordance avec l'expression générique, avec le substantif dénominateur, nous ne pouvons avoir d'autre besoin que de marquer celui de ces phénomènes qui se trouve actuellement en vue, et c'est cette opération expressive dont nous venons d'examiner les procédés et qui a conduit à la formation des attributs et des verbes. Dans tous ces cas, l'expression n'a d'autre rôle que de mettre en évidence des caractères toujours implicitement compris dans l'expression générale, et qui sont donnés dès que cette expression est donnée. Telles sont les expressions, le diamant raye le verre, le soleil échauffe, etc., c'est-à-dire, toutes les propositions dans lesquelles l'attribut se rattache au sujet d'une manière intime dans sa généralité tout entière.

Mais il n'en est pas toujours ainsi. Lorsqu'une impression nous met en présence d'un objet, nous pouvons être amenés à noter des phénomènes qui ne sont nullement impliqués d'une manière nécessaire dans l'expression générique principale qui lui correspond. L'expression générique n'a pu rassembler sous une même dénomination qu'un certain nombre de faits, elle ne peut s'appliquer que dans la limite où tous les objets de même nom sont identiques : mais cette identité n'est jamais absolue ; il n'y a aucun objet qui ne diffère d'un autre de même nom par une ou plusieurs particularités saillantes ; lors donc que nous recevons directement l'impression de l'une de ces particularités, l'expression qui en résulte doit la mettre en relief ; à côté de l'expression générique principale, doit naître une expression adjointe ; c'est par cette nécessité intrinsèque que le point de vue de la qualité s'impose à l'esprit ; à chaque particularité, le langage adapte une désignation particulière, et cette désignation devient une désignation accessoire, un *adjectif*, lorsqu'elle prend place à côté de l'expression déjà formée qui correspond à un objet.

Ceci va nous aider à comprendre la différence que nous mettons entre ce qui est simple qualité dans un objet et ce que nous considérons au contraire comme des propriétés essentielles. Cette différence provient de la notion primitive qui a constitué l'objet. Tous les phénomènes qui s'y trouvent implicitement compris, qui sont nécessairement donnés avec lui, qui ne manquent nulle part chaque fois qu'il produit une impression, sont des propriétés essentielles et se retrouvent dans toutes les définitions qui peuvent être données du mot générique dénominateur; toutes les propriétés d'un objet s'en trouvent ainsi inséparables. Au contraire, nous concevons comme de simples qualités, comme des accessoires *au regard de l'expression principale*, tout ce qui excède les bornes de la définition générale, c'est-à-dire, tout ce qui peut être rencontré dans ces objets sans être nécessairement rencontré et noté dans les objets de même nom. Le point de vue des simples qualités s'impose donc à l'esprit par une nécessité invincible, et ce point de vue n'a pas pu s'expliquer autrement que par la création d'expressions adjointes gardant leur caractère propre, mais n'acquérant pourtant une vraie valeur que par leur relation directe avec un objet, avec l'objet dans le sein duquel elles sont perçues.

Ce que ce mode d'expression a besoin de marquer dans tous ces cas, c'est qu'il ne s'agit que d'une expression adjointe. Il n'est point ici question d'une expression attributive mise en relation avec le substantif et indiquant le caractère principal de l'impression actuelle, mais seulement d'un fait accessoire qui contribue pour une part à l'impression actuelle et la marque ainsi d'un caractère particulier, sans changer pourtant la notion principale de l'objet, qui reste comme cause dominatrice du fait sensible. Aussi le fait accessoire ne paraît pas à l'état de verbe, il ne domine pas l'être, il n'est pas sa vibration du moment, il vient seulement y contribuer ; il se trouve par là même à l'état de fait extérieur et doit être marqué comme tel, c'est-à-dire, comme faisant partie de l'objet émouvant dont la présence est constatée ; l'expression qui joue ce rôle semble n'être rien par elle-même, elle disparaît pour ainsi dire dans l'objet émouvant et s'en détache seulement comme une saillie intimement rattachée à l'expression principale et à l'objet que celle-ci représente. Le rapport à exprimer au sujet de ce fait accessoire est donc bien plus un rapport de lui et de l'objet qu'un rapport direct avec nous-même. Tout en faisant corps avec l'objet, il s'en détache, parce que le mot représentatif de l'objet ne fait apparaître qu'une forme incolore et mal limitée, et, pour achever le coloris ou le dessin, il faut ce détail dont l'adjonction va achever le tableau.

On en voit les conséquences ; l'expression accessoire ne peut être considérée comme jouant un rôle essentiel vis-à-vis de l'expression principale. Celle-ci a sa vie indépendante, sa valeur propre, et n'a pas besoin pour être comprise du complément qui n'est pour elle qu'un cas particulier d'elle-même ; son essence n'y est pas intéressée. C'est là le principe de la distinction si souvent faite entre l'essence des choses et les simples qualités des choses. Lorsqu'on parle de l'essence d'une chose, on parle en réalité de ce qui est de l'essence du nom qui la désigne. Ce qui est de l'essence d'un être, c'est tout ce qui se trouve implicitement compris dans le mot dénominateur ; c'est par conséquent un point de vue qui n'a rien d'individuel que celui de l'essence, car aucun individu ne peut être représenté par un mot unique. Pour désigner un individu, aucune représentation absolument achevée ne peut être fournie même par un assemblage de mots. Lors donc qu'on parle de l'essence des choses, on parle de tout ce qui peut être perçu dans toutes les choses de même nom et qui se trouve représenté par ce nom. L'essence se trouve ainsi forcément réduite à être une généralité, parce qu'elle correspond à un nom, à un mot, c'est-à-dire, à une généralité.

Une chose que l'on commence à qualifier, se rapproche au contraire par cela même de l'existence individuelle, touche par conséquent de plus près à la réalité ! Ce n'est pas que ce qui est essentiel ne soit en même temps réel, mais la qualité ajoute à l'essence, et fait ainsi valoir un nouvel élément de la réalité. Lorsque nous éprouvons le besoin de qualifier un mot, un objet, c'est que dans l'objet nous voyons plus que ne dit le mot qui le représente, c'est que l'impression que nous éprouvons n'est pas suffisamment expliquée par les caractères généraux essentiels, c'est qu'il y faut joindre encore un rapport avec le fait particulier qui sert de qualification.

Voilà l'origine de l'adjectif, c'est-à-dire, de l'emploi de certains mots sous une forme adjointe.

Les adjectifs marquent des qualités, c'est-à-dire, comme nous venons de le montrer, des circonstances que l'expression principale ne suffit pas à mettre en évidence. Ces circonstances sont pourtant aperçues dans les limites de l'objet impressionnant, ce sont des phénomènes intimement liés à la perception de la forme de cet objet. Par là, ils se trouvent en faire partie, et sont pourtant exprimés à part, parce que l'expression principale substantivée ne les embrasse point dans sa généralité.

Pour arriver à ce résultat expressif, tout le monde connaît le mode employé. Lorsqu'un fait est considéré comme un simple accessoire contribuant à l'impression sentie, le mot applicable à ce fait est adjoint au substantif désignant l'objet principal. Par cette adjonction, il ne fait momentanément qu'un avec lui. L'objet se trouve ainsi rendu par une expression plus large et plus compréhensive ; au lieu d'un seul mot, il en a deux pour le représenter, et la représentation fournie arrive à un résultat plus complet, à une expression mieux appropriée.

Par lui-même, le mot adjectif ne correspond à aucune forme ; il doit pouvoir s'allier avec le mot substantivé, et en s'alliant avec lui, il en prend la limite ; sa limite, en effet, se trouve nécessairement donnée par celle de l'objet auquel il s'adjoint ; ce qui implique qu'un mot adjectif ne peut avoir par lui-même aucune limite, et est susceptible d'une extension indéfinie ; s'il contenait par lui-même une idée de limitation quelconque, il cesserait de pouvoir convenir indifféremment à tous les objets où l'impression qu'il représente peut être constatée.

Tandis qu'il y a une forme spéciale pour le substantif, il n'y a rien de semblable pour l'adjectif, et nous en comprenons maintenant la raison. Un même mot peut remplir indifféremment le rôle d'adjectif ou d'attribut ; c'est l'emploi qui en est fait, qui seul est caractéristique. En effet, telle impression qui joue à un moment donné le rôle principal, n'est plus, à un autre moment, qu'un fait accessoire, et la même expression lui correspond pour l'un et l'autre cas. Et par exemple, si l'on considère une fleur, son éblouissante couleur bleue pourra, à un moment donné, être l'impression principale, tandis que dans un autre moment, cette couleur ne sera qu'un caractère purement accessoire et qu'une variété de forme seule attirera l'attention. Mais la couleur bleue n'aura point pour cela changé de caractère, et n'aura point, par conséquent, changé d'expression. Pas plus dans un cas que dans un autre, le bleu, considéré indépendamment de la forme à laquelle il est allié et qui a son nom spécial, ne pourra engendrer un autre mode d'expression que celui par lequel il est désigné ; il ne sera toujours qu'un simple fait, identique à lui-même, et dont l'impression se trouve suffisamment représentée par un même mot. L'adjectif, tout comme l'attribut, ne correspond par lui-même qu'à une impression abstraite, et partout où cette impression peut être abstraite, elle correspond à la même expression. Ces expressions n'ont point un sens obscur, elles ont toujours en vue un même mode de sensation, elles se confondent toujours avec lui et le représentent partout où l'impression peut s'en produire et dans tous les milieux où elle peut être saisie. Le bleu est partout le bleu, quels que soient les objets où il peut être distingué ; toujours identique à lui-même, il n'est susceptible d'aucune *définition*, parce qu'il n'a point de limites, parce que la notion d'une forme précise ne joue aucun rôle dans sa formation. Tout ce que l'on en peut dire est contenu dans le mot représentatif. Le mot *bleu* à lui seul est la peinture complète de l'impression à laquelle il correspond, et il en est la seule peinture possible. De tels mots ne donnent lieu à aucune décomposition d'eux-mêmes ; il n'y a rien à voir sous eux, ils ne recouvrent rien. Le bleu n'a aucune autre représentation que le mot *bleu*, et on ne peut rien en dire d'essentiel que ce mot lui-même. C'est là, du reste, un caractère général de toutes les expressions non substantivées.

Il en résulte que les expressions de ce genre ne peuvent fournir aucun rapport entre elles ; il n'y a de rapports possibles qu'entre les choses, c'est-à-dire, entre des expressions qui correspondent à une forme. D'où l'on voit que le sens de la vue est indispensable pour les débuts du progrès scientifique. En dehors de lui, il n'y en avait aucun de possible. Cela nous montre pourquoi un substantif est indispensable dans toute espèce de phrase. En effet, il n'y a aucune impression qui mérite d'être conservée par le souvenir si elle ne correspond à la perception d'une forme extérieure et ne rentre dans son cadre. Il n'y a aucune impression considérée à l'état abstrait qui ait un fondement de réalité. Seul, un mot qualificatif ne peut correspondre à rien de réel ; il n'y a rien qui ne soit que qualité, parce qu'il est impossible d'éprouver une impression sans la rattacher du même coup à l'impression d'une forme extérieure correspondante.

Nous trouvons ici l'explication de l'axiome célèbre : « *toute qualité suppose une substance* », et nous en découvrons la vraie valeur. Toute qualité suppose une substance, c'est-à-dire, il n'y a aucun fait qui ne puisse être rapporté à une action visuelle. Ce grand mot de *substance* n'a en réalité aucune autre signification : c'est la forme qui est le support, si souvent cherché, des qualités ; c'est elle qui leur donne leur unité et leur consistance. Par cela même que nous sommes devant une forme, nous voyons quelque chose qui est à part, qui est indépendant de ce qui l'entoure, qui ne se confond avec rien, et c'est là ce qui fait la substance. Il est très-remarquable que les jurisconsultes aient eu depuis longtemps une conception très-nette de cette profonde vérité ; seulement, ils croyaient devoir la restreindre dans les limites du monde juridique.

« Le mot *substance*, dit M. Demolombe, a pour nous
» dans la langue du droit une signification spéciale. En
» philosophie, en physique, on entend par substance
» l'essence inconnue, cachée sous les qualités, sous les
» modes, *quod substat modis. Forma substantialis*, dit
» Bartole, *in qualibet re invisibilis est secundum philo-*
» *sophos ; sed apud nos, rei substantialis forma est id,*
» *per quod ipsa consistit, et unde denominationem accipit,*
» *loquor de nomine nominis appellativi.*

» Pour nous, en effet, jurisconsultes, ajoute M. De-
» molombe, la substance, c'est l'ensemble des qualités
» essentiellement constitutives des corps, de ces qua-
» lités qui font que les choses ont une certaine forme
» et un certain nom ; qu'elles acquièrent sous cette
» forme et sous ce nom, s'il était permis de s'exprimer
» ainsi, une sorte de personnification, qu'elles appar-
» tiennent sous ce nom et sous cette forme à un genre
» déterminé que l'on désigne par un substantif carac-
» téristique : une maison, un cheval, une pendule, et
» qu'elles sont enfin sous cette forme et sous ce nom
» spécialement propres à remplir telle ou telle destina-

» tion, à rendre tel ou tel genre de service, dans l'ordre
» des besoins de l'homme.

» Voilà, dans le droit, la substance des choses qui se
» classent ainsi à raison surtout de leur forme et de la
» destination qui en résulte dans un genre ou dans un
» autre. Des qualités accessoires ou accidentelles peu-
» vent s'ajouter en bien ou en mal aux choses ainsi
» considérées, et c'est en effet par des *adjectifs* que la
» grammaire nous enseigne que l'on marque les diffé-
» rentes qualités du substantif : une maison grande
» ou petite, neuve ou vieille ; un cheval blanc ou gris ;
» une pendule riche ou simple, et les adjectifs produi-
» sent ainsi les différentes espèces que l'on distingue
» dans chaque genre, dans chaque substantif.

» Ces adjectifs n'affectent pas la forme substantielle
» de la chose ; ils n'en changent ni le nom ni la desti-
» nation. *Heri albus, hodie niger ; per hoc non desinit*
» *idem esse,* dit encore Bartole ; que si, au contraire, on
» suppose que la chose subisse un changement par
» suite duquel elle perde son nom propre et sa destina-
» tion, alors elle cesse d'être elle-même, elle sort du
» genre auquel elle appartenait pour entrer dans un
» autre genre ; sa substance première est détruite.
» *Perditur substantia cum res perdit nomen appellativum*
» *et transit in aliud nomen appellativum.* »

Nous avons reproduit en entier cet intéressant passage ; il s'y trouve un exposé vrai, quoique inconscient, de la philosophie de l'expression. Ce qui fait la substance d'une chose, dit Bartole et après lui Demolombe, c'est une forme correspondant à un nom, et cela est parfaitement exact. Nos jurisconsultes semblent croire, il est vrai, que la philosophie peut fournir de la substance une définition plus profonde. En cela, ils se trompent ; il n'y a rien de plus substantiel que la forme, et seule la forme donne l'être, seule elle permet la connaissance des rapports entre des êtres différents. Ce sont les formes qui engendrent les noms substantifs, et l'adjonction des qualités ne modifie une substance que lorsque la forme se trouve tellement modifiée qu'elle ne peut plus être reconnue lorsque son nom (*nomen appellativum*) est prononcé ! Nous apercevons ainsi la valeur réelle de l'idée de substance, et nous comprenons que cette notion n'est pas autre chose que la constatation de ce fait expressif universellement vrai : c'est qu'un mot ne convient à une forme qu'autant que cette forme est conservée ; la forme changeant, le nom change, et du même coup il existe au regard de nous une autre forme et un autre nom. De là dérive la distinction des substances. La conception des formes objectives est donc un résultat de notre organisation sensible et n'est possible que comme résultat de cette organisation.

Ces principes bien posés, nous sommes maintenant en mesure de nous rendre un compte absolu de ce que nous appelons l'essence des choses. Déjà nous l'avons indiqué dans le chapitre précédent, mais nous ne saurions trop y insister. Ce qui est l'essence d'une chose, c'est tout ce qui se trouve implicitement représenté par un nom dénominateur (*nomen appellativum*). En effet, nous ne pouvons obtenir une représentation quelconque d'un objet que par l'emploi d'un nom, et ce nom nous représente tout ce qui s'accorde avec lui d'une manière constante. L'accord d'un nom avec un certain ensemble de faits, voilà donc le fondement de l'idée de l'essence, et il n'y en a aucun autre. Cet ensemble de faits constamment associés avec un nom ne peut manquer d'apparaître chaque fois que le nom est prononcé, et chacun de ces faits se trouve ainsi en corrélation intime avec lui. Ces faits, considérés isolément les uns des autres et dans leur rapport avec le nom, constituent les propriétés de la forme représentée et leur ensemble en forme l'essence. Ainsi, lorsque nous parlons de l'argent, nous nous représentons immédiatement tous les faits qui sont associés avec cette expression, c'est-à-dire un certain éclat, une certaine couleur, un tintement particulier, enfin une densité et une ductilité particulières. Ce n'est point tout, l'argent a encore d'autres propriétés: nous savons qu'en présence du feu, il fond lorsque le thermomètre accuse une certaine somme de chaleur; il s'oxyde dans telles et telles conditions; il se combine en telle ou telle proportion et plus facilement avec le soufre qu'avec tout autre corps ; enfin, il réalise la réflexion de la chaleur et de la lumière d'une manière remarquable lorsqu'il a été poli.

Tous ces faits constituent les propriétés de l'argent, c'est-à-dire qu'ils se rencontrent toutes les fois que le mot *argent* est prononcé, et leur réunion est l'essence même de l'argent, parce que chacun de ces faits est réellement représenté et rappelé par le mot *argent*; il n'en est pas de même pour les faits qui peuvent se trouver et sont trouvés associés quelquefois à cette représentation sans l'être toujours.

Les faits de cette dernière catégorie ne sont plus des propriétés inséparables de l'expression, mais de simples qualités possibles, et ces qualités s'expriment par des adjectifs, c'est-à-dire, par des expressions qui ne changent rien à l'expression principale, mais qui y ajoutent un détail.

Les adjectifs constatent donc des modifications de forme ; chaque modification de forme entraîne, comme résultat, une modification d'impression ; de même que les propriétés d'une chose dénommée par un nom unique sont l'expression de tous les faits ramenés sous ce nom unique, de même les modifications constatées par des adjectifs correspondent aussi à des propriétés *sui generis*. Le principe est le même. L'expression générale se décompose en un certain nombre de propriétés ; l'expression particularisée par un adjectif a aussi ses propriétés, et ces propriétés ont un rapport spécial avec le caractère noté par l'expression adjointe. Toute modification dans l'objet impressionnant entraîne une modification d'impression et par là même une modification d'expression, et c'est cette nécessité qui s'impose constamment et qui amène la diversité des formes du langage.

Entre l'expression générale d'un objet et le détail de ses propriétés, il existe ainsi une corrélation permanente, et toutes les expressions de ces constants rapports engendrent, lorsqu'on les considère *in abstracto*, l'idée de la nécessité des choses. L'idée qu'une chose est nécessaire peut être rencontrée partout où se formulent ces rapports entre une certaine expression et un certain nombre d'expressions plus détaillées y correspondant, et c'est la véritable origine de l'idée de cause. Il ne faut pas s'y tromper ; au fond, il n'y aucune impression qui ne soit nécessaire, étant donnés les éléments qui y ont concouru. Mais cette nécessité n'est pas toujours sentie, parce que tous les éléments qui concourent pour un fait ne sont pas distinctement aperçus dans tous les cas. Les faits accessoires susceptibles d'amener une modification d'impression ne sont pas toujours notés d'avance avec précision ; il peut même arriver qu'ils soient réellement imperceptibles pour nos sens, en tant que formes extérieurement saisissables et néanmoins ils aboutissent à des modifications marquées de notre être. Dans ces cas, le rapport de ces modifications avec un fait particulier n'est point perçu, l'impression éprouvée paraît dépourvue de toute corrélation avec d'autres faits restés ignorés ; dès lors, la nécessité qui a commandé l'impression ne se présente pas à l'esprit, et pourtant rien n'est plus certain que l'existence de cette nécessité elle-même. Il n'y a aucune modification si légère, si insignifiante qu'elle soit de nous-mêmes, qui ne corresponde à une modification de l'extérieur ; il n'y a rien de ce que nous constatons et regardons comme des variations sans importance qui n'ait sa racine extérieure, qui ne trouve sa raison d'être dans une particularité inaperçue, qui ne témoigne ainsi de la présence secrète d'un objet qui restera cependant peut-être à jamais invisible.

Et, par exemple, vous êtes en présence d'un foyer où la combustion du bois s'opère d'une manière lente et incomplète ; il est possible que vous ne sachiez pas remarquer le fait extérieur qui coïncide avec cette mauvaise combustion, vous direz simplement : Voilà du bois qui brûle mal, et la proposition ainsi émise ne sera marquée par aucun caractère de nécessité, car il n'est pas de l'essence du bois de brûler mal. Le substantif *bois* n'implique nullement par lui-même cette mauvaise combustion. Pour qu'un objet représenté par ce substantif s'allie nécessairement avec le phénomène d'une mauvaise combustion, il faut que cet objet ait une qualité particulière ; cette qualité pourra passer longtemps inaperçue ; toutefois il viendra un jour où il sera fait une observation : c'est que tel bois qui brûle mal est récemment coupé ou vert; cette observation sera répétée d'autres fois ; il arrivera un moment où cette observation aura été faite assez souvent pour que l'impression « brûler mal » se trouve coïncider avec la perception de l'objet : « bois vert ; » de ce moment toutes les fois que l'expression *bois vert* se présentera, elle entraînera immédiatement comme conséquence l'expression brûler mal, c'est-à-dire qu'il se sera formé entre ces deux expressions une association constante et définitive. L'une d'elles ne pourra jamais reparaître sans l'autre, parce qu'elles ne font réellement qu'un, parce qu'elles se trouvent fixées ensemble et d'une manière intime dans l'esprit.

Nous l'apercevons ainsi : de même qu'une expression isolée, ou simple substantif, correspond à une certaine série d'impressions qui lui sont associées, de même l'expression modifiée par un qualificatif peut se trouver également en rapport constant avec un certain nombre de faits ; l'expression de ces rapports devient une expression générale et nécessaire. Le diamant raye le verre, voilà une expression générale ; le bois vert brûle mal, voilà une autre expression générale, et l'une et l'autre sont marquées d'un même caractère de nécessité. Cette nécessité n'est rien autre chose que le sentiment de l'association définitive qui s'est formée entre deux impressions : l'une, celle de l'objet considéré comme forme, diamant, bois vert ; l'autre, celle de la sensation présentement constatée par le verbe *être* et l'attribut, rayer le verre, brûler mal ; il est nécessaire que l'une de ces expression entraîne l'autre, parce qu'elles se sont soudées ensemble et ne peuvent plus être désunies.

Lorsqu'il s'agit au contraire de l'expression d'un fait individuel, ce fait ne peut être présenté que comme contingent, et nous pouvons en comprendre la raison. Puisque le caractère de nécessité dans une expression suppose une association fixe de deux formules expressives, il en résulte qu'une expression ne peut avoir ce caractère qu'autant qu'elle est empreinte d'une certaine généralité. Pour se souder ensemble, il faut un certain temps et une certaine répétition des mêmes phénomènes ; dès lors, la soudure est impossible pour tout ce qui ne concerne que l'individu, et le résultat des actes d'un individu semble, à cause de cela, n'être jamais un résultat nécessaire, car il n'y a rien de ce qui est individuel qui ait une expression donnée d'avance et s'imposant à l'esprit. Les lois scientifiques n'ont rien d'individuel ; elles ne s'appliquent aux faits qu'autant que les faits rentrent dans une classe, c'est-à-dire dans une expression générale. La mobilité individuelle est insaisissable à l'état de loi ; les actes d'une personne ne sont susceptibles de prévision scientifique que dans la limite où cette personne rentre dans un genre défini. Ainsi nous pouvons prévoir les actes d'un homme en tant qu'être vivant, c'est-à-dire que nous sommes assurés qu'il est obligé de se nourrir ; nous pouvons les prévoir en tant qu'homme, c'est-à-dire que nous sommes assurés qu'il a besoin de telle ou telle quantité pour sa nourriture ; nous pouvons même les prévoir en tant qu'il appartient à telle ou telle nation, et dire quelle est sa nourriture ordinaire. Mais il est impossible de dire comment il se nourrira tel jour ou tel autre, parce que l'idée d'une nourriture particulière, toujours exactement la même et régulièrement absorbée, n'est nullement associée en nous à l'idée d'un individu homme, et cette association ne s'étant point formée, il n'y a dans notre esprit rien qui ressemble à une loi.

Nous sommes maintenant en mesure de bien comprendre la nature du rôle distinct de chacune des formes employées par les langues humaines les plus compliquées. Par une nécessité inhérente à lui-même, le langage ne peut conserver les mots créés qu'en leur donnant sans cesse une extension nouvelle et en leur imposant ainsi une signification plus générale. Aucun mot ne peut rester comme la représentation adéquate d'une impression unique ; sa conservation même implique son emploi pour toutes les impressions de même ordre, malgré les différences qui les séparent et qui se trouvent ainsi négligées. De là vient la nécessité d'expressions ultérieures marquant tous les développements de l'impression. Cette nécessité, nous avons montré comment elle s'impose au substantif, et comment l'adjectif y supplée. Cette nécessité s'impose de même aux expressions attributives, aux diverses formes de verbe. Les verbes, tout comme les substantifs, sont atteints, eux aussi, du vice irrémédiable et nécessaire de généralité. Employé seul, un verbe ne peut marquer les détails d'une actualité, car l'action dont il est le signe permanent est désignée par lui d'une manière générale et pour tous les cas où elle peut se produire. L'action présente d'un objet présent a donc besoin d'être circonstanciée absolument comme la désignation de l'objet lui-même, et l'adverbe remplit dans ce but un rôle tout pareil à celui que l'adjectif remplit auprès du substantif.

Ainsi que nous l'avons déjà dit, une impression particulière est toujours en rapport avec un objet particulier. Dès que l'on sort des généralités simples, le langage tombe dans une voie infinie de complications. D'une manière générale, on peut affirmer que l'acier s'aimante; c'est là un fait constant, vérifiable toutes les fois que l'on est en présence d'un objet d'acier, c'est-à-dire toutes les fois que l'emploi de l'expression *acier*, est justifié. Mais cette expression générique des rapports de l'acier avec les phénomènes de l'aimantation ne suffit pas pour toutes les impressions de cet ordre. Si les expériences scientifiques d'aimantation amènent à exprimer à part les effets du magnétisme sur l'acier trempé, on constate que ces effets sont plus stables que sur l'acier non trempé. Aussitôt une nouvelle expression naît : il ne suffit plus de dire que l'acier s'aimante, il faut dire aussi que l'acier trempé s'aimante solidement. L'action, la modification présente de certains corps qui est constatée par le mot *aimanter*, se trouve ainsi en rapport, non-seulement avec l'expression générale *acier*, mais avec une qualité d'acier, avec une espèce caractérisée par le mot *trempé*. L'accession de ce caractère, de cette qualité dans un objet *acier*, dicte une modification dans le verbe qui rend l'impression actuelle et engendre l'idée de la solidité de l'aimantation rendue par un mot destiné à spécialiser le verbe, c'est-à-dire par l'adverbe *solidement*.

A côté d'une expression absolument générale, nous voyons naître ainsi une expression moins générale et plus particularisée. Mais nous n'arrivons point pour cela à une expression individuelle. Quels que soient ses efforts, le langage ne peut trouver l'individu et le représenter solidement, parce qu'un concours de mots généraux ne peut suppléer d'une manière parfaite l'impression qui nous est fournie par le fait actuel. Pour représenter un individu actuellement en vue, la langue emploie le pronom démonstratif, comme lorsque nous disons : ce couteau coupe bien ; mais il faut bien le remarquer : pour correspondre à une individualité réelle et objective, il faut que l'aspect du couteau se joigne à l'expression orale ; la phrase : ce couteau coupe bien, ne peut correspondre à une réalité substantielle et présente, si les sens ne font en même temps leur office par l'exposition du couteau indiqué aux regards. De même, le mot *Alexandre*, et tous les autres noms propres, semblent d'abord arriver à une représentation effective d'une individualité, mais cette représentation n'est pas complète. Alexandre le Macédonien, malgré toutes les ressources des plumes historiques qui se sont attachées à sa vie, ne peut être ressuscité tout entier. Il ne peut nous apparaître au moyen du langage qu'avec un certain vague irrémédiable, et les efforts de la poésie la plus colorée seraient impuissants à le ranimer pour nous.

Toutes les ressources de l'expression sont employées à combattre cette impuissance. Donner à l'expression une forme saisissante et propre à se graver définitivement dans la mémoire, d'autre part adapter à cette expression tout ce qui peut lui donner une forme plus vive, plus saillante, empreinte d'un caractère de représentation vraie, voilà le double but poursuivi dans la recherche des moyens expressifs les plus parfaits. Pour l'atteindre, la poésie a employé la forme métrique et rhythmée; dans notre français, la rime est pour elle un puissant instrument facilitant la conservation de l'expression. En même temps, par l'abondance des qualifications, par l'exubérance des images, elle cherche sans cesse à faire voir et toucher comme si les objets représentés étaient devant de vrais yeux, devant de véritables mains; nous appelons grands poëtes ceux qui réussissent le mieux dans cette aspiration vers l'impossible.

Nous venons d'exposer rapidement le développement de l'expression dans ses catégories les plus nécessaires. Substantif, verbe, participe, adjectif, adverbe, pronom démonstratif, nous avons pu indiquer et reconnaître leur rôle essentiel dans ses éléments d'origine. Il est inutile d'insister sur le rôle des conjonctions, qui peuvent être considérées comme un simple mode de ponctuation, mais il est d'autres formes verbales dont le rôle a besoin d'être clairement spécifié. Telles sont les expressions qui traduisent simplement les rapports de limite. Au lieu de circonstancier les qualités d'un objet perçu ou le genre particulier d'émotion qu'il engendre, l'expression peut être bornée à la constatation de ce qui entoure l'objet, c'est-à-dire, à montrer le point où il cesse d'être lui-même, et où un autre objet commence. Ce sont là les relations d'espace ; elles n'impliquent guère que les rapports des objets entre eux, elles n'en constatent nullement des qualités intimes. Aussi les *prépositions* qui servent pour ce genre de désignation ont un caractère absolu d'indépendance, elles ne subissent en aucun cas les flexions qui marquent par exemple le genre et le nombre des objets ; en d'autres termes, elles sont absolument fixes et indéclinables.

La détermination du *genre*, au contraire, marque des faits beaucoup plus intimes. Le genre dans un objet donné se rapproche tout à fait d'un qualificatif ordinaire ; seulement, au lieu d'employer un mot pour exprimer la modification en vue, la langue se contente d'un signe plus bref, et généralement de l'addition d'une simple lettre. Quant au *nombre*, il marque l'apparition d'une série d'objets pareils ; c'est une flexion abréviative par laquelle il est possible de mettre en scène plusieurs objets à la fois.

La qualité, le lieu, le genre, le nombre, constituent ainsi les principaux points de vue applicables presque universellement aux divers objets. Le *temps*, au contraire, est une détermination particulièrement propre à l'être impressionné. C'est pour cela qu'il contracte une alliance intime avec le *verbe*. Le verbe, avons-nous dit, a pour fonction essentielle d'indiquer l'impression produite et par conséquent le moment où cette impression se produit. En effet, tandis que les objets distincts dans l'espace peuvent être perçus simultanément, il est clair que nos impressions, dès qu'elles se modifient, ne peuvent être considérées comme contemporaines ; c'est le propre du temps de marquer la série des modifications que nos impressions subissent. Nous apercevons ainsi pourquoi la détermination du temps ne fait son apparition que dans les verbes. C'est là le principe des conjugaisons ou expressions du temps par les verbes.

Notre analyse nous a montré les diverses catégories grammaticales apparaissant successivement dans leur relation intime avec les impressions à rendre ; nous apercevons partout le fil qui relie à nos divers modes d'impressionnabilité les formules variées de nos procédés d'expression. Les catégories grammaticales sont les catégories mêmes de notre pensée, et c'est en les considérant d'une manière abstraite que l'on a créé les spéculations métaphysiques depuis Platon jusqu'à la Critique de la raison pure. On était frappé du caractère d'universalité avec lequel ces catégories se présentent dans toutes les nations de langues les plus diverses. C'est qu'en effet ce sont des moules qui se sont imposés partout pour le développement de la pensée.

CHAPITRE XIII.

L'IDÉE.

L'analyse à laquelle nous venons de nous livrer nous a fait connaître la série génératrice du mouvement expressif. Au mot unique forcément incomplet pour la représentation des choses, nous venons de voir succéder la représentation plus complète fournie par des groupes de mots. De même que le mot est une image, de même aussi l'expression qui lui succède joue le même rôle, affecte les mêmes destinées. Cette représentation, considérée d'une manière abstraite et dans son rôle général, c'est ce que nous appelons *l'idée*.

L'idée d'une chose, c'est sa représentation par le langage, et il n'y a rien autre chose que cette représentation qui mérite le nom d'*idée*. Ce qu'un seul mot ne peut faire, plusieurs le font, et ce que le mot disait d'une manière sommaire se trouve dit en détail et mieux circonstancié.

L'idée est la représentation d'un objet, elle correspond à une forme extérieure, et elle est son expression complète et détaillée ; obtenir l'idée d'une chose, c'est se mettre en face de tout un groupe d'impressions ; peu à peu la réflexion pénètre sous un mot toutes les déterminations qui s'y trouvent incorporées d'une manière successive et, en les exposant au grand jour, elle donne l'idée.

L'idée est donc bien une image, comme l'indique la langue, mais c'est une vraie image, un tableau complet. L'idée, lorsqu'elle surgit en nous, aspire à montrer le concours de toutes les impressions possibles d'un même objet. Elle est l'objet transporté complétement dans une forme expressive ; cette forme, au lieu de se borner à la représentation confuse que fournirait un simple mot, arrive à marquer distinctement tout à la fois l'objet pris comme ensemble et chacune des déterminations qui y sont rattachées. C'est dire en somme que l'idée d'une chose n'est rien autre que la définition d'un mot correspondant confusément à un objet.

Tout ce qui est dans la limite constitutive d'un objet, doit être exprimé comme étant dans cette limite et s'y trouve *compris*.

C'est ce travail qui constitue la valeur propre de la définition. L'idée d'un objet, c'est précisément cette définition même ; elle montre par le détail expressif des attributs mis en regard d'un même substantif, elle montre, dis-je, cette superposition, cette contiguïté absolue, cette pénétration intime de toutes les déterminations qui forment un même objet. Un objet n'est point une chose vague ; il est tout ce qui se termine à la fois ; il est la vue s'évanouissant avec la possibilité du tact ; il est l'odeur correspondant avec certaines possibilités de vue, de tact et de saveur ; il est déterminé par la fin de toutes ces impressions correspondantes ; il apparaît avec elles, il disparaît avec elles et, pour être représenté complétement par l'expression, il doit y retrouver tous ses caractères essentiels, toutes ses déterminations possibles.

L'expression complète d'un objet ne peut donc être autre chose que l'énumération successive de tous ses attributs reliés entre eux par la forme commune du substantif mis en définition, et cette expression est le but de la science. Mais la science ne peut atteindre complétement ce but. Pour qu'une énumération puisse faire ressortir l'idée absolue d'un objet, il faudrait y faire entrer tous les rapports possibles de cet objet ; c'est assez montrer combien la définition complète et l'idée absolue d'un objet particulier sont difficiles à atteindre. Quels ne sont pas les problèmes infinis soulevés par le plus simple des objets extérieurs ! Pour donner toutes les déterminations possibles d'une goutte d'eau, il faudrait épuiser toutes les sciences, et l'on aurait à peine encore avancé d'un pas ; il en résulte que la représentation parfaite de toutes les possibilités contenues dans un objet réel est vraiment inaccessible, et l'on peut comprendre en ce sens comment il a pu paraître à quelques philosophes exact de reléguer l'idée absolue dans le monde des chimères. L'idée absolue, en effet, n'est qu'une abstraction pure ; c'est l'idée dépourvue de ses éléments de réalisation. L'idée, c'est-à-dire l'image des choses, ne peut être réalisée que dans la limite de nos procédés d'expression et n'a aucune existence en dehors de cette limite. Celui qui rêve l'idée pure de tout alliage expressif ne se rend aucun compte des procédés qui forment le domaine propre de l'esprit ; il poursuit un pur fantôme, et nous pouvons comprendre par quelle dérivation inconsciente le mot *idée* a engendré le mot *idéal*, expression de l'irréalisable hors de portée de notre compréhension.

Il ne faut donc point l'espérer ; l'idée que l'on peut obtenir des choses ne correspondra jamais à toutes les déterminations possibles de ces choses, elle se borne aux rapports perçus qui ont pu être conservés dans la mémoire et qui se retrouvent perpétuellement accolés à l'expression à définir. Ces rapports, désignés chacun par un mot qui leur est propre, peuvent être réaperçus au sein d'autres objets, et il en résulte la conception d'une certaine identité des choses, c'est-à-dire d'un fond commun pour tous les objets dans lesquels les mêmes rapports peuvent être retrouvés. Tel objet bien délimité se trouve avoir une foule de phénomènes communs avec d'autres objets apparaissant pourtant avec une toute autre limite. Tous ont une matière commune, c'est-à-dire sont perçus comme pouvant être touchés en même temps que vus. Cette matière se différencie en chacun d'eux, mais se retrouve aussi identique en plusieurs d'entre eux, sous les rapports de pesanteur, couleur, son, ductilité, fusibilité, etc., etc. Ainsi se forment les catégories, et peu à peu chaque objet particulier se trouve rangé dans des classements autres que celui du mot expressif qui l'a d'abord désigné. On obtient ainsi des classes artificielles, c'est-à-dire que les objets des formes les plus différentes se trouvent réunis temporairement sous un seul point de vue. Chaque objet particulier se trouve définissable par une série de déterminations qui se retrouvent dans d'autres objets particuliers tout différents, et il ne peut être défini que par des déterminations de ce genre, puisqu'il n'y a aucun mot qui n'arrive à être une expression générale applicable à des faits légèrement différents.

Nous apercevons par là qu'un objet particulier ne peut être complétement connu ; il reste sans détermination possible pour tous les rapports qui ne se trouvent pas désignés par une expression appropriée, et qui ne sont pas assez importants, assez considérables, pour en faire naître une nouvelle. Ce sont ces rapports restés ainsi sans expression qui font la particularité des choses. Les phénomènes qui donnent à un individu son cachet de particularité absolue restent inaccessibles à l'expression, parce qu'ils ne sont pas assez remarquables pour en susciter ; on les aperçoit seulement en groupe, et l'on dit que le cachet d'une individualité est quelque chose d'indéfinissable. Aucun individu n'est complétement connu et notre analyse en montre la raison.

Nous arrivons ainsi à nous contenter d'une simple notion des choses ; le réel ne passe nulle part tout entier dans nos formules expressives. Il est impossible d'arriver nulle part à la solidité de l'individu. La raison en est évidente. C'est que l'expression de ce qui est absolument individuel est intransmissible. Une expression de ce genre s'évanouit aussitôt formée, parce qu'elle ne trouve plus à s'appliquer de nouveau. L'individu se trouve ainsi inexpressible et incommunicable, et la nature même des procédés du langage ne permet pas qu'il en soit autrement. La description d'un objet par la parole la plus artistique, la plus poétiquement complète, reste forcément entachée de généralité. De là est née l'adjonction des représentations figuratives considérées comme un simple complément expressif (gravure, photographie, etc.) Grâce au développement de ces arts, ils ont pu être avantageusement employés dans bien des cas simultanément avec l'expression par le langage. Par eux, l'individu a pu sortir jusqu'à un certain point de la généralité et de l'indistinction confuse de l'expression par le langage et prendre une forme plus nettement caractérisée ; en même temps, la description de la langue étale autant que possible les déterminations génériques essentielles dans tous leurs détails. On se rapproche ainsi autant que la chose est possible de la vérité des choses, c'est-à-dire de la *restitutio in integrum* d'une impression donnée, et, malgré leur insuffisance en bien des points, il faut reconnaître à ces procédés la valeur d'un progrès expressif considérable.

Retenons néanmoins que l'idée absolue d'un objet quelconque est irréalisable ; ce n'est point à dire pour cela que nous devions dédaigner l'infériorité de nos moyens de connaissance et aboutir à un scepticisme improductif. Les notions scientifiques auxquelles nous arrivons sont d'une haute importance, et l'expérience le démontre chaque jour. Nous pouvons reproduire dans la nature nos conceptions intellectuelles ; il suffit pour cela que la limite idéale de ces conceptions puisse être reproduite avec exactitude et c'est ce qui s'obtient par les sciences mathématiques. L'application des sciences mathématiques n'est autre chose qu'une réalisation de choses abstraites, et toutes les fois que cette réalisation se trouve possible en fait par des procédés mécaniques, nous pouvons obtenir des constructions objectives conformes à nos conceptions.

Notre notion des choses se compose, comme nous l'avons montré dans les précédents chapitres, de tous les faits qui se trouvent constamment rattachés à une forme représentée par un mot substantif. Les faits ainsi reliés à une forme constante nous apparaissent comme étant jusqu'à un certain point indépendants de cette forme, parce qu'ils se rencontrent dans d'autres objets et y sont retrouvés sous une même forme expressive. Mais cette indépendance n'est qu'apparente et il ne faut pas qu'elle fasse illusion. Nous trouvons partout des objets plus ou moins chauds, et pourtant nous avons démontré qu'il ne faut point imaginer en dehors de ces objets un être particulier appelé *calorique* ou *chaleur*. Le soleil nous échauffe et non pas le calorique. Le soleil nous échauffe, parce qu'il se passe en lui des mouvements particuliers dont le résultat *en nous* est une sensation de chaleur. Le soleil disparu, le calorique disparaît. Il en est de même pour toute espèce de faits. On ne peut jamais voir dans un fait quelconque que la rencontre ou action réciproque de deux objets ; et cela est vrai, lors même que nous ne pouvons discerner par nos sens la présence de l'objet nouveau qui amène un changement, une modification dans un état de choses donné. Il ne faut pas en conclure que les objets soient actifs, c'est-à-dire créer en eux une qualité particulière pour rendre compte des conséquences qui résultent de leur présence. Il n'y a d'autre activité que la rencontre d'objets divers, et cette activité est la forme sous laquelle se manifestent les impulsions résultant de cette rencontre. En d'autres termes, chaque objet est plus ou moins impénétrable vis-à-vis d'un autre et susceptible par conséquent de déplacement par suite de chocs. C'est là le principe de tous les évènements du monde. Un choc se manifeste aux yeux par des phénomènes très-divers, tels que la chute, le son, la chaleur, l'électricité, la lumière; il se manifeste encore par le changement de forme, par les odeurs, le goût et le tact ; ce qu'il importe de comprendre, c'est qu'il n'y a aucun de ces faits qui ne corresponde à un choc. Ainsi la couleur rouge de certains corps résulte de l'action exercée par un corps lumineux sur des corps organisés d'une manière particulière. Tous les corps rouges sont organisés d'une manière plus ou moins identique à ce point de vue. Si nous étions plus instruits, nous saurions à quel détail d'organisation particulier correspond le fait de la couleur rouge ; nous saurions que cette couleur correspond à une porosité particulière, et nous pourrions rattacher la couleur rouge à un fait d'organisation, c'est-à-dire à une certaine apparence, à une certaine forme commune à toute une catégorie de corps. Le rouge se trouverait ainsi le résultat de l'action d'un corps lumineux sur un autre corps fait de telle et telle façon. Nous pouvons ignorer encore quelle est cette organisation spéciale qui fait le rouge, mais nous savons qu'elle existe, et c'est elle qui se trouve en réalité désignée et dénommée par le mot *rouge*, bien que nous ne puissions la distinguer dans tous ses détails.

Une expression ne correspond donc pas seulement à une pure impression, elle correspond en outre à un fait extérieur. Sans doute le rouge n'est une impression possible que pour un être nerveux doué de la vue, mais l'organisation nerveuse de la vue est identique pour saisir les diverses nuances de couleurs, et pourtant elle saisit ces nuances ; donc il faut le reconnaître : la couleur d'un objet ne dépend pas de notre œil, elle ne dépend pas non plus du corps éclairant, puisque la même source de lumière est apte à produire les couleurs les plus opposées. Elle ne peut dépendre que de l'organisation du corps sur lequel s'exerce l'action lumineuse. Ce fait est indépendant de nous-mêmes, il subsisterait lors même qu'il n'y aurait aucun être doué de vue, et il constitue le fond et l'essence des phénomènes de couleur. C'est à nous de discerner ce fait dans tous ses détails, si nous voulons faire un pas dans la science des couleurs.

Décomposer nos impressions pour obtenir des impressions nouvelles, découvrir dans un objet d'autres objets, voilà donc l'œuvre scientifique réelle et profitable. Les phénomènes que nous percevons se rapportent tous au fond à une différence dans le mode d'agrégation des objets et par conséquent à une différence de formes, et suivant que tel objet a telle ou telle forme, il se trouve exposé à subir telle ou telle modification.

Le discernement des formes inconnues, voilà donc, nous pouvons le répéter, le véritable objet de la science: cette extension de connaissances n'est évidemment possible que par une netteté plus grande de nos perceptions, par un usage réfléchi de nos sens, et c'est ce que nous avons déjà montré précédemment en faisant saisir le rôle des instruments dans les découvertes scientifiques. La science des phénomènes de chaleur est arrivée actuellement à un développement qui semble complet depuis qu'elle a pu montrer que tous les faits de chaleur pouvaient être assimilés à des faits de déplacement et de désagrégation ou agrégation. Toute sensation de chaleur se trouve ainsi ramenée à une sensation de forme nouvelle correspondante. Nous apprenons par là qu'un mouvement, c'est-à-dire un changement de figure, est absolument inséparable de toute impression désignée en nous par le mot *chaleur*. La pure impression du chaud se trouve convertie en un fait extérieur dépendant d'un certain nombre d'autres faits extérieurs, et de ce jour-là la science est fondée.

L'œuvre de la science est donc principalement analytique ; elle discerne ce qui fait le fond de certains phénomènes, c'est-à-dire elle montre, sous des phénomènes qui paraissent sans forme, des formes qui y sont réellement associées. Sa première nécessité est de discerner les objets, et de montrer, comme suite de ce discernement, quel est le mode de leur rapprochement et de leur pénétration réciproque.

Mais, au lieu de se diriger vers ces recherches fructueuses, la réflexion s'en est trop souvent détournée pour se borner à une contemplation stérile des mots. C'est cette contemplation d'un mot qui est, à proprement parler, le travail métaphysique ; il arrive à la création d'entités sans réalité, à une espèce de divinisation de pures formes verbales où il ne faut espérer aucune réalité nouvelle. La métaphysique a beau créer des êtres imaginaires, elle est impuissante à nous faire sortir de nous-mêmes, incapable de nous montrer quelque chose qui soit inaccessible à nos sens. Au surplus, il ne reste que peu de métaphysiciens qui ne soient déjà détrompés, il en est peu qui s'imaginent encore qu'il y a quelque chose comme un être correspondant au mot *bien* ou au mot *beau* ; on comprend de toutes parts que l'existence d'un mot ne prouve nullement l'existence d'un être correspondant. Quoi qu'en ait pu dire Descartes, une expression ne correspond pas nécessairement à une existence, mais simplement à une impression, et, pour une impression unique, il peut y avoir un concours de plusieurs espèces d'objets. Au lieu de parler en extase du souverain bien ou de la beauté absolue, il suffit de préciser les conditions qui entraînent pour nous les impressions du beau et du bien. Le jour où ce travail analytique sera achevé, le bien et le beau seront complétement connus ; tandis que la contemplation du beau absolu est absolument inféconde. La vraie métaphysique consiste dans les conquêtes de la science ; c'est par elle que nous obtenons des faits nouveaux, par elle que nous discernons mieux de jour en jour des êtres jusque-là indistincts. Tout cela n'est possible qu'à l'observation expérimentale. Le sens métaphysique vrai appartient aux expérimentateurs.

L'étendue d'une expression ne révèle donc point un être identique caché partout sous son voile, mais simplement une identité de fait pouvant résulter le plus souvent de quelque chose d'identique dans l'organisation, c'est-à-dire d'une identité de forme cachée. Le mot *acide*, dans la vieille chimie, s'appliquait à tout l'ensemble des corps d'où l'oxygène pouvait être dégagé ; dans le nouveau point de vue de la science moderne, il veut dire, au contraire, les corps hydrogénés, et c'est la science qui a successivement substitué l'un à l'autre ces deux points de vue exprimant une certaine identité de forme contenue sous l'ancienne dénomination qualificative, qui n'avait d'autre but que d'exprimer l'impression commune exercée sur nos sens par tous les corps acides. Nous voyons ici une expression simplement qualificative faire place à la détermination d'une forme nouvelle, sous les corps qui l'avaient engendrée. La contemplation éternelle de l'acide absolu n'eût jamais fait rien connaître de semblable.

Nous comprenons ainsi nettement en quoi la science diffère de la métaphysique ; la science chasse la métaphysique devant elle, chacune de ses conquêtes est une défaite de sa rivale. Ce point de vue a, du reste, été mis en lumière par l'école positiviste, mais elle n'en avait pas fait ressortir, comme nous le faisons ici, la raison intime, parce qu'il lui avait manqué de faire au préalable l'analyse exacte de l'expression.

S'il est des qualifications très-générales parce qu'elles correspondent à des actions très-étendues, il en est aussi d'universelles, parce qu'elles correspondent à une action universelle. Tel est le rôle des expressions que la métaphysique a su rendre si illustres par la fameuse théorie des idées nécessaires ou innées.

Dans toutes les impressions, un même fait se retrouve, c'est que nous sommes impressionnés. C'est là une action perpétuelle exercée sur les êtres sensibles, point de départ absolu et nécessaire de toutes les conquêtes de l'esprit. Cette impression universelle est traduite par le mot *être*.

Cette fonction de ce mot correspondant à un fait universel, a conduit à la conception de l'être universel, conception bien vide à coup sûr, car, qu'est-ce l'être qui n'est rien qu'être, abstraction pure par conséquent, désignation d'un fait et non pas d'un objet réel ? Rien n'est objet pour nous sans la superposition d'impressions qui est rendue possible par leurs limites. L'être pur n'a rien de la réalité vivante. Ce qui est réellement, s'impose à tous nos sens ; rien ne peut être sans la possibilité d'une forme spéciale, rien ne peut être non plus qui ne fournisse en même temps la possibilité de l'impression du toucher. Sans la forme fournie par la vue, sans la matière résistante au tact, il n'y a pas de réalité substantielle.

L'être pur n'est donc pas ; l'être vrai, c'est ce qui peut être senti, et tout ce qui peut être senti est nécessairement forme et matière pour nous ; l'être dépourvu de toute action sur nos sens manque de la base même de l'être, puisqu'il ne peut produire la relation que le mot *être* a toujours et universellement traduite.

Il en est de même de la cause. Jamais rien n'a été donné seulement comme cause dans une perception ; le mot *cause* désigne l'impression universellement éprouvée de la coïncidence de deux phénomènes. La forme même de notre impressionnabilité nous donne la possibilité d'une perception simultanée de phénomènes divers. Il en est résulté une conviction assurée : c'est que toujours certains phénomènes coïncident avec d'autres phénomènes. Il n'est point nécessaire de faire intervenir ici l'idée de succession. Par exemple, le feu nous réchauffe ; il est pour nous une *cause* de chaleur. Que veut dire ici le mot *cause*? C'est que le phénomène de la combustion est toujours associé en nous à la sensation de chaleur ; la vue du feu ne va jamais sans cette sensation. Nous apercevons par là que l'action d'où résulte la vue de la combustion nous fournit en même temps l'impression particulière du chaud. Or, ce qui est vrai de la combustion, l'est aussi de tout autre phénomène ; il n'est aucun rapport entre des objets extérieurs qui ne soit en même temps une impression pour nous. C'est cette association constante d'un fait extérieur avec un fait sensible, d'une action extérieure avec une action impressionnante, qui est exprimée par le mot *cause;* se trouvant universellement perçue, elle a engendré, pour l'expression qui la rend, un caractère absolu d'universalité et de nécessité.

Nous l'apercevons clairement par cette analyse : il n'y a rien dans les expressions universellement applicables qui ne puisse être réduit à une impression universelle. Le caractère de l'expression se trouve toujours dicté par le caractère de l'impression. L'expression d'un objet, chose limitée, est toujours une expression particulière et objective se réalisant par la définition. L'expression d'une impression générale ne peut, au contraire, être dépouillée du caractère de généralité. Enfin, l'expression universelle d'être, de cause, et toutes autres expressions semblables, correspondent simplement à des faits universels.

La formation des expressions universelles et nécessaires n'entraîne donc nul besoin d'une faculté spéciale, et ce rôle spécial n'appartient pas davantage à un mode particulier de l'action intellectuelle appelée **abstraction**, qu'à un autre mode particulier que l'on appellerait *raison*. Les expressions universelles sont nécessairement des expressions abstraites, puisqu'elles désignent un simple fait, au lieu d'être la dénomination d'un objet réel ; mais c'est là un caractère qui leur est commun avec toute espèce d'expression par le langage ; nous l'avons démontré, une faculté spéciale n'a rien à faire ici. L'abstraction considérée comme un pouvoir particulier n'est elle-même qu'une entité imaginaire.

Il en est de même de la *raison* ; la raison n'est point une faculté spéciale ayant des pouvoirs particuliers et pouvant atteindre des hauteurs inaccessibles pour le reste de l'esprit. En vain on se plaît à s'entourer ici des nuages les plus impénétrables ; intelligence ou raison, c'est tout un. La vraie raison, comme le dit le vrai langage, c'est le bon sens, c'est l'accord naturel et sans trouble de tous les résultats de notre sensibilité. Cet accord se traduit par la production d'expressions exactes, montrant avec précision le phénomène dont l'impression veut être rendue ; il se traduit encore par l'intelligence avec laquelle les expressions formées sont décomposées et livrent tous les secrets des phénomènes qu'elles recouvrent. Reconnaître ainsi la valeur des conceptions de l'esprit, faire à chacun et à chaque chose sa vraie part, savoir discerner tout ce qui tombe sous nos sens, savoir reconnaître le sens exact des expressions de soi-même et d'autrui, voilà tout le rôle de cette faculté, sur laquelle on a vainement, de parti pris, amoncelé l'ombre la plus touffue. Le domaine de la raison, c'est le patrimoine commun des hommes considérés comme ayant un mode identique de sentir et de s'exprimer. C'est par conséquent l'ensemble des idées sur lesquelles tous les hommes tombent d'accord, parce qu'ils ont tous une même organisation. Les défauts graves de quelques-uns d'entre eux, sous le rapport de la puissance intellectuelle, en font des êtres privés de *raison*, privés de la jouissance des pouvoirs les plus ordinaires de l'esprit humain. *Ubi eadem ratio, idem jus*, disent les jurisconsultes. Tous les hommes, dirons-nous, ont une même raison en tant qu'ils ont une même organisation et une même éducation. Il n'est pas absolument nécessaire, pour arriver à une solution si claire, de se demander s'il y a un rapport possible entre le fini et l'infini, et de faire de la raison une espèce de révélation permanente. Ce sont là de ces bavardages infinis qui doivent disparaître à jamais de toute science et faire place au soleil de la vérité.

En définitive, toutes les opérations intellectuelles ne sont qu'un seul et même acte, la contemplation d'une expression formée, et l'analyse des phénomènes que cette expression représente. Nos sens nous fournissent des impressions, notre organisation à son tour produit spontanément des expressions qui y correspondent. La réflexion sait retrouver sous ces expressions les impressions de toute espèce qui sont venues s'y amalgamer par les nécessités même de notre mode de représentation. Cette opération, dont tout le fondement repose sur l'association permanente de l'impression et de l'expression fixées par le langage, porte tour à tour les noms de réflexion, analyse, déduction, raisonnement, jugement ou raison, suivant la nature des expressions auxquelles elle s'applique. C'est là ce qui constitue l'ensemble des phénomènes de l'intelligence, et nous apercevons qu'ils sont un résultat des phénomènes de formation de l'expression. C'est là, à proprement parler, le domaine de la pensée ; l'impression, en ressuscitant sous sa forme expressive, n'est plus un fait purement externe, elle est au contraire un fait purement interne. Par là, l'être impressionnable est amené à trouver devant lui l'expression dans un état d'isolement de tout rapport avec l'impression, et la contemplation de cette expression lui paraît une vue du dedans dont il ne saisit plus le rapport avec les faits ordinaires d'impressionnabilité.

Dans cet état, la pensée n'est plus reconnue avec l'ensemble des conditions d'où elle dépend. L'identité originelle de l'expression et de la pensée est perdue de vue, et c'est là le fondement de cette persistance, de cette obstination jusqu'ici inébranlée, qui refuse de reconnaître les rapports de la pensée avec les phénomènes où elle prend vraiment sa naissance et sa source. Lorsqu'en effet on fait abstraction de toutes les conquêtes successives qui ont marqué les étapes de la réflexion humaine, lorsqu'on oublie tous les échelons successivement gravis, on arrive aisément, en se payant de mots et d'abstractions, à se faire illusion sur la valeur d'une distinction inféconde. Entre les impressions des premiers êtres où s'ébauchait le langage et la méditation des lois universelles du monde, il semble qu'il n'y ait rien de commun, et pourtant l'analyse vraie et sincère des faits de la réflexion ne permet pas de douter de l'identité originelle.

Il nous sera aisé maintenant de déterminer d'une manière exacte l'acte intellectuel que la philosophie de ce siècle a appelé la conscience du *moi*, acte dans lequel elle a voulu trouver la base de toute une théorie de la substance caractéristique de l'être humain. La conscience du *moi* n'est autre chose que la perception de la vie nerveuse. Le *moi*, c'est l'être nerveux lui-même se distinguant comme un être particulier et constant au milieu des variations infinies des impressions qui s'exercent sur lui. La distinction qui est ainsi faite s'incarne nécessairement dans une expression particulière et, pour le philosophe, cette expression particulière est le *moi*. Le *moi* est donc l'être ayant conscience de lui-même et affirmant sous une *forme expressive distincte* l'existence toujours persistante qui le différencie des autres êtres. Cette existence apparaît avec un caractère d'identité et de continuité dans toutes les impressions possibles. La vie nerveuse, en effet, présente un fait toujours observable, c'est qu'elle ne chôme jamais d'impressions.

Il ne faut, pour saisir un fait de ce genre, ni une observation bien attentive, ni des procédés scientifiques bien développés ; aussi tout le monde a-t-il conscience de sa propre vie : c'est la plus simple des affirmations possibles ; mais cette conscience s'évanouit aussitôt que la vie nerveuse cesse d'être en communication régulière et organique avec l'extérieur. L'être nerveux peut bien avoir conscience de lui-même par ses propres impressions et la réflexion qui en résulte, mais il cesse d'avoir cette conscience aussitôt qu'il n'y a plus pour lui d'impressions. C'est précisément ce qui arrive pendant le sommeil. La conscience y disparaît, parce que la vie nerveuse affaiblie ne se trouve plus en communication avec l'extérieur. Pourtant, l'affaiblissement nerveux n'y est point tel encore qu'il n'y ait possibilité de quelques impressions indistinctes qui forment les rêves. Mais dans l'évanouissement ou syncope, la possibilité d'être impressionné faisant absolument défaut, il y a interruption absolue de la conscience du *moi*. C'est là un fait que notre conception de la vie peut seule suffire à expliquer d'une manière satisfaisante.

Quant à l'identité du mode de la vie nerveuse, elle se traduit par le sentiment de l'identité du *moi*. Il est aisé d'en apercevoir la raison. Toutes nos impressions s'exercent sur une organisation nerveuse qui ne change pas ; nous avons toujours quelque chose d'immuable dans notre manière de sentir et de penser : il ne faut pourtant pas s'y tromper. Cette identité est loin d'être complète. Il reste peu de chose dans l'âge mûr de l'identité de l'enfant, moins encore dans la vieillesse de l'identité du jeune homme. L'éducation, la réflexion, l'âge, le milieu, la maladie, exercent constamment sur chacun de nous une action modificatrice ; toutefois leur action ne saurait détruire absolument le vieil homme. Toujours on reste *soi* par quelque côté.

Voilà ce que nous savons avec certitude de l'être vivant qui est en nous. Cet être n'est point une résultante, un concert d'organes liés par une mystérieuse nécessité. Quel que soit celui de nos organes qui nous transmette une impression, nous nous y trouvons, nous nous y percevons comme une individualité vivante. Ni l'estomac, ni le sang, ni le cerveau même, ne peuvent prétendre à remplacer cet être partout présent, partout un et identique à lui-même. Cet être, c'est tout ce qui est nerf, tout ce qui jouit de la vie nerveuse, vie qui permet la conscience et qui seule la permet. Tout ce qui est nerf a une même manière de vivre, et ainsi se réalise nécessairement l'unité d'impression et d'expression, l'unité de réflexion, l'unité d'action. Les divers organes, même les plus indispensables à la vie de l'être nerveux, ne participent point pour cela à sa vie propre ; ils réalisent simplement le milieu indispensable pour que cette vie puisse s'entretenir. L'être nerveux pénètre en eux ; il y plonge et étend ses racines, et se nourrit ainsi dans ce bain de la chaleur sanguine entretenue jusqu'au fond des tissus les plus intimes par l'oxygène du sang artériel.

Les atteintes les plus irrémédiables à la vie sont celles qui sont portées à l'être nerveux lui-même. Combien d'organes dont la perte presque insignifiante n'affaiblit en rien la vitalité, la conscience, la volonté ! Avec une jambe ou un bras de moins, l'être nerveux n'en reste pas moins maître de lui-même, et il restait un véritable vivant ce vieux maréchal de Rantzau dont on avait pu dire :

Et Mars ne lui laissa rien d'entier que le cœur !

Mais toute atteinte au système nerveux se traduit au contraire immédiatement par une diminution de l'être et la mort arrive foudroyante dès que la section du nœud vital rend impossible l'action respiratoire, par conséquent l'absorption de l'oxygène et la production de la chaleur. Tout se réunit ainsi pour nous montrer la masse nerveuse comme constituant l'être vraiment animé, capable d'être ému tout entier de tout ébranlement extérieur, s'impressionnant des plus faibles mouvements de la moindre de ses parties, se sentant toujours lui, toujours lui-même dans ses plus vulgaires sensations comme dans les méditations de la réflexion la plus profonde, et trouvant dans la fidélité de ses procédés d'expression un moyen de reproduire le monde et de l'asservir à sa volonté et à ses besoins.

CHAPITRE XIV.

LE POUVOIR DE L'ESPRIT.

L'analyse à laquelle nous venons de nous livrer nous montre avec clarté le procédé de génération de nos idées. Nous venons de répondre à une question que Voltaire et Broussais avaient cru l'un et l'autre insoluble, celle de savoir comment on pense et ce que c'est que la pensée. Il nous devient aisé maintenant de nous rendre compte du pouvoir de l'esprit, et de trouver la juste mesure de notre confiance dans la compréhension scientifique de l'univers.

Le pouvoir de l'esprit se tire tout entier de la faculté du langage : à chacune de nos impressions correspond une expression distincte, et les expressions ainsi créées montrent en outre les liens des choses entre elles, parce qu'elles sont nécessairement empreintes d'un caractère de généralité.

S'il en est ainsi, nos connaissances ne sont autre chose que le souvenir ramené en nous par chaque expression d'une impression correspondante. Ce souvenir ne peut être fourni par un simple mot ; nos conceptions objectives ne peuvent se formuler que par un ensemble de mots, et c'est l'ensemble de mots par lequel nous peignons un objet qui constitue pour nous l'idée des choses. Il n'y a donc rien de ce que nous connaissons qui ne soit un rapport né directement de notre impressionnabilité. Ce qui existe pour nous, c'est ce qui a pénétré en nous, et c'est là le premier axiome de toute théorie de la certitude.

La connaissance que nous avons de nos impressions n'est autre chose que l'expression qui en est conservée et qui se trouve communicable aux autres hommes. Cette connaissance est toujours exacte lorsqu'elle se borne à l'emploi d'un mot déterminé pour une impression déterminée, mais il se présente immédiatement des difficultés, lorsque l'expression se complique et veut correspondre à un ensemble objectif ; alors, en effet, la peinture de l'objet, son idée complète, ne peut être atteinte d'une manière aussi facile.

Nous avons déjà suffisamment indiqué l'origine de cette différence dans nos modes d'expression, et nous pouvons en tirer quelques conséquences nouvelles. Lorsque l'expression est considérée comme indépendante de toute attache objective, lorsqu'elle ne fait que traduire une impression purement intérieure, rien de plus simple que la connaissance qu'elle fournit. Par exemple, l'adjectif *fade* nous représente une sensation du goût, et cette sensation est réveillée en nous par l'emploi de ce mot. Il en résulte une connaissance commune pour tous les hommes qui usent de ce mot. Pour chacun d'eux, en effet, l'idée de la sensation du *fade* reparaît chaque fois que le mot *fade* est prononcé. Dans tous les cas semblables, le mot représentatif suffit à sa mission et fournit à lui seul une image: c'est ce qui arrive chaque fois qu'un adjectif est employé. Dès l'instant que l'impression du *fade* s'est trouvée associée à ce mot, elle reparaît en nous et en autrui comme connaissance chaque fois que le mot est prononcé. En tant que peinture des impressions purement intérieures, il n'y a aucune autre connaissance à attendre que celle qui résulte de cet emploi d'un mot approprié à un fait ; seulement, voici ce qu'il est essentiel de remarquer.

Les connaissances de ce genre n'ont point un caractère fixe et ont toujours quelque chose de très-vague. Le mot *fade* signifie pour tout le monde à peu près la même chose, mais non pas exactement la même chose. L'impression que chacun de nous associe à ce mot varie de beaucoup de degrés et a une infinité de nuances, en sorte qu'elle n'est pas connue d'une manière précise et pourrait servir de sujet à des discussions perpétuelles.

Il en est ainsi chaque fois que nous n'envisageons les objets qu'au regard de nous-mêmes et comme cause d'impressions purement personnelles; mais il n'en est pas toujours ainsi, et ce rapport immédiat des choses avec nous n'est pas le seul qu'il nous soit donné d'apercevoir. Déjà nous l'avons montré ; nous pouvons percevoir les objets comme coexistants, nous pouvons comprendre la simultanéité de plusieurs formes, et par conséquent les distinguer et les noter dans les modifications qu'elles peuvent subir, et qui se trouvent coïncider avec telle ou telle forme nouvelle. Les objets nous apparaissent ainsi en relation les uns avec les autres, c'est-à-dire que telle forme étant donnée, telle autre forme est nécessairement donnée avec lui. Or, ce sont ces relations constantes entre certaines formes qui constituent l'objet propre de toutes les sciences et que nous appelons des *lois*, expression qui s'applique à tout ce qui est ordre constant de perception de certains phénomènes.

Qu'est-ce par exemple que la loi de la solidification de l'eau ? C'est que l'eau devient glace chaque fois qu'un thermomètre marque zéro ; c'est-à-dire : une certaine forme de l'eau coïncide avec une certaine forme du liquide enfermé dans le thermomètre ; l'une de ces formes étant donnée, l'autre est donnée aussi, et l'association constante de ces deux faits ayant conduit à leur donner une expression commune, cette expression commune est ce que nous appelons une loi, c'est-à dire elle est l'expression de l'enchaînement constant qui a été saisi entre deux formes particulières.

Voilà la véritable valeur des lois scientifiques ; elles ne sont autre chose qu'une expression unique prenant naissance par suite de la coïncidence perpétuelle de deux faits qui se trouvent ainsi n'en faire plus qu'un ; la loi se trouve ébranlée et reçoit une atteinte dès que l'on peut noter quelques discordances dans l'apparition simultanée qui avait donné lieu à l'expression. Une science est fondée le jour où un certain nombre de faits se trouvent cimentés l'un à l'autre d'une manière indélébile: dans une science, tout se tient, aucun fait n'est isolé ; les faits encore isolés sont incompris, et pour être intelligibles il faut qu'ils puissent être rattachés à d'autres faits déjà entrés dans cet ensemble expressif qu'on appelle une *science*.

Ces remarques nous conduisent à une idée précise de

ce qu'il faut entendre par science et connaissance. Nous y trouvons trois degrés : le premier, le plus simple, c'est la dénomination d'une impression, c'est l'accouplement d'une impression avec un mot, c'est l'apprentissage d'une langue ; puis vient un second degré, la distinction des formes et des objets et la constatation des impressions qui leur sont constamment associées : c'est connaître par exemple, à l'aspect d'un fruit, qu'il est bon ou mauvais ; c'est sentir de l'antipathie pour l'un, de la sympathie pour l'autre. Tout cela, c'est faire acte de jugement individuel. Tous les hommes sont plus ou moins capables de ces jugements et, dans ce sens, le jugement n'est pas une œuvre scientifique.

Mais il y a un troisième degré, c'est la science, c'est-à-dire, comme nous l'avons montré, l'accouplement de certains faits extérieurs dans une expression commune, et cette expression commune est la connaissance la plus élevée que nous puissions atteindre. Car cette connaissance est un raccordement de faits qui nous sont étrangers, en ce sens qu'ils ne font dominer en nous aucune impression personnelle de plaisir et de satisfaction, ou de chagrin et de peine.

Voilà comment nous arrivons au savoir. Nous exprimons dans les sciences des rapports entre les formes extérieures ; dans nos jugements personnels, des rapports entre ces formes et nous-mêmes, de même que nous exprimons souvent de simples impressions sans aucun caractère objectif. Mais, dans tous les cas, il est aisé de voir que toutes nos sciences ne peuvent avoir et n'ont aucune autre base qu'un fait *d'expression* né d'une *certaine concomitance d'impressions*.

Dès lors, quelle est la chose que nous savons, en quoi

consiste le pouvoir de l'esprit ? La réponse nous est facile ; ce que nous savons, c'est ce que nous sentons; le pouvoir de l'esprit, c'est d'exprimer, de noter, de distinguer par des traits spéciaux tout ce qui nous impressionne. Le monde nous est connu comme chose sentie, et il ne peut nous être connu autrement. Toutes nos connaissances sont un ensemble de rapports entre nos sens et ce qui les entoure, et expriment ces rapports. On en voit la conclusion ; il ne faut point dire comme les sceptiques, et en dernier lieu comme Kant, il ne faut point dire : les choses ne nous montrent qu'un côté de l'univers, nous ne les apercevons point telles qu'elles sont réellement, nous n'en connaissons que les apparences ; à tort, encore, l'on ajoute : l'en soi des choses nous échappe et toutes nos connaissances ne doivent être considérées que comme de perpétuelles illusions.

Au contraire, ce qu'il faut dire, c'est que nous connaissons les choses en tant que nous les sentons, et nous n'avons aucune idée d'une connaissance qui ne se relierait point à une sensation. Connaître, c'est donner son nom à une impression et la ressusciter par ce nom pour les autres hommes. Ce qui est ainsi exprimé, ce n'est pas l'apparence des choses, c'est leur action sur nous, et il n'y a rien là qui mérite d'être appelé une simple illusion. Il peut y avoir de simples apparences, lorsque nous établissons un rapport inexact entre une sensation donnée et la forme extérieure à laquelle nous la rapportons, et sous ce rapport nous sommes sujets à l'erreur. Mais la sensation elle-même n'est jamais une apparence ; elle est, elle existe et ne nous trompe pas. En somme, il est bien clair que les choses n'existent point pour nous en dehors de ce que nous en pouvons sentir, mais il n'y a là rien qui autorise le scepticisme. Ce que nous voyons revêtu de la couleur bleue est réellement revêtu de la couleur bleue, c'est-à-dire, est réellement disposé de manière à nous faire éprouver la sensation du bleu, et c'est cette disposition qui est le bleu lui-même ; il n'y a pas d'autre bleu en soi que le bleu que nous voyons, car le bleu ne peut être perçu que par une organisation douée du sens de la vue.

De même la pierre dont nous sentons les rugosités est réellement rugueuse, c'est-à-dire, organisée de manière à impressionner notre tact de certaine façon. Il n'y a rien autre qui corresponde au rugueux en soi, et il n'y a rien non plus qui corresponde à la pierre en soi. Ce que nous appelons pierre, c'est un objet limité présentant un ensemble constant de certains caractères, et l'objet ainsi désigné existe pour nous dans la mesure des impressions qu'il nous fournit. Cet objet existe pour nous en tant que forme, et c'est comme forme qu'il est dénommé et connu ; il n'y a donc pas une apparence de bleu, une apparence de rugueux, une apparence de pierre. Toutes ces choses existent comme fournissant certaines impressions, et c'est ce qui en eux produit ces impressions que nous désignons avec toute raison par des mots particuliers et qui forment l'objet de nos connaissances.

En réalité, donc, bien loin que nous en soyons réduits à supposer dans les choses qui nous entourent un en soi inaccessible, il est absolument certain que toute chose qui est ne peut être quelque chose que comme cause d'impression. Il n'y a que ce qui n'est pas qui ne puisse pas impressionner. Nous ne pouvons pas plus recevoir des sensations à cause de rien, qu'il n'est possible à un être non impressionnable de connaître quoi que ce soit. Rien n'existe pour la pierre ; pour les êtres sensibles seuls, le mot *être* peut avoir une signification.

Il est vrai que notre impressionnabilité n'est point sensible à tout, mais les choses qui nous échappent, si elles se révèlent un jour, se révèleront ce jour-là comme choses sensibles. Les infiniment petits existaient avant le microscope, et ne nous ont été révélés que par lui ; mais, en nous étant révélés, ils ne l'ont nullement été comme l'en soi d'une autre chose. Lors qu'on soutient que l'en soi des choses nous échappe, si l'on veut simplement dire que notre impressionnabilité est bornée, qu'elle ne s'étend pas à tout, qu'elle n'a qu'une portée bien faible en présence de l'infini de l'univers, on aura mille fois raison. Mais ce n'est point là ce que le scepticisme entend par l'en soi des choses ; il suppose par là quelque chose qui serait invisible et *inaccessible* par *son essence*. Or c'est là ce qui est une supposition inadmissible et irraisonnée. Ce qui peut être supposé comme essentiellement inaccessible aux sens, est par cela même supposé comme n'ayant aucune existence. Car nous ne pouvons avoir aucune idée, même la plus vague, de quelque chose qui serait et qui pourtant serait dans l'impossibilité d'être rencontré par nos sens.

Aucune chose existante ne peut donc être autrement qu'elle ne paraît, car *son essence dicte nécessairement son apparence*. Ce qui paraît d'une chose, c'est l'impression qu'elle produit, et cette impression est un résultat inévitable, étant donnés, d'un côté, l'objet impressionnant et de l'autre une organisation sensible. Il n'y a donc aucune raison au scepticisme. Si nos sens étaient plus parfaits, ils nous fourniraient plus de rapports, mais non des rapports différents de ceux qui existent. Il est impossible que le feu cesse de nous faire sentir la chaleur, car, si cela était, c'est que nous cesserions d'être sensibles, et pourtant c'est bien le feu qui nous fait éprouver la chaleur, car nous ne l'éprouvons qu'en présence du feu. Il n'y a donc pas à douter de l'exactitude des rapports que nous percevons, et nous sommes assurés au contraire qu'ils sont parfaitement exacts dès qu'ils sont parfaitement exprimés.

Nous apercevons clairement ainsi que ce que nous appelons *existence* n'est autre chose qu'un rapport entre un être sensible et d'autres êtres, et pourtant il faut bien convenir que les choses seraient, lors même que des êtres sensibles n'existeraient pas. Les choses qui nous entourent ne sont pas seulement au regard de nous-mêmes; elles subissent et provoquent des transformations mutuelles, et ces transformations, nous l'avons montré, sont indépendantes de notre mode de sentir, puisqu'elles sont constatées sans qu'aucun changement s'opère dans nos organes. L'expression que nous donnons à ces faits est d'ordre purement scientifique, parce qu'elle est indépendante de toute modification de nous-mêmes qui serait capable d'en troubler la sérénité.

Les sciences ne se composent réellement que de cet ordre de faits. Eux seuls fournissent la possibilité d'une expression vraiment constante et régulière. Non-seulement ces faits peuvent être traduits sous une forme indépendante de toute intervention intéressée, mais encore seuls ils peuvent se prêter à une expression complétement commune à tous les hommes, parce qu'il n'est pas nécessaire d'y tenir compte des différences d'impressionnabilité qui les séparent si fréquemment les uns des autres. L'expression 10 degrés de froid, représente une notion scientifique ; l'expression un froid vif, au contraire, n'a plus rien de la science. Nous en comprenons la raison : un froid vif, peut l'être plus ou moins pour chacun des hommes ; leurs impressions à cet égard varient avec leur complexion sensible. 10 degrés de froid, au contraire, représentent une échelle thermométrique, c'est-à-dire le rapport de deux ou plusieurs corps absolument indépendants de nous-mêmes et des tempéraments les plus différents. Nous pouvons éprouver du froid alors que d'autres à côté de nous éprouvent une sensation de température agréable ; l'air extérieur est pourtant le même pour eux et pour nous ; la diversité des tempéraments suffit à expliquer la différence des impressions. De même, tel homme est capable d'une vue distincte et précise à une distance où pour d'autres il ne saurait y avoir que confusion. Mais il n'en est plus de même pour les rapports des choses entre elles. Dès que nous les apercevons, ces rapports sont nécessairement pour d'autres ce qu'ils sont pour nous. Nous plaçons, par exemple, un vase d'eau sur le feu ; au bout d'un certain temps, ce vase placé plein est trouvé vide ; voilà le phénomène de l'ébullition constaté, et cette constatation s'impose à tous ceux qui jouissent à un degré quelconque de la vue ; pourquoi cela ? Parce que le rapport des objets extérieurs entre eux n'est nullement soumis aux variations de la faculté optique. Nous pouvons voir plus ou moins nettement, mais le rapport s'impose à tous ceux qui voient dans la mesure où la vue leur est possible. La vue, en effet, est la délimitation des formes ; or, cette délimitation existe en dehors de nous-mêmes : il y a là un fait indépendant des variations de notre sensibilité particulière. Ni le télescope, ni la loupe, ne modifient les rapports fournis par la vue ; c'est que ces rapports ne sont pas susceptibles d'altération. Etant donnés comme résultat d'une juxta-position extérieure, ils ne peuvent tomber sous la domination des troubles de notre intérieur. L'extérieur n'existerait point pour un monde d'aveugles, il existe dès qu'il y a une organisation de la vue et dans les limites de cette organisation. C'est là ce qui fournit la possibilité de faire les sciences, c'est-à-dire de donner à une certaine catégorie de faits une expression absolument identique pour tous les hommes.

Les sciences ne peuvent donc comprendre que des faits généraux, c'est-à-dire, des faits que toutes les organisations humaines constatent nécessairement de la même manière. Tout ce qui est du domaine de l'impressionnabilité privée ne peut rentrer dans le domaine scientifique. Pour se former et s'étendre, les sciences ont nécessairement recours à des formules très-générales que le langage seul a pu fournir. Le langage, de nécessité propre, est, nous l'avons montré, une généralisation inconsciente. A cette généralisation inconsciente, la science substitue une généralisation réfléchie. Elle associe des phénomènes dont le rapport n'avait pas été immédiatement saisi. Un nouveau groupement de faits a lieu, et ce groupement nouveau, fondé sur la perception de rapports perpétuellement identiques, est devenu la base de la puissance de l'homme sur la nature. Le pouvoir civilisateur des sciences se trouve ainsi rattaché par la liaison la plus étroite à ce phénomène général et primordial du langage que nous ne cessons de retrouver devant nous comme la seule donnée caractéristique de l'humanité.

Ceci bien compris, nous savons quelle est la véritable matière des sciences et pourquoi elles ne nous trompent pas ; et pourtant il est si aisé sur ces questions de tomber dans des confusions irréfléchies, que nous avons vu et que nous voyons encore discuter sur la valeur des raisons que nous avons de croire à un monde extérieur.

On a souvent soutenu que l'homme ne pouvait sortir de lui, et que sa croyance à des êtres autres que lui ne pouvait être appuyée par aucune démonstration péremptoire. Déjà l'exposé que nous venons de faire montre suffisamment l'inexactitude de ces doctrines sceptiques. Les choses extérieures nous sont données comme de simples formes, et ces formes sont indépendantes de nous-mêmes: voilà ce que nous n'avons cessé de montrer en établissant le vrai caractère de nos idées et les faits auxquels elles correspondent.

Ce que nous savons de l'extérieur, c'est que nos yeux nous permettent de délimiter des formes, et que ces formes sont constamment associées avec d'autres sensations nous arrivant par les autres sens et qui toutes sont caractéristiques de ces formes elles-mêmes et en constituent les propriétés. Voilà ce que nous savons, et de ce monde extérieur nous n'avons aucune raison de douter, car nous n'avons aucune connaissance d'un monde extérieur autre que celui-là, et celui-là s'impose nécessairement à nous par nos impressions.

Mais une forme particulière de scepticisme s'élève ici et demande une dernière réponse.

Nos impressions elles-mêmes, dit-on, sont trompeuses; nous ne pouvons nous y fier ; il n'y a aucun criterium permettant de distinguer l'impression que nous croyons réelle, de celle que nous considérons comme une simple hallucination. Tel est particulièrement le langage du scepticisme le plus récent.

Pour y répondre, il nous faut examiner avec soin les caractères des phénomènes sur lesquels on s'appuie et qui engendrent cette confusion ; nous devons trouver dans cette analyse les éléments d'une solution satisfaisante.

Les cas de délire, de folie, de rêves et autres analogues nous montrent, dit-on, que nous pouvons ressentir des impressions absolument trompeuses ; une réponse très-simple semble pouvoir être faite immédiatement, c'est qu'il y a évidemment un moyen d'en distinguer les impressions réelles, puisque cette distinction est faite au bout du compte d'une manière constante et avec une incontestable sûreté.

Il importe fort peu au fond que les amputés soient sujets à ressentir quelquefois des sensations absolument pareilles à celles qu'ils auraient eues s'ils avaient conservé le membre absent, si d'autre part les amputés ne s'y trompent point et savent parfaitement qu'ils n'ont réellement pas ce membre. Or, c'est ce qui a lieu, et cela montre qu'il y a un moyen de distinguer le vrai du faux, de discerner les impressions réelles des impressions imaginaires.

Impressions imaginaires, voilà le mot qui peut nous servir ici de fil conducteur. L'impression imaginaire est celle qui naît simplement d'une image au lieu de résulter de l'extérieur.

En réalité, dans les cas de rêve, de démence, d'hallucinations, il n'y a pas de fait extérieur, il n'y a pas ce retentissement de l'extérieur à l'intérieur que nous appelons impression, il y a simplement apparition d'une image et impression imaginaire.

Ce qui se passe dans tous ces cas est absolument identique aux impressions qui naissent en nous par l'échange des idées. Une lecture, un discours, une représentation scénique, font naître en nous des images, c'est-à-dire rappellent en nous des faits non présents. De même, un rêve, une hallucination, un égarement mental, ne sont autre chose que la réapparition expressive de faits non présents ; toute la différence de l'un des cas à l'autre consiste dans la plus grande netteté de l'image dans ces derniers cas. Cette plus grande netteté tient à ce que l'image se trouve seule en scène lorsqu'il y a rêve, hallucination ou folie, et c'est là ce qui cause l'illusion de la vérité. Dans les cas ordinaires, l'image fournie par un signe quelconque ne peut sortir de son rôle d'image, parce que tout ce qui l'entoure proteste contre l'usurpation qu'elle pourrait faire de la réalité. Il n'en est pas de même dans les cas hallucinatoires. L'image s'y présente seule, rien ne s'insurge contre son pouvoir ; dans les cas ordinaires, à côté de l'image vous voyez une foule de faits qui sont avec elle sans aucun rapport : ces faits vous rappellent à ce qui est réel ; il faut choisir, ils n'entrent point avec l'image dans un même cadre. Au contraire, une image solitaire s'impose avec la même puissance qu'un fait réel, car elle est elle-même un fait, et ce fait est sans contradicteur et pèse seul sur l'esprit.

Il n'y a aucune formation d'image qui n'ait un caractère identique à un fait expressif ; toujours elle suppose une association antérieure, ⋯ formée par suite de laquelle un phénomène se trou⋯ plicitement rappelé chaque fois que surgit le fait avec lequel il est en société intime. De même que nous avons expliqué la pensée comme la réapparition d'une impression associée à un mot, de même les faits d'hallucination sont la réapparition d'une impression amenée d'une manière inconsciente. La pensée, a dit M. Taine, est une hallucination vraie ; cela est exact au fond ; mais cela ne peut donner une idée précise qu'autant que le mot hallucination sera lui-même parfaitement clair. Or, nous définissons ici l'hallucination, et nous en faisons comprendre la vraie nature. L'hallucination est un fait du même ordre que celui de la pensée ; c'est une réapparition d'un phénomène par suite d'un phénomène connexe, et c'est là le caractère général de tous les faits que nous appelons faits intérieurs. Tandis que la pensée fait apparaître en nous des images au moyen de l'emploi de certains signes expressifs, l'hallucination est aussi l'apparition d'images liées à des faits moins bien caractérisés: dans le délire fébrile, c'est un certain afflux du sang ; dans le délire maniaque, c'est la préoccupation perpétuelle de certaines idées, c'est-à-dire la formation perpétuelle de certains mots ; dans les cas de mysticisme et d'extase, c'est encore une perpétuelle obsession de certaines images renaissant avec des pratiques religieuses ininterrompues. Il en est de même de tous les faits imaginaires ; ils ont pour base un fait non imaginaire avec lequel ils sont associés et dont l'apparition entraîne leur réapparition.

Rien de semblable dans l'impression réelle ; elle n'a rien d'imaginaire ; elle ne se produit point par connexité avec un autre fait ; au contraire, elle est directe, elle est la pénétration du monde extérieur dans l'être impressionnable ; toujours et partout elle est un simple mouvement propagé et continué en nous-mêmes sans que nous y mettions autre chose de nous-mêmes que le caractère spécial de notre organisation nerveuse.

L'image, il est vrai, produit quelquefois l'illusion de la réalité, mais c'est à la condition d'être absolument exclusive. La moindre parcelle du vrai suffit à chasser les mensonges de l'hallucination. Une impression, quand elle est réelle, n'est jamais seule. Nous percevons d'un même coup d'œil des phénomènes tout à fait différents, et qui se limitent les uns les autres et forment un ensemble. Il en résulte que la marque la plus certaine de la réalité, c'est cette limitation réciproque des objets extérieurs qui ne nous permet pas de tomber sous la domination exclusive d'une seule impression. Un fait imaginaire, au contraire, ne concorde avec rien autre ; il n'y a rien à côté de lui, et dès l'instant qu'il est exposé au jour de la réalité, il se dissipe, c'est un fantôme. C'est pour cela que la nuit engendre si fréquemment les obsessions de l'hallucination ; pendant la nuit, il n'y a plus de limitation extérieure, il n'y a plus rien pour protester contre les troubles de l'imagination.

Ce qui caractérise surtout l'impression réelle et ne permet pas de la confondre avec les faits imaginaires, c'est que l'impression réelle est communicable aux autres hommes. On en comprend la raison. Tous les hommes se ressemblent dans une certaine identité d'organisation, et dans ces limites, ce qui est perceptible pour l'un d'eux est aussi perceptible pour les autres. Une impression extérieure produit nécessairement en chacun d'eux les mêmes effets ; il n'en est point de même de l'hallucination. Les faits de ce genre résultent, avons-nous dit, d'une connexité avec un autre fait. Mais ce qu'il faut remarquer, c'est que cette connexité est purement individuelle. L'association d'image qui fait les rêves et le délire n'est point le résultat d'une éducation générale comme celle du langage ; c'est un fait fortuit résultant d'une disposition absolument particulière à l'halluciné. Il en résulte que celui-ci ne peut communiquer son impression à qui que ce soit, parce qu'il ne trouve personne qui soit organisé comme il l'est lui-même. Le fait qui pour lui fait surgir l'image, n'a nullement pour d'autres une pareille signification. En vain, il montre l'objet que sa terreur lui représente transformé en monstre ou en divinité. Ni le monstre ni la divinité n'apparaîtront au vulgaire, parce que l'association d'idées qui amène la métamorphose n'existe qu'en lui seul.

Un dernier caractère enfin marque l'impression réelle; c'est qu'elle n'a rien de fixe, à chaque instant elle varie ; l'impression imaginaire, au contraire, semble coulée dans un moule définitif. Placez-vous en présence d'un vaste paysage, vos impressions changeront à chacun de vos pas. Tel point que l'on apercevait nettement, disparaît peu à peu ; tel autre, naguère imperceptible, se profile maintenant avec précision. Cette succession de nos impressions se produit d'une manière nécessaire, il ne dépend point de notre volonté d'y faire obstacle et d'en modifier les moindres détails. Une impression imaginaire, au contraire, se transporte avec nous, nous suit jusqu'au bout sans modification sensible, il suffit, pour qu'elle subsiste, que le fait qui lui donne naissance persiste comme cause d'impression.

Ainsi l'aspect d'un paysage s'évanouit lorsque nous

l'avons quitté, mais nous pouvons en conserver l'image. Cette image sera attachée par exemple à un nom de montagne ou de rivière et surgira chaque fois que ce nom sera prononcé. L'image ainsi ressuscitée ne sera plus mobile et fuyante comme le paysage lui-même, elle n'en a conservé que les grands traits, les lignes vraiment émouvantes, et ce qui est ainsi conservé reste comme pétrifié avec le mot dénominateur. Ainsi incrustée sous une forme légèrement indécise, l'image ne reproduit qu'une partie des impressions auxquelles elle correspond; de tout ce qui avait pénétré en nous par la porte de nos sens, elle n'a gardé que certains points saillants, elle a laissé les détails insignifiants et négligé les faits peu considérables, pour s'en tenir aux grands aspects, à certaines lignes dominatrices, à une certaine tonalité de coloration. Tout cela, ce n'est plus le phénomène du dehors, c'est seulement sa marque et sa trace, et c'est là à proprement parler une image, bien différente, nous le voyons, du phénomène de l'impression réelle. Cette image est vouée à l'immobilité, et elle est aussi incommunicable, puisque la signification du mot qui la rappelle ne s'impose nullement aux autres hommes comme le ferait une impression réelle.

Repoussons donc toute crainte sceptique. Toujours et partout on a su distinguer l'impression imaginaire de l'impression réelle, et nous venons de comprendre le principe de ce discernement. Si la confusion est quelquefois possible pour un homme isolé, elle n'est jamais possible pour un groupe d'hommes. Dès lors, les erreurs de ce genre sont intransmissibles, et l'édifice de la certitude peut s'élever avec sécurité sur le terrain du consentement commun.

Nous apercevons maintenant très-nettement tout ce qui est l'objet de notre connaissance et dans quelles limites il nous est permis de connaître.

Ce que nous connaissons, c'est ce qui est en rapport avec nous, ce qui nous impressionne, et nous faisons la distinction des choses d'après leurs rapports avec notre impressionnabilité.

Ces choses, nous les distinguons de nous-mêmes en tant que formes indépendantes de nos procédés de sensation, et elles sont pour nous des objets en tant que formes distinctes associées à tel ou tel mode d'impression.

Nous nous distinguons nous-mêmes en tant que sujet permanent accessible à des impressions diverses, nous distinguons ce qui est autre chose que nous-mêmes en tant que formes indépendantes des variations de notre sensibilité. Il n'y a pas lieu de renfermer nos affirmations dans les limites de notre propre existence, car les mêmes phénomènes qui nous avertissent de notre propre existence nous avertissent aussi des existences distinctes de nous. Si l'on admet que nous ne pouvons douter de nous-mêmes, il faut admettre aussi qu'il existe autre chose que nous-mêmes, car c'est une même impression qui nous fournit à la fois témoignage des deux existences. Toute espèce de certitude a donc un même fondement.

Les considérations que nous venons d'exposer nous montrent en quoi consiste le contact réel de l'extérieur et de l'homme. Nous sommes désormais en mesure de nous faire une idée exacte de la valeur de nos procédés expressifs. Aucune expression, quel que soit l'extrême degré d'abstraction où nous la trouvions parvenue, n'a de sens que par la possibilité qu'elle fournit de distinguer une impression possible. Toutes les formules mathématiques ont leur application dans le monde réel, parce qu'elles sont tirées du monde réel. Ce n'est pas notre logique qui gouverne le monde, quoi qu'en ait pu dire l'orgueil d'Hegel ; c'est le monde qui s'impose à notre logique, et celle-ci n'a de valeur que par la confirmation de l'expérience. Lorsque nous avons conçu une loi générale, formulé une expression scientifique, cette loi générale, cette expression scientifique, se trouveront reléguées dans le vieux musée des erreurs, aussitôt qu'on ne pourra plus y faire rentrer tous les faits observables. C'est l'histoire perpétuelle de l'esprit humain.

Dès lors, les idées considérées en général n'ont d'autre valeur que celle d'être une représentation exacte des faits observables, et les déductions les plus ingénieuses peuvent se trouver entachées d'erreur, si elles ne restent point en communication intime et constante avec les faits. Seule, la vérification expérimentale chasse le doute d'une manière définitive. C'est ce qu'il est aisé de montrer par le souvenir d'un fait récent encore. Lorsqu'un illustre astronome démontra par ses calculs l'existence d'une planète encore inaperçue au télescope, cette belle déduction reçut une éclatante confirmation par la découverte de Neptune. Tout doute s'évanouit sur la légitimité de la conception scientifique qui y avait conduit. Mais depuis lors, des inductions du même genre ayant conduit le même astronome à affirmer l'existence d'un astre planétaire plus voisin du soleil qu'aucun autre, ni la gloire de l'auteur, ni l'exactitude de ses données n'ont suffi et ne suffiront pour faire affirmer l'existence de cet astre, tant qu'il n'aura pas été rencontré au bout d'un télescope et produit ainsi une impression distincte sur un œil humain.

Nous apercevons ainsi pourquoi l'induction est l'instrument presque indispensable des découvertes scientifiques, pourquoi aussi elle ne peut nullement suppléer l'observation directe. Aucun fait ne peut résulter que d'une constatation matérielle ; il n'y a aucune probabilité qui puisse y suppléer ; mais la probabilité d'un fait induit à instituer des expériences pouvant faire apercevoir le fait présupposé, et la réussite de l'expérience se trouve un résultat légitime des raisonnements qui y avaient poussé.

L'induction est donc une déduction prématurée. Elle suppose entre certains êtres des rapports qui ne sont actuellement perçus qu'entre d'autres êtres plus ou moins semblables. Elle peut se tromper, parce qu'elle n'a pas en main tous les éléments du problème, elle ne possède pas toutes les conditions de la réalisation du fait qu'elle devine ; en effet, pour les posséder, il faudrait que le fait se fût produit et qu'une analyse précise en eût fait reconnaître les causes.

En somme, l'exactitude de notre science correspond à l'exactitude avec laquelle nous pouvons exposer nos impressions. Avoir pour chaque impression possible des signes précis, faciles à conserver dans la mémoire, pouvant aussi se graver pour la postérité par l'art scriptural, voilà la première nécessité, voilà le premier besoin expressif à satisfaire ; c'est par là qu'il est possible d'obtenir la résurrection de l'impression sous la forme la plus satisfaisante. L'obtenir d'une manière complète est évidemment impossible, puisque nous avons montré que nos procédés d'expression négligeaient toujours et nécessairement certains détails ; nous ne pouvons atteindre la vérité de l'expression que dans les limites où nous pouvons obtenir la résurrection de l'impression; en ce sens, il est exact de reconnaître que la vérité absolue est pour nous un idéal inaccessible.

Mais faut-il pour cela faire de la vérité quelque chose en dehors de nous? faut-il, par le procédé ordinaire de la contemplation des expressions abstraites, tirer le mot *vérité* du milieu où il trouve son application réelle pour en faire un être résidant dans une sphère supérieure, incommunicable, où l'esprit humain peut à peine aventurer un regard ébloui? Aussitôt vous vous trouvez en face de l'enivrement et de la boursouflure ordinaire produits par une extase à moitié mystique. Il n'y a plus de philosophie, il n'y a plus de réflexion, il n'y a plus de vérité, du moment où commence cette prétendue contemplation de la vérité ; l'image tient ici la place de la réalité ; l'oubli de la portée réelle de l'expression est complet, et je ne sais en vérité s'il est beaucoup plus sage de reléguer la vérité dans un ciel inaccessible ou de la tirer du fond d'un puits.

La vérité n'est autre chose que la reproduction des impressions par nos procédés expressifs. La vérité absolue consiste dans la perfection de cette reproduction ; l'imperfection de nos moyens d'expression nous condamne au contraire à n'obtenir qu'une vérité incomplète. C'est cette imperfection qui est la cause de toutes les erreurs de l'esprit humain. Le langage est une photographie du monde, et sa grandeur est d'être le seul procédé expressif auquel il soit donné de pouvoir peindre le monde entier en quelques traits ; mais une telle peinture ne peut jamais être qu'une esquisse, négligeant les détails, laissant par conséquent dans l'ombre une grande part des phénomènes qui concourent pourtant à cette impression de l'ensemble.

Mais c'est là qu'il faut chercher notre impuissance du vrai et non ailleurs, et cette impuissance dès lors n'est point sans remède ; sans cesse nous sommes à la recherche d'une expression plus exacte que celle que nous avons devant nous, et cette recherche nous est imposée précisément par la comparaison que nous pouvons faire de l'impression réelle avec nos images. C'est cette comparaison permanente qui impose la recherche philosophique et qui obtient peu à peu une rectification plus ou moins entière des premières erreurs de l'expression. C'est là qu'il faut chercher la cause secrète du développement progressif de l'humanité, de la conquête qu'elle fait sans cesse de nouvelles connaissances, et de la domination de la nature à laquelle il lui est ainsi donné d'atteindre.

Toute connaissance est une reproduction d'impression, et le pouvoir de connaître n'est autre que celui de conserver en nous des images de la réalité phénoménale. Cette réalité produit en nous des impressions ; elle nous est connue en tant qu'elle nous impressionne et par son rapport avec nous-mêmes ; ce rapport n'est point seulement dicté par la nature de notre impressionnabilité, il l'est surtout par celle de l'objet qui nous impressionne. La sensation de chaleur est spéciale aux êtres animés ; elle est un rapport de leur impressionnabilité avec les objets possédant une certaine température ; elle suppose donc l'impressionnabilité et n'est possible que par elle, mais elle suppose aussi des objets en rapport avec la sensation produite et seuls capables de la produire. N'imaginons donc point qu'il y a dans nos impressions une domination absolue de notre propre organisation, et que nous ne connaissons rien que nous-mêmes. Ce point de vue (le scepticisme de Kant) est, quoi qu'on ait dit, profondément inexact. Les objets ne sont point métamorphosés par notre sensibilité de telle manière que dans nos impressions il ne reste rien d'eux-mêmes ; ce sont eux, au contraire, qui nous métamorphosent par l'action qu'ils exercent sur nous ; dans la sensation, nous ne sommes point actifs, nous subissons, et toute modification de nos sensations correspond à une modification extérieure.

Mais, dira-t-on encore, les êtres qui nous entourent ne sont point ce qu'ils nous paraissent ! En vérité, une telle affirmation est-elle le produit d'une réflexion bien sérieuse ? Veut-on dire que ces êtres pourraient nous produire d'autres impressions que celles qu'ils nous produisent, notre impressionnabilité restant la même ? Cette affirmation serait fausse, puisque tous les hommes sont d'accord pour ressentir des mêmes objets les mêmes impressions. Veut-on dire que si nos sens changeaient, nous ne verrions plus les choses de la même manière ? Mais il faut s'entendre ; si nous cessions d'être impressionnables, nous cesserions d'être impressionnés, cela est sûr ; le plomb ne sent point la chaleur comme nous, et pour une pierre, il n'y a rien qui existe à côté d'elle ; mais la suppression de la sensibilité humaine et animale laisserait néanmoins le monde tel qu'il est, c'est-à-dire prêt à produire des impressions du jour où se produirait un être impressionnable. Quant à l'impressionnabilité elle-même attachée à la forme nerveuse, il peut y avoir pour elle du plus ou du moins, mais, dès qu'elle existe, elle existe de la même manière ; il n'y a aucun être vivant qui n'ait par la chaleur une sensation plus ou moins identique.

En somme, toute connaissance correspond à une action sur nous, et ce qui n'agit point sur nous, ne peut être connu. Voilà le fondement de notre certitude, voilà la base inébranlable du pouvoir de l'esprit humain.

CHAPITRE XV.

LE SENTIMENT.

Les phénomènes de la pensée nous apparaissent désormais dans tout leur jour. Notre patiente analyse a dégagé peu à peu le secret de la formation des idées ; les facultés de l'esprit ont cessé d'être pour nous un monde inaccessible ; de degrés en degrés, nous avons pu nous élever jusqu'à un point de vue d'où les rapports de notre puissance pensante avec l'organisation particulière du corps humain se développent dans une harmonieuse unité. Ainsi, le voyageur gravissant péniblement jusqu'à un haut sommet, y embrasse aussitôt d'un coup d'œil les secrètes relations d'une chaîne de montagnes dont les pics, vus du fond de la vallée, semblent absolument indépendants. Désormais, la métamorphose de l'impression reste pour nous le fait dominant de tout le système de la pensée ; nous ne pouvons douter que la pensée ne puisse être considérée que comme une continuation d'impression passant à l'état d'expression communicable, et le fait du langage devient le fait essentiel de l'humanité, fait par lequel seul il est possible de la définir, puisqu'il en explique tous les mystères et a pu seul lui donner sa puissance. Ainsi se trouve parcouru peu à peu tout le champ du domaine de la pensée pure ; il nous faut maintenant jeter un coup d'œil sur l'être pensant en action et montrer les liens de la pensée avec les phénomènes de sentiment, d'action et de volonté.

Et d'abord, qu'est-ce que le sentiment? Quels sont les rapports de l'état ainsi désigné avec le phénomène de la pensée? Comment les sentiments naissent-ils en nous? quels sont les aliments par lesquels ils s'accroissent et se développent? Voilà les questions qui s'offrent à nos méditations et dont la solution doit être en concordance avec notre conception de la vie intelligente. Essayons par une exacte analyse d'arriver jusqu'à la définition cherchée.

Le sentiment n'est point l'impression d'un objet extérieur, et pourtant la langue nous dit assez qu'il faut y voir une émotion de l'être sensible; mais cet état d'émotion qui caractérise le sentiment n'est nullement identique avec le plaisir ou la douleur physique que peut provoquer la rencontre des objets extérieurs. Je n'insiste point à cet égard ; il est clair que, ni le chagrin provoqué par une perte de fortune ou de famille, ni la joie provoquée par un succès inespéré dans une entreprise, n'ont rien de commun avec l'impression physique, lors même que celle-ci produirait la plus vive douleur ou le plaisir le plus enivrant. Le sentiment n'a rien de ce retentissement immédiat de l'expression extérieure qui résulte du simple contact des sens avec le monde externe, et pourtant c'est un fait d'émotion, une mise en mouvement de la sensibilité; bien plus, ce n'est pas une émotion localisée, comme pourrait l'être la sensation ordinaire : la sensation a toujours son siége dans un organe déterminé; le sentiment, au contraire, n'a pas de point de départ précis auquel la conscience rapporte le plaisir ressenti, la douleur éprouvée. L'être est tout entier envahi par le sentiment; l'attitude, le geste, le rire ou les pleurs qu'il peut exciter, tout cela concorde avec l'émotion qui gouverne tous les sens, qui ploie l'être tout entier sous sa dépendance. On peut lutter contre une douleur physique et conserver malgré elle la pleine possession de soi-même; mais l'ardeur et la violence de certains sentiments ne font que trop souvent oublier tous les devoirs, tous les vrais intérêts.

Le sentiment n'est point non plus la pensée pure; il n'a rien de commun avec cette méditation calme, raisonnable, délibérée, qui peut précéder, qui précède souvent les actions des hommes. L'émotion sentimentale a quelque chose de spontané et d'instinctif; elle est en réalité l'impression produite par certaines pensées, et, par exemple :

Vous êtes en pleine mer, sur une frêle barque, sans autre secours que vous-même; l'orage est menaçant, le port est éloigné. Dans cette situation périlleuse, aurez-vous le cœur assez ferme pour ne pas éprouver un sentiment de crainte? D'où vient ce sentiment, comment se forme en vous cette émotion intérieure qui tout à l'heure peut-être paralysera jusqu'aux efforts qui vous pourraient sauver? Cette émotion n'a rien du caractère de la simple sensation; ni la vue des vagues, ni l'effort du vent, ni l'éloignement du port, ne seraient par eux-mêmes que des sensations insignifiantes sans le trouble apporté à la sécurité. D'où vient donc ce trouble lui-même ? Il naît d'une pensée qui s'est peu à peu développée en vous et qui maintenant vous domine. C'est que votre vie est menacée, c'est que votre raison vous montre votre faiblesse en face du péril grandissant et que vous désespérez de vous-même. Le sentiment est donc la pression d'une pensée ; ici, c'est la pensée d'un résultat funeste, pensée toujours présente, incessante, inexorable, tant que le péril est pressant. La possibilité du sentiment n'est donc autre que celle de la possibilité de la pensée, mais toute pensée ne fait point naître un sentiment ; il nous est aisé maintenant d'en distinguer la vraie origine.

Un sentiment est une pensée émouvante, et cette puissance d'émotion de certaines pensées tient simplement à ce que nous pouvons en certains cas considérer les choses comme ayant une influence sur nous-mêmes. La pensée nous met en présence des faits, nous permet d'en saisir les conséquences ; si ces conséquences nous touchent en quelque chose, nous sommes émus ; c'est là le sentiment saisi dans son caractère essentiel. Par la pensée, l'être humain discerne aisément quelles sont ses conditions d'existence : tout ce qui les modifie, modifie sa vie ; tout ce qui les améliore, amène une émotion de joie ; tout ce qui leur porte atteinte, un sentiment de peine. Le sentiment suppose donc la possibilité de la conscience, c'est-à-dire, la possibilité de la formation de l'idée du moi. Alors seulement peut naître ce genre d'émotion particulière. Tout sentiment naît de la pensée de ce qui peut nous toucher et nous atteindre ; en ce sens, le sentiment est un fait intérieur, une modification de nous-mêmes par nous-mêmes, un envahissement de nous-mêmes par notre pensée.

Cette émotion que nous venons de caractériser dans sa source aboutit nécessairement à une expression extérieurement saisissable. Il est impossible qu'un ébranlement quelconque du système nerveux n'ait point un retentissement dans les organes parcourus ; si l'émotion n'est pas très-puissante, elle n'entraînera qu'une expression fugitive et qui pourra passer inaperçue. Nous montrerons plus tard comment même une émotion forte peut se trouver comprimée en partie par l'effort d'une volonté supérieure, c'est-à-dire par l'ébranlement communiqué par une autre pensée. Dans ce cas, il y a lutte de deux sentiments, lutte intérieure se trahissant pourtant par des tressaillements, des gestes comprimés, par l'éclair du regard surtout, tour à tour ardent et voilé. Mais, quoique la lutte contre un sentiment profond puisse être entreprise, le plus souvent sa victoire immédiate conduit à des manifestations expressives irrésistibles. Et ce n'est point le langage qui fournit le plus abondamment ces premières expressions. Un cri soudain, un geste, puis les pleurs, le rire, la rougeur, la pâleur, l'agitation nerveuse, enfin la prostration et jusqu'à l'évanouissement, sont d'ordinaire les premiers témoins expressifs des grands mouvements qui ont pénétré la sensibilité jusque dans ses fibres les plus intimes. Lorsque l'expression orale intervient, c'est que la première oppression du sentiment se fait sentir avec moins d'empire.

Il est aisé de comprendre en effet que les sentiments vifs et profonds ne peuvent immédiatement trouver dans le langage une expression suffisante. Le sentiment est essentiellement individuel, puisqu'il est causé par des impressions absolument personnelles. Dès lors, il peut difficilement se contenter au prime abord de la représentation qui peut lui être fournie par les formes du langage oral avec leur banalité irrémédiable, puisqu'elles sont à l'usage de tous. Pour émouvoir, l'expression orale donnée au sentiment a besoin des ressources d'une forme particulièrement saisissante. C'est là ce qui fait les grands poètes. Eux seuls savent trouver pour leurs sentiments une expression originale et dédaignen le moule banal. Mais, malgré leurs efforts, l'art dramatique reste le seul art populaire ; seul, en effet, il peut reproduire avec tout leur cortége les grandes émotions du cœur humain ; seul, il peut montrer avec une réalité saisissante ces attitudes, ces gestes, ces regards, ces cris, ces sanglots sans lesquels un sentiment violent n'a pas son expression véritable. C'est aussi le secret du pouvoir de l'éloquence ; elle est aussi un art : elle fait naître, elle communique à tous, les sentiments d'un seul, parce qu'elle peut leur donner cette expression complète qui résulte de l'attitude et du geste, de la voix et de l'émotion même du regard.

Communiquer un sentiment, ce n'est pas seulement le faire comprendre, c'est en propager l'émotion elle-même, c'est associer un instant les autres à notre propre vie ; certes, cette communication n'est jamais complète. Il y a toujours autant de sortes d'émotions que de sortes de cœurs ; et cela est nécessaire. En vain, nous pouvons nous intéresser aux sentiments d'un autre ; sa propre émotion sera plus profonde, parce que lui seul est réellement touché. Il n'y a point ici comme dans la perception un fait extérieur se présentant sous un même aspect à tous les hommes. Les pensées émouvantes ont un caractère essentiellement individuel. Le bonheur ou la peine de l'un n'est point le bonheur ni la peine d'un autre. La perception d'un fait scientifique, au contraire, est la même pour tous les hommes.

Le sentiment nous apparaît maintenant avec son vrai caractère. Ce n'est point un fait d'impression sensible, mais le contre-coup d'une pensée ; et ce contre-coup ne résulte que des pensées où se trouve engagé l'intérêt personnel. Il en résulte une émotion profonde ; tout entier l'être est atteint, ébranlé, prêt à l'action, à la défense de lui-même. Seule, la pensée a la puissance représentative qui a pu mettre un être en présence de ses conditions d'existence. Le sentiment ne peut naître que par un certain développement de la pensée.

L'émotion sentimentale peut passer par tous les degrés et varie avec chaque tempérament ; elle varie aussi d'un peuple à un autre ; car l'éducation et l'instruction, en formant des mœurs distinctes en chaque nation, créent pour chacune d'elles une espèce de sensibilité particulière. La gamme des sentiments est immense dans les civilisations avancées ; chaque conquête sur la nature engendre un besoin nouveau, engendre aussi une sensibilité spéciale en rapport avec ce besoin. Ainsi, les sentiments artistiques, les émotions du beau, ne s'éveillent que pour ceux qui ont eu une éducation appropriée. De même, les sentiments d'honneur et de délicatesse varient aussi à l'infini d'un peuple à un autre, et dans un même peuple, d'une classe à une autre. La forme d'éducation des classes supérieures les rend accessibles à mille impressions trop délicates pour des nerfs moins surexcités. Les femmes, enfin, sont plus impressionnables, plus nerveuses que les hommes ; dominées par leurs sentiments, elles ne peuvent s'intéresser aux vues générales, elles dédaignent presque le point de vue scientifique. L'intérêt public les remue à peine ; en revanche, elles mettent une passion extrême pour tous les intérêts de leur vie privée, et y déploient une sensibilité plus vive. Tout peut les émouvoir, et elles donnent à l'expression de leurs sentiments une délicatesse dont les hommes les plus intelligents ne sauraient approcher.

Ainsi envisagée, la sensibilité est une question de tempérament. Nous nous trouvons ici en présence d'une action très-remarquable et très-remarquée de la constitution organique sur les dispositions morales de l'homme. Nous ne prétendons point entrer dans des détails souvent donnés, mais seulement tâcher de faire bien entendre comment une émotion plus ou moins vive peut se produire selon la différence des tempéraments.

Le tempérament n'est point un simple fait de la vie nerveuse, mais un rapport du système nerveux avec un certain ordre de faits du monde organique. Toute vie nerveuse est nécessairement en contact avec la somme des organes par lesquels la vie s'entretient. C'est de ce contact que naissent les dispositions particulières d'impressionnabilité qui constituent le tempérament. Nous apercevons par là que le tempérament d'un homme n'est autre chose que son impressionnabilité native en tant qu'associée à un ensemble particulier de faits organiques.

Que l'impressionnabilité puisse être modifiée par ses rapports avec la vie organique, c'est ce qui est évident, puisque c'est dans les organes que la vie nerveuse trouve ses conditions d'existence. Ainsi se comprend avec netteté ce fait si mystérieux de l'influence d'un certain ensemble organique sur la sensibilité, sur l'être moral.

Remarquons bien que nous n'entendons nullement montrer quelles sont les relations de tel mode de sensibilité avec tel ensemble organique. Il n'y a guère ici de lois générales, pas plus qu'il n'y a de types de tempérament absolument distincts. Nous n'avons actuellement nul moyen de faire voir pourquoi les gens bilieux sont ordinairement les plus tenaces dans leur volonté et leurs entreprises. Seulement le fait existe, et il ne peut nous surprendre, puisque la vie nerveuse trouve son support nécessaire dans le mode d'alimentation organique. Darwin a fait la remarque que les chats dont les yeux sont bleus sont ordinairement sourds. Toute l'influence des tempéraments sur la vie morale peut se résoudre en des observations de même nature.

Cette action du tempérament sur l'impressionnabilité nous fait comprendre comment l'illustre Bichat s'est trouvé conduit à considérer les passions comme une dépendance de la vie organique. Il est exact, en effet, de dire que nos passions ont une vivacité plus ou moins grande, une action plus ou moins décisive, suivant les divers tempéraments. Nos passions sont donc associées dans une certaine mesure au développement de certains organes. L'erreur de Bichat est d'en conclure que les sentiments et les passions sont des faits de la vie organique. A ce point de vue, son assertion est profondément fausse et détruit l'unité de la vie. De même que le sentiment, la passion n'est autre chose que l'émotion d'une pensée ; elle suppose par conséquent la vie nerveuse et se passe réellement dans le monde purement moral. Il n'appartient point au sang d'aimer ni de haïr, malgré les naïves croyances de nos aïeux qui s'imaginaient que le sang de la victime d'un meurtre recouvrait sa fluidité et s'échappait des blessures pour protester contre la vue du meurtrier. Mais l'émotion nerveuse dont l'expression traduit nos sentiments et nos passions, cette émotion d'une pensée puissante qui nous tient tout entier sous sa dépendance, cette émotion, disons-nous, peut être plus ou moins profonde suivant qu'elle se trouve associée à tel ou tel développement organique. Et là ne s'arrête point encore cette connexion intime. L'émotion nerveuse pénètre en chacun de nos organes, et par le mode de son mouvement elle peut y suspendre le cours du sang ou l'accélérer, elle peut produire tantôt l'évanouissement, tantôt l'apoplexie la plus foudroyante. Ainsi se réalise ce mariage si profondément intime de la vie organique et de la vie morale, action réciproque des organes sur l'être nerveux, de l'être nerveux sur les organes. Le sentiment n'en reste pas moins propre, essentiellement propre à la vie de la pensée, et n'acquerrait sans elle aucune espèce de développement.

Nous confondons ici dans un même point de vue les sentiments et les passions, et cette confusion s'explique. Une passion n'est point autre chose qu'un sentiment; elle est un sentiment permanent, elle est la domination perpétuelle d'une idée. Le sentiment proprement dit n'est qu'un état passager, une émotion résultant d'une idée bien vite disparue. La passion, au contraire, suppose une idée toujours présente, devenant la règle constante de toutes les actions d'un individu. Tout ce qui peut être dit sur le sentiment s'applique donc aux passions; leur point de départ est le même; seule, leur puissance est différente, suivant la fixité plus ou moins grande de l'idée génératrice, suivant la conception plus ou moins nette de l'intérêt vivant qui s'attache à tel ou tel résultat. Toute passion, comme tout sentiment, se produit dans la sphère des intérêts les plus vivants de chaque être.

Et pourtant, comment ne pas le remarquer et comment l'expliquer? Nos sentiments, nos passions même, peuvent souvent s'émouvoir par la pensée des intérêts d'autrui. Comment le bien d'autrui peut-il devenir pour nous un sujet d'émotion? Comment pouvons-nous être émus d'évènements qui ne touchent nullement à nos intérêts personnels? Quel est le mobile, quel est le secret de ces passions désintéressées par lesquelles les nobles âmes peuvent s'élever jusqu'aux sublimités de la charité? Qu'est-ce donc que cet amour qui sait embrasser l'humanité tout entière? Il y a là tout un ensemble de faits de la vie morale dont nous devons trouver la raison dans la constitution organique de l'être humain.

Il faut que nous puissions expliquer l'origine de cette impressionnabilité particulière. Les joies de la famille, l'amour, l'amitié, toute cette classe enfin de sentiments nobles et purs que nous voyons s'épancher dans les belles âmes, comment peuvent-ils naître, comment peuvent-ils émouvoir? S'il est vrai que l'être ne puisse être ému que lorsqu'il est atteint dans ses intérêts essentiels, dans ses conditions d'existence, comment expliquer ces vives angoisses qui nous assaillent pour les malheurs de nos proches et de nos amis? La réponse à ces questions contient la solution tout entière du problème de l'homme moral, et leur gravité est telle, qu'il n'est permis de les dédaigner à aucune philosophie digne de ce nom.

En réalité, l'homme sur lequel ont prise tous ces sentiments généreux, identifie sa vie avec celle des autres, et cette identification a paru tellement mystérieuse à quelques philosophes, qu'ils se sont efforcés de trouver dans tous les actes où elle se montre une résolution dictée par l'intérêt bien entendu. Dès lors, toute émotion sentimentale pour autrui naîtrait de la pensée d'un intérêt réel pour l'être ému, intérêt attaché au bonheur d'autrui ; ce serait cette perspicacité découvrant pour nous une source de bien ou de mal dans le bien ou le mal d'autrui, qui serait le principe de la vie de dévouement et de sacrifice.

Nous ne voulons point nier qu'un intérêt personnel ne puisse bien souvent se trouver à l'état d'alliage dans les actions qui paraissent les plus désintéressées ; mais la doctrine de l'intérêt bien entendu reste néanmoins radicalement insuffisante. Elle suppose, en effet, un calcul, un raisonnement calme qui ne se trouvent nullement dans la réalité. D'ailleurs, les actions généreuses tournent le plus souvent au préjudice de l'intérêt personnel. Combien de fois les désespoirs amoureux n'ont-ils pas conduit au suicide ? Combien de fois les dévouements de la charité ou du devoir professionnel n'ont-ils pas mené médecins et infirmières à une mort presque assurée ? Et dans la mêlée sanglante des batailles, quelle est l'âme capable de calculer les hasards de la témérité qui mène à l'ennemi ? Partout nous trouvons l'homme capable d'oublier les plus pressants périls, capable de faire même le sacrifice délibéré de sa propre vie. Confondre de pareils faits avec un simple calcul d'intérêt bien entendu, c'est discréditer toute philosophie qui ne peut fournir une explication plus sûre. Il n'y a jamais eu d'exemple d'un homme ayant pu, par calcul, arriver jusqu'au dévouement vrai.

Et pourtant, cette puissance du bien doit avoir son origine dans un fait organique. Ce fait organique existe-t-il, est-il possible de le discerner, ou bien nous trouvons-nous ici devant un mystère impénétrable à la science actuelle ?

Non, il n'y a point là de mystère, et pour comprendre la cause des tendances désintéressées qui jouent un si grand rôle dans l'humanité, il suffit de se reporter à un fait dont nous avons, dès le début de nos études, signalé l'importance, à la division sexuelle. Ce n'est point sans raison que nous avons cru devoir ne pas laisser en dehors de nos méditations un fait si considérable de l'organisation animale. Tout être vivant, digne de ce nom, a subi la scission sexuelle comme résultat d'une loi générale propre à tous les êtres organisés. Une conséquence en découle : tout être vivant sexualisé doit, pour se reproduire, pour continuer, pour perpétuer sa vie, trouver dans un être autre que lui-même le milieu indispensable pour cette continuation ; de ce jour, l'isolement complet, l'égoïsme absolu, sont devenus impossibles pour lui. Tout être vivant s'est ainsi trouvé obligé, par la loi même de son existence, à considérer la vie d'autrui comme une partie de son être, à trouver dans autrui un complément indispensable de sa propre vie.

En tout être vivant sexualisé, il y a donc une racine de désintéressement. Mais c'est dans l'homme seul que la plante a pu fructifier et mûrir. La pensée, en mettant l'homme en présence des conditions réelles de son existence, lui a permis de se reconnaître dans les siens et de donner à tous ses sentiments des développements inattendus. Les besoins multipliés de l'enfant, besoins grandissant d'ailleurs en même temps que les conquêtes de l'homme sur la nature et le développement du bien-être, ont nécessité pour lui des soins maternels plus complets, plus longs et plus difficiles. Puis est venue l'œuvre si délicate de la transmission du langage, œuvre sans laquelle l'enfant serait incomplet, œuvre pour laquelle il n'y a rien eu de trop des concours maternel et paternel. Ainsi, par un progrès constant, par cette nécessité pressante de mettre en l'enfant le pouvoir de combattre la nature, s'est développé peu à peu et héréditairement dans la race humaine un instinct de sensibilité supérieure ; ainsi, par l'effet irrésistible de l'accroissement et de l'extension des relations sociales, la famille d'abord s'est constituée comme un centre d'affections qui a rayonné de là sur l'humanité tout entière. Les étapes ont été longues et nous pouvons les retrouver encore dans l'état social de certains peuples où rien n'est dû qu'aux proches de la même tribu, où tout étranger est un ennemi et une victime vouée à l'esclavage et à la mort. Mais la culture intellectuelle accroissait cependant sans interruption le patrimoine des sentiments nobles. Un jour vint, jour heureux, où pour l'homme tout être humain devint digne d'amour et de pitié. La grande épopée de nos sentiments se trouve dans les développements des religions. C'est sous la forme religieuse que les progrès du cœur ont réalisé leurs victoires et promulgué leurs codes. Ainsi apparut un jour la Charité, l'immortelle Charité si merveilleusement chantée par saint Paul, fruit divin de l'humanité déjà mûre ; alors, les saints ont succédé aux héros dans l'admiration populaire, et cela a été juste : le saint est plus désintéressé que le héros.

Nous pouvons voir ainsi d'âge en âge se former, croître et dominer enfin, avec les progrès de la réflexion et de la civilisation, le principe vraiment générateur des sociétés humaines, le principe de l'amour, du désintéressement, du dévouement. Ainsi est né cet idéal moral auquel tous aspirent, à l'empire duquel les âmes les plus dégradées voudraient en vain se soustraire. Une lueur résiste toujours, vacillante au milieu des plus effroyables déchaînements des passions. Nous distinguons maintenant votre origine, sentiments nobles et purs, vous qui avez pu, qui pouvez encore engendrer les exaltations de l'amour, les tendresses de l'amitié, les joies sublimes du martyre ! Seule, la séparation sexuelle vous a rendus possibles ; seule, elle a pu imposer à un être vivant de trouver dans une autre existence le complément de sa propre vie. En vérité, la Genèse biblique a pris exactement ici le contre-pied de la vérité. Ce n'est point la femme qui a mis le mal dans le monde, c'est en elle qu'il faut chercher la première ouvrière du bien. L'être solitaire, se reproduisant de lui-même, n'a besoin de personne ; il n'aime, il ne peut aimer personne. Il va cherchant sa nourriture (*quœrens quem devoret*), aucun autre souci n'est possible pour lui. Mais l'être vivant est vraiment double. Ce n'est que par le concours d'un autre être qu'il peut conquérir la plénitude de sa vie. Dès lors, sa vie n'est pas en lui seul, elle est dans autrui, et la nécessité de l'amour d'autrui prend ainsi racine dans sa propre existence.

La sensibilité, ainsi étendue à autrui, a vraiment le caractère d'un fait de nature. Il n'est plus besoin de réflexion ni de pensée pour discerner l'intérêt que nous pouvons avoir au bonheur ou au malheur d'autrui. Notre organisation s'est peu à peu façonnée à vibrer pour les autres presque aussi vivement que pour nous-mêmes, et cette vibration, cette sensibilité, se présente avec un caractère absolument spontané. C'est cette disposition naturelle et héréditaire qui constitue la tendance au bien : elle doit se retrouver et se retrouve dans toutes les familles animales ; il n'y a aucun être vivant qui puisse être considéré comme absolument privé de sensibilité. Toutefois, les sentiments nobles dont nous venons d'esquisser l'origine supposent un développement social qui n'est possible qu'à l'homme, parce que seul il jouit du patrimoine du progrès et de la raison.

De même que tous les autres, les sentiments nobles aboutissent à un retentissement expressif, et c'est à eux surtout qu'il est possible de chercher une expression communicable. Ils appartiennent moins au monde de l'individualité, et leur diffusion a lieu principalement par le moyen des arts. L'art est la recherche de l'émotion, c'est un mode de communication de la pensée, mais de la pensée émouvante. L'artiste ne s'adresse point à la raison ; il lui importe peu de voir juste, il faut qu'il pénètre jusqu'à l'âme, qu'il s'adresse à la sensibilité tout entière. L'émotion ainsi produite est ce que nous appelons le sentiment du beau.

Nous pouvons apercevoir ainsi la raison du prix inestimable que l'humanité a toujours attaché au travail artistique. C'est qu'il fait pour les sentiments nobles ce que le langage en général fait pour la pensée. De même que le langage fournit à nos impressions une expression définitive et nous donne la science, de même les beaux-arts sont pour nous une source intarissable de grandeur morale. Par eux, l'éducation de la sensibilité noble peut se poursuivre sans interruption ; en ce sens, les religions aussi sont des arts ; c'est en elles que l'humanité place le dépôt sacré de toutes les grandes traditions du cœur.

Et maintenant l'être impressionnable nous est vraiment connu tout entier, et nous n'avons plus devant nous le problème insoluble de la communication des substances. Le rapport de l'homme physique et de l'homme moral est pour nous percé à jour. Ainsi que l'a remarqué Bichat, le langage vulgaire a toujours su distinguer la vérité. « On a toujours dit : une tête forte,
» une tête bien organisée, pour énoncer la perfection
» de l'entendement, un cœur bon, un cœur sensible,
» pour indiquer celle du sentiment. Et il ajoute: Ces ex-
» pressions, la fureur circulant dans les veines, remuant
» la bile, la joie faisant tressaillir les entrailles, la ja-
» lousie distillant ses poisons dans le cœur, etc., ne
» sont point des métaphores employées par les poètes,
» mais l'énoncé de ce qui est réellement dans la
» nature. »

Bichat a raison, et il faut lire tout ce chapitre du moral dans les deux vies ; les vérités que nous proclamons ne trouveront jamais une plus complète démonstration. Son erreur a été de dédoubler la vie, de ne point voir que la vie morale restait néanmoins tout entière un fait de la sensibilité générale, et que c'est le retentissement de la vie nerveuse dans les organes qui est la cause de l'expression organique sans laquelle il n'y a jamais de sentiment. Nos plus belles pensées sont sous la dépendance d'une prédisposition organique, et ne peuvent se montrer que par l'agitation même des organes : voilà la vérité.

C'est donc avec raison que l'on a pu écrire : *Les grandes pensées viennent du cœur*. Une riche organisation sanguine est en effet le support nécessaire des plus nobles esprits, et ce n'est pas une petite puissance que celle des sentiments élevés dans un corps admirable de beauté. Seuls, ces sentiments élevés ont action sur le monde ; seuls, ils peuvent emporter l'admiration des hommes. En vain l'homme le plus intelligent déploiera la plus grande habileté dans le maniement de ses affaires, il ne remuera pour cela ni sympathie ni dévouement. Pour agir sur les autres hommes, il faut ne se décider que par des mobiles nobles et désintéressés ; il faut subir toujours l'impulsion des sentiments élevés dont nous venons de reconnaître l'origine. Seuls, en effet, ces sentiments ont leur retentissement dans le cœur de chacun, car, n'étant propres à aucun, ils sont le patrimoine de tous. Seuls aussi, ils sont immortels comme l'humanité, et nous vivons par eux en communion avec notre postérité. Aussi, cela a toujours été, ce sera toujours la plus douce consolation contre les injustices et les erreurs du temps présent, de pouvoir en appeler au jugement des nobles âmes de l'avenir.

CHAPITRE XVI.

LE BESOIN ET L'INSTINCT.

Le sentiment touche à l'émotion, c'est-à-dire à un commencement d'action. La logique de nos déductions nous amène en présence de ce dernier phénomène. Considérée au point de vue le plus général, la définition de l'action nous offrira peu de difficultés, mais ce que nous trouvons dans l'être humain, ce n'est pas seulement l'action, c'est l'action volontaire. L'homme, a-t-on dit, est une activité volontaire et libre. Notre tâche est de bien comprendre la signification de cette affirmation. Quel est le fait caractéristique des actions humaines qui se trouve désigné par ces expressions ? En quoi l'activité de l'être humain diffère-t-elle de celle de tous les êtres vivants ? Tel est le problème qui se pose encore devant nous. Pour le résoudre, il nous faut tout d'abord arriver à des idées exactes sur la nature des manifestations d'activité communes à toutes les espèces animées ; une fois cette notion obtenue, la valeur particulière des actions humaines apparaîtra aisément dans tout son jour.

L'idée générale de l'activité, nous l'avons montré dès le début de cette étude, diffère très-peu de celle de l'impressionnabilité. En effet, il n'y a point d'impression sans un mouvement consécutif, et l'action n'est qu'un cas particulier du mouvement. Nous appelons émotion le retentissement nerveux en tant qu'il donne lieu à de simples mouvements de l'être ; nous appelons action ce retentissement, *lorsque les mouvements suscités aboutissent à une rencontre des objets extérieurs et à une modification de ceux-ci.* En ce sens, tout animal est susceptible d'agir ; c'est là un résultat direct de cette puissance de déplacement, de cette *motilité* que nous reconnaissons être l'essence même de toute substance nerveuse. L'exactitude de ce point de vue va ressortir encore par l'examen des modes les plus divers par lesquels se manifeste l'activité animale.

Et tout d'abord, c'est à peine s'il est utile de revenir ici sur la distinction des phénomènes propres à la vie réelle et de ceux qui ne sont qu'un fait de végétation. Dans l'examen analytique de l'activité animale, il ne faut point s'embarrasser des phénomènes de la vie purement organique. L'être nerveux est indépendant de ces phénomènes ; il ne saurait y trouver les éléments de sa propre activité. Sans doute la vie organique est en contact intime avec la vie nerveuse ; elle l'entretient, la modifie et l'influence, et nous allons bientôt montrer les résultats considérables de cette perpétuelle intimité. Mais la vie organique n'est pas la vie nerveuse ; elle se borne à des faits de développement et de nutrition, sans jamais présenter de phénomènes de déplacement ; l'activité de la vie animale proprement dite ne peut s'étudier que dans les faits de locomotion propres au nerf.

Pour obtenir ici une lumière encore plus décisive, pour achever la démonstration, il suffit de constater qu'il n'est aucun des actes de la vie organique sur qui la volonté ait la moindre prise. Et, par exemple, l'asphyxie volontaire est impossible, nous ne pouvons abolir la respiration par notre puissance de vouloir. Plus impossible encore serait la non-digestion volontaire. Le cœur lui-même, cet organe si intimement lié à la vie générale, continue de palpiter pendant quelque temps après qu'il a été extrait du corps qu'il animait. L'estomac digère, le sang rouge se change en sang noir, la bile s'épanche dans le duodénum, enfin l'œil, la membrane pituitaire, les diverses glandes, sécrètent chacune des humeurs diverses sans qu'aucun de ces faits puisse jamais prendre le caractère d'un acte volontaire, sans qu'aucun d'eux puisse jamais au gré du seul vouloir être suspendu, activé ou provoqué.

Nous sommes amenés ainsi à ne chercher la définition de l'activité animale que dans les faits qui sont dans la dépendance immédiate de la vie nerveuse ; en tous ces faits, nous allons trouver un caractère commun, c'est d'être reliés à une impression ; notre tâche est précisément de montrer ce rapport constant de l'impression et de l'action, et de le faire apparaître même dans les faits où il est le moins en évidence.

Les cas les plus simples doivent tout d'abord attirer notre attention ; en tout être vivant, il se produit fréquemment des actions que chacun reconnaît sans peine pour un résultat immédiat du contact des objets extérieurs. Le mouvement qui engendre ces sortes de manifestations actives n'est autre chose que la continuation de celui qui a créé l'impression extérieure en se propageant dans la substance nerveuse. Les mouvements de ce genre ont pu être étudiés comme une pure fonction physiologique et la science qui s'en est occupée leur a donné le nom d'actions réflexes.

L'action réflexe se retrouve avec un même caractère dans toutes les espèces douées de vie, depuis l'être humain jusqu'au plus humble zoophyte. Nous en trouvons un exemple bien connu dans les mouvements que chacun de nous voit surgir en lui par l'effet d'une décharge électrique. Ce qu'il y faut remarquer, c'est que ce genre d'action est une conséquence nécessaire de l'impression reçue ; la pensée n'y joue aucun rôle. Les mouvements qui s'accomplissent alors ne parcourent pas tout le système nerveux, ou du moins ne l'agitent en son entier que d'une façon très-incomplète ; souvent ils peuvent être considérés comme confinés dans les nerfs qui se soudent en un même point de la moelle épinière. Le nerf afférant s'y trouvant en communication immédiate avec un nerf efférant, celui-ci reçoit le principal contre-coup, et le mouvement qui en résulte nous montre dans sa plus grande simplicité le mécanisme de l'action réflexe.

Ce n'est pas que ce mécanisme n'ait quelquefois des ressorts plus compliqués. Huxley fait la remarque que l'impression du chatouillement de la plante des pieds aboutit à une combinaison très-complexe d'actions régies par un grand nombre de nerfs afférents, et pourtant c'est là bien à coup sûr une simple action réflexe. La solution de ces difficultés physiologiques est du ressort de la science expérimentale. Ce que nous pouvons considérer comme acquis au point de vue philosophique, c'est le fait de l'invariable coordination de certains mouvements avec certaines impressions, et c'est cette invariable coordination qui est le propre de l'action réflexe.

L'action réflexe a donc pour caractère d'être un résultat inévitable d'une impression donnée ; cependant elle ne reste point ignorée de l'être en qui elle se produit, et, bien qu'indépendante de la volonté, elle pénètre dans la conscience. De même que l'impression qui l'engendre, elle est sentie et apparaît comme un événement de la vie générale, ne différant en rien en cela des actions les plus préméditées. C'est qu'en effet il n'y a aucun fait de la vie nerveuse qui n'ait son retentissement dans l'être tout entier. De même que le mouvement imprimé à un liquide se communique à toutes ses parties et se décèle par les rides de la surface, de même il n'y a aucune portion nerveuse qui ne ressente le contre-coup d'une émotion et qui ne le trahisse par les tressaillements du corps tout entier. L'unité du *moi* agissant a le même principe que celle du *moi* impressionné.

Il n'y a donc aucun événement nerveux qui ne se métamorphose en l'homme en fait de conscience ; l'homme se retrouve toujours sous la forme du *moi* dans chacun de ses actes ; rien ne fixe mieux que cette observation la différence qui sépare le mouvement réflexe le plus simple des modifications organiques les plus compliquées. Ces dernières ne font point partie du monde de la conscience ; aucun des faits qui s'y rencontrent n'appartient à la vie générale et ne peut être rapporté au *moi*. Ce n'est pas le *moi* qui digère, c'est l'estomac ; au contraire, ce n'est pas l'estomac qui éprouve la faim, c'est le *moi*. La digestion, dans son travail stomacal et intestinal, n'appartient pas à la vie nerveuse, mais elle peut être sentie comme tout autre événement extérieur, et c'est là ce qui constitue les rapports de l'être nerveux avec l'organe.

Le caractère de l'action réflexe se trouve désormais bien précisé. Il faut la rapporter à la vie nerveuse, à la vraie vie, et elle en est le cas le plus simple. Toutefois nous n'y trouvons qu'une bien faible parcelle des phénomènes de l'activité proprement dite ; à côté de l'action réflexe nous allons rencontrer une masse considérable de faits dont l'origine semble toute différente et auxquels appartient le rôle de beaucoup le plus considérable dans le développement de l'énergie vitale. Analyser ces faits avec précision et en découvrir la génération, tel est le travail qui nous reste à accomplir.

Parmi les évènements de la vie animale, l'attention se porte tout naturellement sur ceux qui se produisent sous l'influence des besoins. Quel est le rapport des besoins avec les actes propres à les satisfaire ? Comment l'un engendre-t-il l'autre ? Tel est le problème posé, et pour le résoudre il est nécessaire de définir exactement le besoin.

Les différents besoins ne sont autre chose qu'une impression engendrée par les modifications incessamment renouvelées des divers organes. En effet, chaque organe vis-à-vis de l'être nerveux joue le rôle d'un être indépendant et fait naître des séries de sensations ; or, ces sensations ont toujours un même caractère. Chaque organe recommence perpétuellement une même tâche ; chacun d'eux la recommence sous l'empire d'une parfaite identité d'organisation ; les impressions qui en résultent et qui se trouvent ainsi toujours semblables à elles-mêmes, voilà ce que nous appelons le Besoin.

Le Besoin est un fruit de l'action organique. Il ne

dépend point de nous-mêmes ; au contraire, il s'exerce sur nous avec la même indépendance qu'un fait purement extérieur. La faim, la soif, mille autres besoins encore se présentent comme un résultat du jeu des organes, comme un produit de leur action propre sur l'être nerveux. Pour celui-ci, ces faits appartiennent à un monde autre que lui-même ; il est impuissant à les régler, et de même qu'il est impossible de se créer du plaisir ou de la douleur sans un évènement extérieur agissant sur les sens, de même, pour l'apparition d'un besoin, il faut toujours l'action intermédiaire de certains organes.

Au besoin correspond l'habitude, c'est-à-dire qu'à une même impression toujours renouvelée par le ressort organique, correspond un même mode d'action. Mais comment peut-on concevoir la correspondance entre un besoin et un acte ? Voici la solution. Le besoin ne peut disparaître que par l'accomplissement des actes propres à le satisfaire ; jusque-là il persiste ; dès que pour une cause quelconque la satisfaction a été procurée, il s'établit entre l'impression du besoin et l'acte qui y a pourvu une association définitive ; l'une ne va plus sans l'autre dans la conscience, et la même nature d'actes surgit aussitôt sans nouvelle recherche en présence d'un même besoin. Ainsi s'engendre l'habitude.

L'habitude naît principalement du besoin, mais elle trouve aussi une possibilité dans d'autres circonstances. Elle accompagne fatalement tous les faits qui sont de nature à produire périodiquement les mêmes impressions. Ainsi la périodicité des jours et des nuits entraîne pour tous les animaux des habitudes correspondantes ; il en est de même de la périodicité des saisons. La manière de vivre de chaque individu se trouve ainsi constamment imprégnée de certaines influences et prend en conséquence une direction plus ou moins uniforme en rapport avec le milieu.

L'habitude, dit-on, est une seconde nature. Cela est exact ; l'habitude est un tour particulier contracté par l'impressionnabilité ; c'est comme un pli produit dans l'organisme nerveux par une fréquente répétition d'impressions semblables amenant des actes semblables. Ces actes prennent un caractère de nécessité et nous en apercevons la raison ; il suffit que le besoin apparaisse, pour qu'ils apparaissent eux-mêmes comme un corollaire obligé et indispensable. C'est qu'en effet, pour apaiser la faim, il faut de toute nécessité manger, et de même pour chaque besoin et pour l'action correspondante. L'impression du besoin ne peut cesser que par un acte approprié, et ce n'est point le raisonnement qui dicte cette appropriation, mais une nécessité organique absolument sans réplique. Dès lors, il devient évident que le retour périodique des besoins engendre du même coup le retour périodique de certains actes.

Ce qu'il faut remarquer maintenant, c'est que l'habitude se fait sa trace dans l'organisme ; elle produit certaines attitudes définitives et marque chaque individu d'un cachet indélébile. En tant qu'individualité distincte, chacun de nous a une forme particulière, dont chacune de nos actions porte le reflet. On en saisit la conséquence ; il n'est aucun homme, même de ceux qui vivent le plus par l'esprit, même de ceux dont la réflexion scientifique absorbe toutes les heures, qui ne soit caractérisé et reconnaissable par sa démarche, par son port de tête, par ses manières de parler ou de manger ; et cela ne peut être autrement, puisqu'il n'est aucun de ces actes qui ne soit répété mille et mille fois dans des circonstances absolument identiques ; la cause secrète qui en chacun de nous a dicté certaines habitudes se fait sentir constamment, et nous prenons peu à peu une physionomie particulière en ce qui touche chacun des actes de notre existence. Les progrès des habitudes sont tellement rapides, que leur contre-coup se traduit par une attitude extérieure uniquement dictée par l'exercice de chaque profession ; le genre de vie de chacun lui façonne ainsi une forme distincte dépendant du cours même de son existence.

Mais là ne se borne point l'effet de la périodicité de certaines impressions. Le genre de vie plus ou moins obligatoire de chaque être animé n'engendre pas seulement pour lui des habitudes, il fait plus. En effet, les habitudes une fois fixées dans un individu ne s'éteignent point complètement avec lui, elles passent dans sa descendance. Rien ne le montre mieux que les remarques si généralement faites sur le phénomène de *l'air de famille*. C'est qu'une habitude fortement enracinée peut se reproduire jusqu'à un certain point par la génération, parce qu'elle est devenue un état définitif de l'être nerveux ; elle a produit une inflexion en lui, et cette inflexion se prolonge par la génération tout comme la forme individuelle de la figure ou du corps. Sans doute, il s'en faut de beaucoup que toutes les habitudes se reproduisent et qu'elles se reproduisent dans tous leurs détails. Mais si un même genre de vie se trouve imposé à toute une série d'êtres vivants reliés entre eux par le lien héréditaire, les mêmes causes agissant en chacun d'eux, chacun d'eux fixe de plus en plus en lui-même l'habitude déjà enracinée chez ses ancêtres; il se constitue ainsi peu à peu une tendance native qui s'incarne et arrive à une fixité définitive. Grâce à un ensemble de circonstances favorables, certaines habitudes peuvent devenir innées, c'est-à-dire qu'elles commencent à se montrer dès le début même de la vie de l'être dont elles sont devenues inséparables.

Ces remarques nous conduisent à apercevoir immédiatement la transition de l'habitude à l'instinct. Tandis que l'habitude enracinée dans un individu ne se fait sentir qu'en lui seul, les actions que nous considérons comme instinctives sont des faits d'habitude communs à tous les individus constituant une même race, c'est-à-dire à toute une classe d'êtres réunis par le lien d'une génération commune. L'instinct n'est qu'une habitude héréditaire. Cette vérité n'a point échappé aux grands naturalistes de notre temps et depuis longtemps ils l'ont proclamée. Comme l'habitude, l'instinct est une inflexion particulière du système nerveux conduisant à un mode particulier de manifestation active. De même que dans l'action réflexe, certaines sensations conduisent tout droit à un ensemble déterminé d'actions, de même, dans l'action instinctive, un certain mode de perceptions conduit tout droit à un mode correspondant de manifestations actives. Ce courant direct qui va d'une impression à un acte déterminé, c'est l'instinct.

L'inflexion instinctive prend naissance, se développe et se fixe, parce qu'elle correspond d'une manière permanente à un acte indispensable et périodique de la vie. Les instincts jouent un rôle immense dans la vie animale, parce qu'ils sont dérivés des besoins les plus impérieux de cette vie. Par son action incessante, le besoin est appelé à ce rôle créateur des instincts ; c'est lui surtout qui fixe dans les individus d'abord, dans la race ensuite, une disposition nerveuse appropriée. Ce n'est point là une simple présomption, mais un fait scientifiquement établi depuis que des découvertes récentes en physiologie ont montré que des modifications de forme de la substance nerveuse sont en développement correspondant avec l'apparition de certains instincts. L'opération que l'on appelle la formation des centres nerveux secondaires est une preuve décisive de cette importante vérité, que l'être nerveux est en voie constante de métamorphose sous l'influence de l'exercice répété et habituel des actes les plus fréquents de sa vie.

Nous obtenons par ces considérations une idée précise de l'instinct. Nous y trouvons le résultat des conditions permanentes de la vie de chaque espèce particulière.

« Le premier qui fut roi fut un soldat heureux, »

a dit un poète ; cela est exact, mais d'autre part on peut concevoir la possibilité des qualités de race ; parmi les héritiers d'un heureux soldat, on peut trouver fixés au bout d'un certain temps des instincts vraiment royaux. Le mode de vivre d'un aïeul se transforme ainsi par l'habitude et l'hérédité en instinct de toute sa postérité. En travaillant à nous rendre meilleurs, nous profitons à toute notre descendance.

La fourmi rousse, d'après les observateurs de la nature, met en esclavage une autre espèce de fourmis, et ces dernières se résignent à subir la loi de leur vainqueur. De part et d'autre, il y a là un instinct acquis. L'instinct esclavagiste de la fourmi rousse n'a pu prendre naissance que peu à peu. Une occasion s'est trouvée qui a fourni les premiers éléments de cette situation : la force native y a joué son rôle, l'éducation est venue s'y joindre, jusqu'à ce qu'un instinct définitif ait été enraciné, jusqu'à ce que ce type d'une société essentiellement aristocratique se soit implanté à demeure. Le besoin d'avoir des esclaves est fixé dans toutes les fourmis rousses, il naît et se développe avec elles et ne saurait faire absolument défaut à aucun membre de l'espèce.

Les instincts ainsi compris se confondent absolument avec les qualités particulières dites de race ou de sang que l'on constate dans nombre de familles animales. Par exemple, nous appelons cheval de sang celui chez lequel l'habitude ou l'éducation suivie d'une série de reproductions a développé et fixé une ardeur toute spéciale pour les courses de vitesse. De même, un chien de race doit le développement de l'instinct de l'*arrêt* à une habitude confirmée par l'éducation de génération en génération. Au bout d'un certain nombre de générations, l'instinct de l'arrêt se trouve fixé et peut apparaître sans une éducation préalable. Tout cela, c'est de l'instinct, et l'instinct n'est rien autre chose. Si nous pouvions ressusciter par la pensée l'histoire de tous les instincts, nous y trouverions une manière d'être héréditaire résultant du milieu où toute une série de générations s'est trouvée placée, et des nécessités de sa vie telle qu'elle lui a été imposée par ce milieu. Satisfaire les besoins, tel est le rôle des instincts non artificiels ; tous sont fixés par une accumulation constante et réellement infinie d'impressions périodiquement identiques éveillant un besoin. C'est comme une éducation domestique, inconsciente, s'exerçant pendant toute une série de générations occupant un même milieu.

On en voit la conséquence. A la différence de l'action purement automatique, dite action réflexe, où nous n'avons rencontré rien autre chose que le retentissement de l'organisme impressionné, l'instinct donne une direction, c'est, comme on l'a dit dans un langage un peu raffiné, une affinité *élective*. L'instinct dirige l'acte vers l'accomplissement des fonctions nécessaires à la vie ; dès qu'un instinct est fixé, les impressions qui le mettent en mouvement ne sont plus suivies d'actes de hasard, l'instinct va droit à son but ; ce but n'est autre chose que la satisfaction du besoin incitateur, en sorte que les déterminations instinctives se produisent selon l'intérêt de l'être impressionné. Seuls, en effet, des besoins sérieux ont pu engendrer des actes périodiques assez constants pour devenir habitudes d'abord et instincts plus tard. Ne nous étonnons donc point que l'instinct soit un guide toujours sûr ; il est le résultat d'une expérience indéfiniment confirmée pendant la série des générations de siècle en siècle.

La notion de l'utile s'introduit ainsi dans notre analyse. L'utile, c'est la conformité d'un instinct à un besoin, et nous venons de voir comment cette conformité est née de la force même des choses. Les instincts, en effet, n'ont pu s'établir que dans la mesure où les habitudes se sont trouvées perpétuellement conformes au meilleur mode de vivre dans un milieu donné. On en voit la conséquence ; c'est qu'il y a eu peu à peu adaptation entre une forme animale et le milieu où sa vie s'écoule. Et cette adaptation ne s'est point seulement réalisée par la fixation de certains instincts ; du même coup, elle a entraîné certaines métamorphoses correspondantes dans la conformation organique. Une habitude fixée, avons-nous dit, concorde avec le développement d'un nouveau centre nerveux secondaire ; de son côté, ce nouveau centre nerveux réagit sur tout l'organisme et le modifie. Le développement du corps se moule ainsi peu à peu sur les nécessités de la nutrition : c'est là le vrai fondement de cette conformité de l'organe à un but, qui a été si longtemps exploitée pour la défense des causes finales.

Ce point de vue amène à considérer les instincts comme ayant joué un rôle important dans la consolidation des espèces nouvelles, et jette du jour sur leur mode de formation. A coup sûr, nous n'avons nullement la pensée de découvrir le commencement des choses, et la raison en est simple, c'est qu'il n'y a dans la nature rien qui puisse être appelé un commencement, mais seulement des développements. Mais la série du développement des espèces peut être reconstituée en partie, lorsque l'on comprend la connexion de l'instinct et de la forme animale qui le réalise. S'il est vrai que l'instinct dépende de l'habitude, s'il est vrai que l'habitude change avec les milieux, s'il est vrai enfin que la fixation d'un instinct entraîne une modification organique, on peut apercevoir le lien qui rattache le développement de l'organisation et la constitution des espèces nouvelles à une question de milieu. Dès lors, le nombre des habitudes utiles engendrées par des milieux distincts pour des races déjà constituées a pu dicter pour elles une nouvelle nécessité de varier, et une transformation des variétés en nouvelles espèces fixes, et l'on comprend pourquoi il n'y a point une confusion indéfinie de formes animales. Une variété nouvelle n'a jamais pu s'implanter qu'avec une extrême lenteur. Au lieu de voir à l'origine une dispersion infinie de formes vivantes, il faut concevoir que la dispersion des espèces est sans cesse en progrès par la formation des instincts utiles et c'est ce que l'expérience vérifie.

Il n'y a donc pas eu dans le monde cette élimination énorme que pourrait faire supposer la doctrine d'une variabilité sans bornes et sans but. Aucune variété ne se produit que sous l'influence du milieu, aucune ne se fixe que par une adaptation particulière à ce même milieu ; l'évènement qui produit la variété est donc le plus souvent sans résultat ; pour fixer une variété nouvelle, il faut à celle-ci une puissante raison d'être préférable, sans quoi l'influence des parents reste prédominante. Il ne peut donc y avoir vraiment formation d'espèces que par le hasard heureux qui fait naître une forme nouvelle plus en harmonie avec un milieu donné, qui assure à cette forme les chances d'une reproduction intégrale, qui la développe enfin dans une même direction constante, en rapport avec des habitudes nouvelles, avec des instincts nouveaux.

Tel est le rôle immense des instincts dans la vie animale. Toutefois il ne faut point s'y tromper, l'instinct n'explique pas à lui seul tous les phénomènes de cette vie. L'instinct n'agit que pour les besoins ordinaires, il ne peut suffire pour les cas imprévus. En présence d'un danger anormal, l'instinct est muet ; de même il ne peut pourvoir aux besoins que dans la limite où une habitude de race a pu s'implanter et se développer. Les faits par lesquels on a coutume de démontrer chez l'animal une intelligence indépendante de l'instinct sont tellement connus, qu'il est inutile d'y insister. L'animal machine de Descartes n'a plus de partisans. Ni l'action réflexe dans sa brutalité aveugle, ni l'instinct dans son cercle restreint, ne peuvent expliquer la vie animale ; à chaque pas nous pouvons y constater l'intelligence, et nous devons fournir l'explication de la source de cette forme de l'intelligence, forme sans doute bien humble si on la compare à l'intelligence humaine, mais dont le ressort secret veut pourtant être indiqué.

Un chien est élevé dans une maison riche ; son maître se fait un plaisir de le nourrir d'une manière succulente; au bout de peu de temps, l'animal refusera le pain avec obstination ; seule la viande pourra le satisfaire. Mais le maître capricieux ne veut plus de cet enfant gâté ; c'est une famille pauvre qui va désormais le nourrir ; il ne faudra pas de longues heures pour que l'animal consente à satisfaire son appétit avec un pain noir naguère repoussé et dédaigné.

Cet exemple si simple suffit à démontrer le caractère particulier de l'intelligence animale ; cette intelligence ne dérive pas de la possession du langage ; l'instrument ordinaire de la réflexion fait défaut. Mais il y a pourtant ici un degré évident d'activité intellectuelle dont nous devons montrer l'origine.

Ce qu'il faut remarquer pour arriver à l'explication cherchée, c'est que l'animal ne déploie d'intelligence que pour un seul but ; ce but, c'est la satisfaction immédiate de ses besoins, c'est la nutrition.

L'appétit est toujours actif dans l'animal ; il se trouve mêlé à toutes ses perceptions; en face d'une impression quelconque, une question s'élève immédiatement en lui : L'objet en vue est-il de nature à procurer une satisfaction appétitive? tout objet qui ne peut la procurer est absolument indifférent.

Il se forme ainsi pour l'animal des associations d'impressions au point de vue toujours dominant de l'appétit. En présence d'un objet extérieur s'éveille nécessairement l'idée du besoin qu'il peut satisfaire. Par cette nécessité, les objets deviennent reconnaissables pour l'animal ; il peut se les représenter avec celles de leurs propriétés et qualités qu'il a reconnues en rapport avec la satisfaction antérieure qu'il en a déjà retirée ; pour retrouver en eux ces qualités, la vue de l'objet lui suffit ; mais cette vue, il est vrai, est indispensable. D'autre part, l'éveil d'un besoin présent peut s'accompagner pour lui de la représentation d'un objet propre à le satisfaire ; cet objet ressuscite alors à l'appel de l'appétit, absolument comme il ressuscite en l'homme à l'appel d'un nom. C'est toujours le même phénomène, l'association de deux impressions dont l'une fait revivre l'autre ; il en résulte une connaissance, connaissance formée par expérience personnelle, et qui permet à l'animal le choix de ses aliments et une intervention sérieuse dans la direction de sa vie.

Telle est l'origine vraie de l'intelligence animale ; elle ne se meut que dans un cercle infiniment restreint, celui des besoins ordinaires de la nutrition. L'animal dépourvu de la faculté du langage ne peut associer ses impressions avec des mots, et se trouve par là privé des facultés intellectuelles spéciales à l'humanité ; mais il peut associer ses impressions avec son appétit, parce que l'appétit est toujours présent pour lui dicter l'appréciation nécessaire qu'il fait de toutes choses à ce point de vue.

Nous apercevons maintenant dans leurs grandes lignes les principaux ressorts de l'activité animale. Ils peuvent être presque uniquement ramenés à une impulsion. Cette impulsion, la seule importante, est celle des besoins.

L'action réflexe, en effet, ne joue dans l'existence que le rôle le plus restreint, le plus insignifiant. Le jeu des instincts et aussi celui de l'expérience individuelle, voilà tout ce qu'il y a d'important dans l'animal.

Ces deux modes d'activité, nous venons de montrer comment ils se relient à l'impressionnabilité elle-même. Elle suffit pour en rendre compte. La pression organique que nous appelons le besoin se trouve mêlée à toutes les notions qu'un animal peut obtenir des choses. Il ne distingue le monde extérieur qu'à ce point de vue, et la connaissance qui en résulte pour lui, après avoir engendré des habitudes utiles, peut encore se transmettre de génération en génération et former peu à peu cette connaissance inconsciente où l'expérience ne joue plus aucun rôle et que nous appelons l'instinct.

L'instinct ainsi compris ne diffère donc pas d'une manière essentielle de l'intelligence. L'acte intelligent dans son essence ne se trouve que dans l'humaine nature, et consiste dans la vue réfléchie d'une expression représentative. Dans l'animal, l'intelligence a de moins larges horizons, elle se borne à être une perception de tout ce qui peut être rapporté à la satisfaction des besoins. L'instinct est une sorte d'incarnation de cette forme humble de l'intelligence; l'impression y est toujours suivie d'une même action, et la réflexion est inutile parce que la relation qui va de l'impression à l'acte correspondant s'est répétée assez souvent pour rendre superflu tout acte intermédiaire.

L'instinct est donc une volonté héréditaire, se produisant d'une manière irrésistible et inconsciente à chaque renouvellement de certaines impressions ou de certains besoins périodiques. Son empire s'étend plus ou moins sur tous les êtres, mais seulement pour un certain nombre d'actes. Son rôle ne peut que diminuer dans l'humanité, parce que la conservation de plus en plus étendue des souvenirs scientifiques rend inutile la fixation de nouveaux instincts.

Ces considérations nous ont mis en possession d'une idée déjà presque complète de l'activité animale ; les développements que nous allons aborder achèveront ce qui peut y manquer. En effet, la volonté proprement dite se fait déjà sentir dans l'analyse à laquelle nous venons de nous livrer ; c'est par cette volonté rudimentaire que l'animal se rapproche de l'activité humaine. Vouloir, c'est conformer une action à une pensée ; nous venons de montrer que l'animal le fait jusqu'à un certain point. Comment cela est possible, c'est ce que nous allons comprendre en étudiant la volonté dans l'homme. Cette étude sera l'objet du chapitre suivant.

CHAPITRE XVII.

LA VOLONTÉ.

Posons maintenant dans toute sa précision le grave problème dont la solution nous sollicite encore. Nous avons pu exposer ce qu'il faut entendre par l'expression activité et montrer ce qui caractérise l'activité animale ; maintenant il nous faut pénétrer plus avant et obtenir la notion propre de la volonté humaine. L'homme, dit-on souvent, est une activité volontaire et libre. Cela est vrai ; mais il nous faut expliquer d'une manière précise en quoi consistent cette volonté et cette liberté.

Et d'abord, qu'est-ce que le vouloir? De même que nous avons levé le voile qui couvre le mystère de la pensée, de même il n'est point impossible d'arriver à une idée précise de ce qui constitue l'acte volontaire ; il suffit pour cela de se rendre un compte exact des termes qui entrent dans la définition de la volonté. Au fond, ces termes sont simples. L'idée précise que nous avons dès à présent des opérations de l'entendement et nos analyses antérieures nous mettent en possession de tous les éléments de la solution de ce dernier problème.

La volonté n'est rien autre chose, en effet, qu'une conception de l'esprit. Vouloir, c'est avoir la pensée d'un acte et le désir de sa réalisation. L'action volontaire est celle qui conforme un acte à une pensée préalablement conçue.

L'élément essentiel de la volonté, c'est par conséquent la représentation que la pensée fournit d'un acte non encore réalisé. Nos actions, pour être volontaires, doivent être précédées de leur image, et cette image est fournie par la représentation que le langage en donne et que seul il en peut donner.

Ceci bien posé, il est clair qu'il n'y a pas une grande difficulté à comprendre comment le désir de réaliser un acte naît de la pensée même de cet acte. Nous avons déjà éclairci ce point au chapitre du Sentiment. La pensée peut mouvoir l'activité humaine, parce que l'image d'un acte nous le représente avec tous ses résultats, avec ses effets sur l'être lui-même, et nous dévoile notre propre avenir ; cet avenir devient ainsi pour nous comme une chose déjà présente, et nous nous trouvons d'avance en face d'émotions agréables ou pénibles considérées comme l'indispensable résultat de l'action qui est en vue. Dès lors, l'acte représenté nous paraît heureux ou funeste, et notre activité peut être incitée et dirigée pour l'atteindre ou le repousser. La volonté nous apparaît ainsi très-nettement délimitée dans tous ses éléments essentiels. Ces éléments, c'est-à-dire la pensée d'un acte et l'émotion (passion, sentiment, désir) qui en résultent sont contenus complétement dans les données de l'être vivant doué de pensée ; la sensibilité, d'une part, explique la tendance à telle ou telle action considérée dans ses rapports avec les besoins de la vie de l'être; d'autre part, la faculté de penser et de réfléchir fournit la possibilité des images émouvantes. Tel est le rapport entre une idée et une action qui constitue l'essence de la volonté.

Toutefois, il ne faut point s'abuser. Ces observations sont loin de résoudre encore d'une manière complète le problème de la volonté, et c'est ici qu'il est nécessaire de le serrer de plus près et d'en montrer la difficulté dernière. Dans la volonté, nous avons trouvé l'image de l'acte à accomplir et le désir de le réaliser; mais ce qu'il faut bien voir, c'est que ces deux éléments ne suffisent pas. Entre la pensée de l'acte et sa réalisation, il faut la mise en œuvre des ressorts qui doivent conduire à cette réalisation même; en d'autres termes, il faut pouvoir comprendre comment le désir suscité par la pensée d'un acte peut aboutir dans son retentissement actif à l'accomplissement précis de l'acte préconçu.

Et par exemple, pour prendre un type très-simple d'action volontaire: vous apercevez sur un arbre un fruit savoureux; immédiatement la pensée vient en vous de le prendre et de le manger, et le désir qui naît de cette pensée vous entraîne à l'action; vous prenez le fruit: voilà une action volontaire, puisque la pensée de l'acte à accomplir a précédé l'acte lui-même et l'a déterminé. Ce qu'il faudrait maintenant saisir, c'est la raison pour laquelle l'acte a pu se modeler ainsi sur la pensée. Comment l'impulsion peut-elle se communiquer de la pensée à l'acte lui-même? Comment cette impulsion d'une simple pensée peut-elle aboutir précisément à la série des mouvements qui réalisent l'idée préconçue?

Voilà, dans toute sa précision, le problème proprement dit de l'action volontaire.

Lorsqu'on se représente l'infinie complication du mécanisme du corps et l'ignorance profonde et invincible de tous les hommes au regard des conditions de ce mécanisme, il semble vraiment impossible de se rendre compte philosophiquement du mode par lequel l'impulsion volontaire aboutit précisément à ce résultat voulu, et des secrets ressorts qui peuvent ainsi être employés comme à coup sûr, bien que l'être agissant ignore absolument l'existence et la coordination possible des forces qu'il va mettre en jeu.

Néanmoins, cette solution n'est point impossible, elle va même nous apparaître très-aisée dans un instant. Ce qu'il faut d'abord remarquer, c'est que le problème de la volonté ainsi posé n'est pas aussi spécial à l'être humain qu'on l'a quelquefois prétendu. L'animal, lui aussi, veut, en ce sens qu'il conforme ses actes à ses désirs. L'animal, lui aussi, sait atteindre un but donné et exécuter pour cela tous les mouvements nécessaires. Le tigre qui a vu une proie, sait s'élancer sur elle; il sait mesurer son élan et apprêter d'un même coup ses griffes et ses dents formidables. Chez tous les animaux, les actes se conforment ainsi à leur pensée dans la mesure où ils sont capables de pensée. Dans le chapitre précédent, nous avons montré jusqu'où s'étendait cette mesure. L'animal ne pense point aux choses non présentes, parce qu'il est dépourvu des ressources de l'expression représentative, mais il pense en tant qu'une chose présente est capable de faire naître en lui un désir ou un appétit. La satisfaction d'un besoin est rappelée dans l'animal par la contemplation d'un objet propre à le satisfaire, et en cela l'animal est doué d'une véritable activité volontaire, c'est-à-dire que la pensée du besoin satisfait peut précéder en lui l'acte qui procure la satisfaction elle-même.

Le problème de la conformité de l'acte à un but donné n'est donc pas spécial à la seule humanité et nous n'y trouverons rien de bien mystérieux grâce aux principes déjà posés dans nos analyses antérieures.

Pour cela, il suffit de remarquer qu'en réalité il n'est aucun de nous qui n'ait appris à agir, c'est-à-dire, qu'il n'y a aucun acte de nos muscles, si simple qu'il soit, qui n'ait été l'objet d'une éducation plus ou moins consciente, à moins qu'il ne se produise d'une manière nécessaire, ainsi que nous l'avons observé pour les mouvements réflexes.

Et voici comment il faut entendre cette éducation de l'activité. Elle peut être d'abord absolument inconsciente, c'est-à-dire que nous parvenons à exécuter des mouvements qui n'ont aucun caractère voulu ; mais l'habitude d'exécuter ces mouvements se grave pourtant peu à peu dans l'impressionnabilité, et c'est ainsi que l'animal qui d'abord n'a essayé ses forces que comme un jeu, les trouve tout à coup prêtes pour le service de ses besoins.

Mais dans l'être humain, cette éducation de l'activité arrive à des résultats encore plus considérables. L'animal n'est prêt que pour les actes qui peuvent être utiles à ses appétits ordinaires ; l'homme, au contraire, peut se rendre apte à accomplir les actions les plus variées. Il suffit pour cela que la représentation de ces actions lui soit fournie par le langage. L'impression d'un besoin présent n'est plus alors comme dans l'animal la seule mère de l'action. Tous les actes dont l'idée peut être rendue présente par le langage peuvent être exécutés par celui qui a associé d'une manière définitive les noms de ces actes à la série des faits qui les constituent.

Pour exécuter un mouvement donné, il ne suffit donc pas d'en avoir le désir ; il ne suffit même pas de l'avoir fait par hasard une fois ou deux ; il faut savoir le faire, et pour cela, il faut avoir en soi une représentation de l'acte et l'avoir ainsi présent à l'esprit. Sans la possibilité de cette représentation, aucune opération volontaire n'est possible. Et par exemple, si nous pouvons lever le doigt, toutes les fois que nous le voulons, c'est que peu à peu la série des mouvements qui réalisent cette action s'est trouvée avoir contracté, avec l'apparition de l'expression « lever le doigt, » une alliance indissoluble. En apparaissant, le nom fournit le moyen de faire naître l'acte, c'est là tout le secret de cette direction de nos actions dont nous trouvons la possibilité en chacun de nous. Ce n'est qu'à l'appel du nom qui le représente que l'acte peut se formuler, et pour que l'un réponde ainsi à l'autre, il faut une éducation préalable. Il est absolument impossible d'exécuter un mouvement nouveau sans des essais et des tâtonnements qui représentent précisément la période d'éducation et d'expériences qui a présidé à nos actes les plus élémentaires. Marcher, faire un pas en avant, semble à l'homme fait l'opération la plus spontanée qui puisse s'imaginer, et pourtant il a fallu que l'enfant apprenne à marcher, et la direction qu'il donne alors à ses membres n'est point atteinte par lui du premier coup.

Il en est de même pour toutes nos actions ; pour toutes, l'éducation a eu son rôle ; nous sommes obligés d'apprendre à jouer du violon ; mais il nous a fallu apprendre aussi à lever le bras et à manger ; or, cette science nous est acquise le jour où, en accomplissant un acte, nous pouvons en même temps lui donner un nom. La puissance du langage ne sert donc pas seulement pour la désignation et la représentation des impressions, elle sert aussi pour la désignation de nos actions. La Genèse de l'activité n'a pas d'autre mystère. En même temps que l'enfant essaie ses premiers mouvements à l'imitation de ceux d'autrui, il apprend la dénomination donnée à ces mouvements par le langage. L'expression qu'il retient ainsi fait corps pour lui avec l'action qu'elle représente, et lorsque cette action sera nécessaire, les mouvements qui la constituent surgiront naturellement avec le nom qui sert à la désigner.

La puissance de la pensée sur l'action est donc un résultat des images que la pensée peut fournir. L'expression qui désigne une action en produit l'image ; c'est cette image qui devient le fanal de l'activité qui se déploie. De même que nos premiers mouvements se sont formés sur l'imitation des mouvements d'autrui, de même les mouvements de l'homme fait se guident sur l'image intérieure qui se lève en chacun de nous à l'appel de la pensée : il faut imaginer une action pour la vouloir.

Comprenons désormais que le mécanisme des actions ordinaires, ce mécanisme qui nous surprend tellement par la facilité de ses ressorts, ne diffère en rien de celui des actions que nous considérons comme difficiles. Si nous traçons à un certain âge les caractères d'écriture avec une aisance qui paraît absolument spontanée, c'est que nous oublions que l'éducation de l'écriture nous a pris plus d'une année de notre existence. Avec un peu de mémoire, pourtant, nous pouvons nous rappeler encore les tâtonnements infinis par lesquels nos doigts ont dû passer avant de trouver le ferme sentier par lequel nous moulons aujourd'hui notre pensée. Aujourd'hui, pour former un mot, nous avons à peine besoin de le vouloir, et la facilité de l'action l'a rendue inconsciente. Pendant la période d'éducation, au contraire, combien nos essais nous paraissaient pénibles lorsqu'il s'agissait d'imiter l'action qui nous semblait si mystérieusement aisée sous les doigts du professeur!

L'essence de la volonté humaine nous apparaît désormais avec quelque clarté. Ce qui la distingue de toute autre, c'est qu'elle est le résultat de nos pensées, et que nos pensées nous représentent les actions que nous allons commettre, avant même qu'elles ne soient commises; toute action résultant d'une pensée se trouve ainsi précédée par l'image de l'action elle-même et devient par là une action voulue, parce que la conception précède l'acte. C'est là ce qui est l'essence de la communication qui s'établit entre la pensée et l'action.

La première condition de l'action volontaire est donc la formation des images dans l'esprit. Tout être en qui cette formation est impossible ne peut avoir d'autre motif d'action que l'impulsion toujours présente des besoins. C'est là, en effet, le sort des animaux ; c'est là le secret de leur incapacité de s'élever à une vie volontaire étendue, c'est pour cela que plus d'un philosophe a pu non sans raison assimiler presque l'animal à une simple machine. En réalité, pourtant, le principe de l'activité chez les animaux est exactement le même que dans l'homme ; ce principe, c'est toujours à l'origine une impression. Mais tandis que chez les animaux les impressions possibles se bornent presque au contact de l'extérieur et aux commandements organiques des besoins, une autre source très-abondante surgit en l'homme seul par la faculté de formation des images. Sans doute l'image qui naît du mot n'a pas une puissance d'émotion aussi grande que l'impression qu'elle représente ; mais nous avons montré qu'elle a une force réelle.

L'impulsion d'une action volontaire trouve ainsi sa source dans la représentation que le langage fournit de cette action. La volonté dérive du langage, c'est pour cela que la pensée humaine peut diriger, non-seulement les actions de celui en qui elle naît, mais encore les actions d'autrui. L'image qu'elle met devant les yeux peut être présente à la fois pour tous ceux qui entendent la même langue, et tous peuvent y puiser un même principe d'émotion et d'action, parce que la représentation fournie aboutit à la perception possible d'un résultat intéressant également pour tous. C'est là l'élémen essentiel de toutes les sociétés humaines ; la communauté des signes engendre la communauté des actions et l'entente des hommes vers un même but.

C'est par conséquent dans le fait du langage que nous retrouvons le principe de la différence caractéristique de la volonté humaine et de la volonté animale. L'animal, lui, ne peut vouloir que des actions absolument imminentes et dictées par un besoin pressant. Dans ce cercle, il a une volonté, c'est-à-dire qu'il cherche un résultat et y emploie toute la puissance de son organisme. L'homme, au contraire, prévoit de loin tous les actes qu'il peut d'avance considérer comme accomplis en imagination, et il peut vouloir de loin tous ces actes et y appliquer toutes les ressources de son intelligence et toutes ses forces organiques. Nos facultés d'imagination font bien plus que doubler les actes qu'il nous est possible de vouloir.

Vouloir, c'est par conséquent savoir ce que l'on va faire et c'est se déterminer avec connaissance de l'acte qui va être accompli ; dès que cette connaissance existe, l'exécution devient un fait de conscience, et chacun de nous aperçoit d'avance la route dans laquelle il engage la direction de son activité. C'est dans cette distinction que toutes les sociétés humaines ont fixé le principe de la répression pénale. Cette répression n'existe qu'autant que l'acte accompli a pu être imaginé d'avance et apparaître ainsi dans la conscience. Celui qui ne peut savoir ce qu'il fait n'est point considéré comme responsable de ses actes, mais tout homme raisonnable doit toujours être en état de savoir ce qu'il fait. Dès que l'image d'une action peut surgir dans la conscience, dès qu'elle peut apparaître devant l'esprit sous la forme représentative qui en est fournie par l'expression, l'accomplissement de cette action est un fait volontaire, et du même coup, selon les lois humaines, commence la responsabilité.

Le principe des actes volontaires se trouve désormais bien défini ; il est le même que le principe de la pensée, et les troubles de notre puissance de volonté et d'action ne peuvent avoir d'autre cause que les troubles de notre pensée. La folie est une maladie mentale.

Quelle idée devons-nous nous faire d'un état si extraordinaire de l'impressionnabilité ? Comment notre pensée peut-elle être ainsi troublée ? C'est un point sur leque quelques réflexions ne sont pas inutiles.

La folie, la démence, sont-elles des maladies purement

mentales, ou bien s'y joint-il quelques altérations matérielles de l'organisme ? voilà une question que la médecine a souvent posée sans jamais la résoudre d'une façon péremptoire. Plus d'une fois les aliénistes se sont efforcés de trouver un rapport précis entre les variétés de manie et de monomanie et certaines lésions ou modifications apparentes de la substance cérébrale. Toutefois il est aisé d'apercevoir que les observations qui peuvent être faites dans cette voie amèneront difficilement à des résultats assurés. En effet, il restera toujours douteux si la lésion constatée après la mort du malade n'est pas simplement un résultat de la maladie au lieu d'en être la cause déterminante. Les probabilités semblent même indiquer que le point de départ de la folie est souvent indépendant de toute espèce d'altération matérielle du cerveau, et il faut souhaiter qu'il en soit ainsi. Car les modifications et les lésions matérielles de la substance cérébrale ne pourraient se corriger, et le fou devrait être considéré comme atteint d'une infirmité aussi irrémédiable que celle de l'absence d'un membre.

Quelle que puisse être un jour la solution de cette question, elle n'est pas indispensable au point de vue philosophique. Ce qui pour tous les observateurs caractérise la folie, ce n'est point un état particulier de l'organisme, mais un mode particulier de production des idées. Le propre de la folie, c'est l'idée fixe.

L'idée fixe consiste dans l'association constante qui est faite d'une unique impression avec tous les mouvements qui peuvent envahir l'être vivant. Il y a chez le fou permanence et continuité d'une même image. Cette image renaît toujours en lui, quels que soient les événements extérieurs. L'impressionnabilité en est tellement imprégnée, qu'il n'y a ni trève ni repos à la pression incessante de l'idée fixe; on aperçoit ainsi que l'état de démence dénote une altération dans les procédés ordinaires par lesquels les impressions se font jour en nous.

Tandis que d'ordinaire nos impressions se chassent les unes les autres parce que les événements extérieurs qui y correspondent apparaissent avec leurs caractères distincts, le fou devient insensible aux perceptions communes; il ne voit plus que des images; dominé par une réflexion perpétuelle d'une seule idée, il reste sous le poids d'une insurmontable obsession. C'est donc avec raison que la folie est considérée comme étant principalement un trouble de l'esprit; elle peut, il est vrai, être accompagnée de troubles physiques des organes, mais le principe du mal, c'est une hallucination indestructible, par laquelle une image est devenue tellement puissante, qu'elle a envahi tout l'être nerveux et ne lui permet plus la perception des réalités communes.

Il semble que, pour donner une idée à peu près exacte de l'état de démence, on pourrait se représenter une corde à son maximum de tension et mise en vibration avec tant de force, qu'il n'y a plus de possibilité d'arrêt de ce mouvement que dans la rupture de la corde. Chez les insensés, le tressaillement nerveux a été si violent, les impressions qui l'ont produit ont été si répétées, le nerf lui-même était si impressionnable, que toutes modifications ou impressions nouvelles sont devenues impossibles. On raconte des exemples de fous guéris par une émotion puissante et inattendue; c'est en effet le mode le plus efficace de guérison, mais la difficulté est précisément d'obtenir chez le fou une émotion nouvelle et de l'arracher à la domination des idées qui l'occupent habituellement tout entier.

Les principes que nous exposons ne laissent aucun doute sur la parfaite analogie de la folie et du rêve ; l'un et l'autre consistent dans une reviviscence d'images dont la cause ne peut être distinguée. L'esprit, en pleine possession de lui-même, voit renaître des images par le secours des formes expressives que l'éducation a définitivement associées en lui avec ces images. Dans le rêve, au contraire, et dans la folie, nous ne pouvons saisir le rapport de l'image avec aucun fait extérieur présent. L'expression qui engendre l'image ne peut être chassée, et l'impression fatale qui en résulte ne peut jamais s'évanouir de l'esprit.

On comprend aisément que la folie doit prendre naissance avec plus de facilité dans les organisations nerveuses douées d'une impressionnabilité exceptionnelle, et c'est par là qu'elle affecte bien souvent un caractère héréditaire, bien qu'il n'y ait pas de vice apparent de l'organisme. L'hérédité engendre simplement une prédisposition à la folie ; pour en déterminer l'apparition, il faut toujours un événement considérable, une émotion profonde de la vie. On a remarqué que les folies héréditaires étaient les plus faciles à guérir ; rien de plus compréhensible avec nos principes : puisque la folie peut subvenir héréditairement par le choc d'une émotion moins puissante que celle qui est nécessaire pour détruire la raison d'un homme non prédisposé, il est naturel que les efforts du médecin aient à combattre une idée fixe moins enracinée.

Nous croyons pouvoir rendre un compte assez exact

de la fixation de la folie par une comparaison avec un fait très-singulier aussi de l'ordre purement physique. On sait que le fer soumis à l'action de l'aimant devient lui-même un aimant pendant tout le temps que l'action magnétique s'exerce sur lui ; on sait aussi que cette disposition magnétique disparaît en lui d'ordinaire aussitôt qu'il est mis hors de la portée d'action de l'aimant. Mais cette disparition de la puissance magnétique peut être empêchée. En effet, si pendant la durée de l'action de l'aimant, le fer qui y est soumis est frappé d'un coup violent par une masse puissante, la faculté magnétique se trouvera fixée en lui d'une manière définitive. C'est également ce qui se passe dans la folie. Un état extraordinaire de l'être peut se trouver fixé définitivement par une impression violente, et cette impression joue à tous égards le rôle d'un coup de marteau, nom que la langue vulgaire donne à la folie.

La folie n'est pas la seule forme d'impuissance de la raison, mais elle est néanmoins tout à fait distincte dans son origine et dans ses effets de l'aberration que l'on appelle idiotisme ou imbécillité. Dans la folie, l'impressionnabilité est surexcitée par une seule image et oublie tous les autres événements. Pour l'idiot, au contraire, il n'y a point d'événements, point d'impressions notables ; la vie est purement végétative ; la puissance nerveuse manque de son développement habituel. L'imbécillité ou idiotisme consiste dans une incapacité irrémédiable et native des facultés de représentation expressive. L'idiot n'est pas préoccupé d'une image exclusive, au contraire, il ne peut en former aucune ; pour lui, il n'y a pas d'impressions distinctes, il y a par conséquent impossibilité d'associer une expression à une impression. L'idiotisme n'est pas toujours un fait de naissance ; la maladie peut agir sur l'organisme nerveux et lui enlever une portion de sa puissance originaire ; lorsque l'idiotisme est congénial, il est d'ordinaire accompagné de difformités physiques. L'un des cas les plus intéressants à cause des conditions purement locales d'où il dépend est celui qui est désigné par le nom de Crétinisme Alpin. Le crétin est un demi-idiot ; il conserve une certaine vitalité et ne peut être considéré comme absolument dépourvu de raison. Pourtant la domination des besoins est déjà bien puissante chez lui, et le fait toucher de près à l'animal. En lui, l'être nerveux servi par des organes pauvres et mal nourris ne peut s'élever à l'impressionnabilité ordinaire ; il connaît peu de choses, est incapable d'instruction, mais ce qu'il sait, il ne l'oublie point. La maladie mentale qui est en lui porte au plus haut degré le cachet de l'influence des organes et de leur défaut de nutrition.

Pour des causes à peu près identiques, mais accidentelles au lieu d'être congéniales, beaucoup d'hommes âgés tombent dans l'enfance ; leur impressionnabilité est comme usée. Du même coup disparaît en eux tout pouvoir sérieux de représentation expressive, du même coup aussi s'effacent pour eux l'intelligence et la volonté. Les mots, s'ils se présentent à eux, ne leur fournissent plus d'images précises ; l'association des choses et des noms ne se fixe plus dans leur esprit. Leurs plus vieux souvenirs sont alors les plus sûrs qui leur restent, parce qu'ils avaient persisté avec plus de ténacité. Néanmoins la mémoire s'éteint bientôt complétement ; la figure même de leurs proches ne leur rappelle plus leur nom, leur nom ne leur rappelle plus leur figure. Seuls, les besoins, seule, la vie organique persistent et leur donnent pendant un temps plus ou moins long une apparence de vie, triste et douloureuse épave de la grandeur de l'homme.

Bien différents, au contraire, nombre de vieillards, mais surtout ceux que la maladie mine plus ou moins vite dans un de leurs organes essentiels sans que le système nerveux soit atteint! ceux-là peuvent garder jusqu'à la dernière heure toute leur puissance d'esprit. Ce phénomène a frappé quelques médecins ; l'étudiant sous le nom d'insénescence du sens intime, ils en ont tiré bien des conséquences peu fondées. Avec nos principes, quoi de plus simple et de plus aisé à expliquer ? La caducité des organes n'est point celle de l'homme lui-même, lorsque l'on a compris que l'être vivant est essentiellement l'être nerveux. La sensibilité reste intacte tant que l'organisation nerveuse n'est pas en ruines. Le nerf, en effet, reste debout tant qu'il peut se nourrir par une circulation sanguine, tant que les mouvements du cœur entretiennent son bain de vie. La distinction si essentielle de la vie organique et de la vie nerveuse trouve ainsi sa confirmation la plus éclatante dans les approches de la mort. Chez le vieillard en enfance, la vie nerveuse presque éteinte se confond déjà avec la nuit du trépas. Au contraire, la vie organique la plus douloureuse peut encore servir de support à une âme fière, à un esprit capable de nobles efforts.

Une organisation nerveuse intacte, telle est donc la condition essentielle de la possession de la raison, de la possession par conséquent d'une volonté libre et maîtresse d'elle-même. Ce qui fait de la raison une faculté commune à tous les hommes, c'est la similitude de leurs facultés d'impressions et d'expressions, et la raison ne leur est commune à tous que dans les limites de cette similitude. C'est là ce qui rend possibles les mœurs, c'est-à-dire une certaine identité de vie et d'action dans l'ensemble des sociétés constituant un même peuple.

A la longue, des habitudes se forment aussi comme résultat des pensées communes à tout un peuple et deviennent peu à peu d'indestructibles instincts. Ce sont là des instincts purement humains, parce que leur source est purement humaine; mais l'ensemble général des conditions d'existence d'un peuple en est l'un des plus puissants facteurs. Une nation, c'est-à-dire un ensemble d'individus nés de parents plus ou moins semblables, parlant en outre une même langue, usant par conséquent des mêmes procédés d'expression, vivant enfin sur un même sol, sous un même climat, subissant une même lutte contre la nature, se distingue nécessairement des autres nations par ses mœurs, c'est-à-dire par une manière habituelle d'agir. C'est ce phénomène qui a été désigné et étudié récemment sous le nom d'*influence du milieu et de la race sur les arts* et qui a inspiré à M. H. Taine son magnifique ouvrage sur la littérature anglaise. Il se forme héréditairement en chaque nation une habitude commune de sentir et de penser, en sorte que tous les hommes d'une même race et d'un même pays présentent quelque chose d'identique dans le mode d'expression de leurs pensées. Mais il ne faut pas oublier, en s'arrêtant à ce point de vue, qu'il n'explique que ce qui est commun à tous les esprits d'une même nation, et que les variations individuelles ont une toute autre origine.

CHAPITRE XVIII.

LA LIBERTÉ.

Nous venons d'obtenir une notion précise du phénomène de la volonté ; toutefois, cette notion mérite d'être complétée, et nous devons pousser plus loin notre analyse. L'homme n'est pas seulement doué de volonté, il y a en sa volonté quelque chose de caractéristique, c'est d'être libre. Que faut-il entendre par cette expression célèbre : « La liberté humaine ? » Quel est le phénomène qui se trouve caché sous le voile de cette dénomination ? C'est là ce qui nous reste à examiner et, nous le verrons bientôt, les difficultés de cet examen seront moins considérables qu'on ne suppose, malgré toutes les obscurités amoncelées sur la question par l'esprit de système.

Rappelant les résultats de notre analyse des faits volontaires, nous disons : aussitôt qu'une impression a acquis une force émouvante et provoqué à une action, cette action chez les êtres doués de pensée est précédée de sa propre image, et c'est cette image qui imprime à l'acte une direction déterminée. C'est là le mécanisme par lequel la pensée influe sur l'action ; il est aisé d'en tirer la conséquence.

Lorsqu'une action se trouve ainsi pensée d'avance, elle apparaît à l'esprit avec tout un cortége inséparable d'elle-même. L'expression qui la représente ne montre pas seulement un fait matériel et immédiat, la pensée d'un acte est en même temps une représentation expressive de toutes ses conséquences ; par elle, l'acte se déroule devant l'esprit avec tous ses résultats nécessaires, car le nom qui lui est donné suffit à le caractériser dans le retentissement de toutes les suites prochaines qu'une expérience définitive lui a constamment rattachées.

Dès lors, on le comprend, au moment de se produire, une action peut se trouver précédée de la pensée de tous ses résultats. Dès qu'elle est envisagée à ce point de vue, l'action cesse d'être la simple mise en mouvement de tout ou partie de l'appareil organique ; elle peut être incontestablement considérée comme une cause d'ébranlement de tout ce qui recevra communication de l'impulsion organique ; elle devient une modification voulue ; la volonté, en tant qu'elle engendre des actions de ce genre, influe directement sur le sort des objets extérieurs ; la pensée devient une direction de la matière.

C'est cette direction de la pensée, c'est cette considération possible de l'issue définitive d'un acte avec toutes ses conséquences, c'est là ce qui constitue le propre caractère des actions où nous constatons une finalité ; ainsi prend naissance en nous la notion du but. La finalité d'un fait suppose un acte accompli avec l'intelligence complète de tous les résultats qui peuvent en provenir, et l'accomplissement d'un acte dans ces conditions est le propre de l'intelligence humaine. Seule, en effet, elle jouit de cette faculté représentative étendue qu'elle doit au langage articulé, seule elle obtient une vision nette des choses au moyen de l'image expressive des mots, vision qui lui permet la réflexion et le progrès indéfini.

Or, il est aisé de comprendre toute la portée de cette distinction propre à l'homme de la finalité des choses. Grâce à cette possibilité, la pensée déterminante d'une action peut être tout autre que celle du sentiment immédiat et passionné du premier moment ; elle peut être aussi la pensée de la fin de l'action, la pensée de son résultat aperçu dans toutes ses conséquences. Cette seconde pensée peut amener un genre d'émotion très-différent de la première. Et, par exemple, une pensée de vengeance peut trouver une opposition dans la pensée de l'horreur qui accompagne l'idée d'un meurtre accompli ; elle en trouve une plus grande encore dans la pensée des conséquences sociales presque inévitablement attachées à l'acte projeté. Nous comprenons aussitôt comment l'éducation morale, c'est-à-dire le sentiment universel imprégné en chacun de nous par lequel est qualifiée telle ou telle action, peut entrer en lutte avec le sentiment excité par la passion présente. C'est cette lutte qui constitue la vie morale, c'est elle qui a valu aux actions humaines de mériter essentiellement la qualification d'actions *libres*.

Dans sa signification la plus étendue, le mot de *liberté* est appliqué à l'accomplissement des choses suivant leur loi. En ce sens, toute force est dite *libre* dont l'action ne rencontre aucun obstacle. Ainsi nous nommons *libre* l'animal qui peut suivre tous les instincts de sa nature ; de même, on appelle homme *libre* celui qui ne doit à personne le service de son travail ou de sa pensée. La science emploie l'expression : « Electricité à l'état libre ; » elle l'applique également aux substances chimiques pour expliquer qu'elles ne sont point retenues dans les liens d'un mélange ou d'un amalgame.

Dans toutes ces expressions, dans toutes les expressions semblables, il y a un point de vue commun engendrant le mot *liberté*. Ce point de vue est celui de l'accomplissement régulier de la destinée propre de l'objet considéré ; en ce sens, la liberté d'un être quelconque n'est autre chose que le plein épanouissement de ses conditions d'existence ; ainsi nous concevons comme libre la course des masses célestes, parce que nous n'apercevons aucun obstacle imprévu capable d'en troubler la régularité. Cette liberté parfaite de leurs mouvements n'engendre rien de capricieux ; au contraire, elle est une cause de prévision exacte permettant à l'homme d'en calculer d'avance l'accomplissement. Ainsi entendue, la liberté suppose un acte accompli avec une régularité harmonieuse et toujours identique à elle-même. Tel un arbre pousse librement au milieu d'un sol propice à sa végétation et dans un climat favorable, et dans ces conditions de parfaite harmonie il est permis d'en calculer d'avance la forme et la grandeur.

Ce que nous entendons par liberté, c'est donc le fonctionnement normal d'un être au milieu des conditions ordinaires de sa vie ; ce fonctionnement est considéré comme sa loi, et cette loi agit avec toute liberté tant qu'il n'existe aucun trouble imprévu venant modifier le milieu et l'ensemble normal où elle s'exerce.

L'homme, considéré dans les manifestations de son activité, est sans aucun doute libre dans le sens que nous venons d'indiquer, c'est-à-dire que ses déterminations sont en harmonie avec ses conditions d'existence et en découlent comme un résultat régulier ; toutefois cette liberté semble à beaucoup de gens insuffisante pour caractériser l'état moral de l'homme ; même dans l'esclavage le plus dur, l'homme est considéré comme gardant une certaine liberté, et c'est là un point de vue qui demande quelques éclaircissements ; d'autre part, plus d'un système a été conçu par lequel on considère les actions humaines comme indépendantes du milieu où elles se produisent.

Ce qui a donné naissance à cette dernière affirmation, c'est un fait réel, mais qui a été mal interprété. Tandis que certaines existences sont soumises à des lois faciles à préciser, l'homme au contraire, subit une foule d'influences, si bien qu'il est le plus souvent impossible à un observateur étranger de réunir toutes les données du problème d'une détermination humaine. Même dans les cas les plus simples, il est presque impossible de prédire à coup sûr l'action d'un individu. Le rapport d'un acte avec ses causes reste toujours plus ou moins enveloppé d'obscurité ! Mais, malgré cette obscurité, il n'y a aucune raison qui permette de douter que ce rapport n'existe réellement, et nous avons le droit de le supposer dans toutes les actions humaines. Le nier serait admettre un pur hasard comme présidant à toutes ces actions.

Chaque homme peut donc être considéré comme soumis en réalité à une loi qui lui est personnelle. Cette loi résulte de lui-même, de sa constitution propre, de tout ce qui en fait un être particulier. La voix des passions, l'empire des besoins, l'impression de certains sentiments, de certaines idées, tout cela varie à l'infini en chacun de nous, et nos déterminations, tout en étant dictées par un rapport nécessaire entre les événements et nous-mêmes, changent bien souvent suivant les lieux, les circonstances, se modifient enfin avec notre tempérament, nos habitudes et les diverses péripéties de notre éducation.

Toutefois cette diversité infinie de mobiles et de milieux n'est point la seule cause de l'obscurité qui enveloppe le problème de la liberté humaine. Ce problème se complique surtout par l'influence décisive exercée sur nos actions par notre pensée.

C'est ici la grande différence entre l'homme et l'animal. Ce dernier a des besoins presque en tout semblables à ceux de l'homme ; seulement leur empire ne s'exerce pas sur l'homme avec la même tyrannie. L'animal ne résiste pas aux besoins ; l'homme, au contraire, peut lutter même contre ceux dont l'accomplissement est le plus nécessaire à sa propre vie. C'est cette possibilité de lutte qui marque d'un caractère particulier les déterminations de l'activité humaine ; c'est elle qui à bon droit l'a fait considérer comme jouissant d'une plus haute liberté.

L'homme, disons-nous, peut lutter contre les passions les plus tyranniques, contre les besoins les plus impérieux. Que devons-nous entendre par là ? C'est ici qu'il faut bien préciser et savoir comprendre la cause de cette lutte possible et les éléments qui y jouent leur rôle.

Lorsqu'une impression extérieure, quelle qu'elle soit,

vient frapper nos sens, le premier mouvement de l'être est d'y céder, et cela est vrai de l'homme lui-même ; mais il peut y avoir en l'homme autre chose que ce premier mouvement ; la pensée sous sa forme réfléchie peut intervenir et interposer une autre émotion. C'est la possibilité de cette seconde émotion venant contrebalancer la première, qui constitue la lutte morale et donne à la liberté humaine un cachet particulier.

Un homme couvert de sueur, harassé de fatigue, arrive tout d'un coup en présence d'une source pure s'épanchant à l'ombre épaisse de quelques arbres entrelacés. Le premier mouvement, c'est de se désaltérer et de prendre quelque repos à la plus fraîche place ; la réflexion pourtant, en interposant ici le souvenir des accidents graves que cette imprudence pourrait entraîner, donnera un autre cours aux pensées, éveillera des impressions nouvelles et suspendra ainsi une action peut-être déjà commencée.

A une impulsion, la pensée oppose donc une impulsion contraire : la pensée, dit-on, est plus prompte que l'action. Cela est vrai et c'est ce qui permet la lutte morale. La formation des expressions représentatives jouit d'un mécanisme tellement rapide, qu'elle devance le mouvement d'une action commencée ; une fois engendrée, elle est immédiatement suivie des impressions qui en découlent, et ces impressions de seconde main peuvent être plus puissantes que celles qui d'abord avaient commencé à émouvoir.

C'est cette mise en présence possible dans l'esprit humain de deux impressions contradictoires qui constitue l'état de délibération. La possibilité de cet état se trouve ainsi rattachée par une conséquence nécessaire à la théorie générale de la pensée ; elle est un résultat des facultés particulières d'expression par lesquelles il est permis à l'esprit humain de se représenter d'avance ses actions avec tout le cortège de leur retentissement le plus éloigné. Nous retrouvons donc encore ici dans le langage le principe de la supériorité morale de l'être humain. A la différence des actes empreints de la brutalité animale, les actes humains peuvent se trouver suspendus par la considération de leurs conséquences ; l'impulsion qui met l'être en mouvement cesse par là d'être irrésistible. Avant d'être consommée, l'action se trouve pensée ; elle devient ainsi une œuvre absolument volontaire ; la délibération qui précède l'exécution met en regard l'un de l'autre les divers résultats que doit entraîner telle ou telle conduite, et pendant cette délibération l'une et l'autre conduite semblent également possibles.

Seulement, il importe d'en faire immédiatement la remarque, car c'est là le point délicat, cette possibilité de se déterminer de telle façon ou de telle autre façon n'est en réalité qu'une abstraction. Au moment où commence la lutte des deux impressions en présence, il est assuré que l'une sera plus puissante que l'autre, et ce résultat découle nécessairement de la loi propre à l'individu observé. C'est là ce que nous devons essayer de faire saisir avec une clarté indéniable, car c'est là le nœud de toutes les controverses qui se reproduisent périodiquement sur ce sujet.

L'homme, dit-on souvent, est libre de faire telle ou telle chose ; il choisit. On en conclut immédiatement que ce choix absolument libre peut amener indifféremment l'une ou l'autre détermination. C'est là une conclusion radicalement fausse ; le choix est libre, il est vrai, c'est-à-dire qu'aucune puissance extérieure ne peut faire irruption dans le champ clos du combat intérieur. Mais, quant au résultat du combat, il est certain d'avance et découle nécessairement des mille circonstances qui constituent au moment donné la loi de l'être en délibération.

Faire une chose de préférence à une autre, prendre une détermination raisonnée, voilà ce qui est possible à l'homme, et ce qui n'est possible à peu près qu'à l'homme, puisque seul il peut mettre en présence dans son esprit deux ou plusieurs impressions à la fois, mais il ne faut nullement imaginer qu'il puisse faire indifféremment une chose ou une autre.

Toute action humaine a son mobile impératif. C'est ce mobile qui pèse sur la détermination, et qui fait adopter de préférence telle manière d'agir. C'est lui qui a exclu toute autre influence et qui a vaincu le mobile opposé.

L'homme est donc le théâtre d'un perpétuel combat, et c'est là le propre caractère de la liberté humaine qu'aucune décision ne se prend sans avoir subi l'épreuve de la lutte contre une autre idée. Mais lorsque, au lieu de comprendre ainsi la liberté humaine, on prétend que l'homme peut faire indifféremment telle ou telle chose, lorsqu'on s'imagine que le caractère essentiel de cette liberté c'est le caprice, lorsqu'on soutient qu'il n'y a pour une volonté donnée aucune raison nécessairement déterminante, on profère réellement une série de non-sens. Que serait, en effet, ce pouvoir de faire indifféremment une chose ou une autre ? Évidemment un état d'indétermination, en sorte que cette conception de l'être libre amène à le concevoir comme n'ayant encore aucune détermination prise. Il est très-vrai que l'homme peut rester plus ou moins longtemps sans arrêter sa détermination, mais il n'est pas moins vrai que cette indétermination cesse tôt ou tard. Pour l'homme comme pour tous les autres êtres, la liberté consiste dans le pouvoir de suivre ses impulsions naturelles; tout ce qu'il y a de particulier dans l'homme, c'est que ses impulsions sont des impulsions réfléchies.

Il est vrai qu'avant de se décider pour une action, l'homme peut être arrêté par une autre idée. Cette possibilité, nous en connaissons exactement la cause. Seul, en effet, grâce à la réflexion, l'homme, avant de se déterminer, pèse les raisons de sa détermination. Seul, il peut jusqu'à un certain point en calculer exactement les effets. Que faut-il en conclure ? Si l'homme, après avoir pesé ses raisons, se décide pour une conduite, c'est que sa décision est déterminée par le poids des raisons qu'il a opposées l'une à l'autre. C'est assez dire que la décision ne pouvait être autre que ce qu'elle a été; elle a été le résultat d'une impulsion *décidément* supérieure; donc la délibération ne pouvait manquer d'aboutir précisément à ce résultat.

Ce qui constitue la liberté humaine comme un fait original, c'est donc ce pouvoir propre à l'homme de mettre en face l'une de l'autre deux résolutions, de les comparer dans leurs effets et de se décider par le résultat de cette comparaison. Cette comparaison est une pensée issue de ce pouvoir de réflexion dont nous connaissons la vraie source. C'est une pensée, et cette pensée est aussi une pesée. Nous trouvons dans cette remarque le secret de l'identité des expressions latines en ce qui touche les actes de penser et de peser : *Pensare*, c'est-à-dire tenir en suspens, tenir son âme en équilibre ; peut-être cette même identité se retrouve aussi dans les formes expressives, *librare*, peser et *liber*, libre. Toutefois ici il y a doute ; les formalités de la manumission (affranchissement) suffisent en effet à établir une dérivation entre le mot *librare* et le mot *liber*.

Quoi qu'il en soit, nous appelons acte libre, volonté libre, l'acte et la volonté précédés de réflexion et de *délibération* ; c'est qu'en effet la réflexion est la loi suprême de l'homme. Dans les circonstances données, la résolution intervenue ne peut être supposée autre qu'elle n'a été. Admettre le contraire, ce serait dire qu'un homme peut se déterminer contre sa nature, puisque, ayant comparé et pesé deux conduites, il serait supposé capable d'adopter celle qui lui aurait paru le moins avantageuse. Il est vrai que la décision eût pu être toute autre, si la réflexion avait été plus complète, si l'homme avait mieux vu toutes les conséquences de son acte, mais, tel qu'il était, il ne pouvait mieux voir. Si les résolutions humaines diffèrent, c'est que les hommes diffèrent aussi. *Tot capita, tot sensus*.

Reconnaissons donc la vraie valeur de la liberté humaine ; elle consiste en ce que ses déterminations ne sont jamais dictées que par des nécessités dont l'importance a été préalablement appréciée par le raisonnement. Cessons d'imaginer que, dans un cas donné, un homme puisse faire indifféremment une chose ou une autre : ce serait en faire un être contre nature ; et, par exemple, ne croyez point que tel homme en délibération entre deux actions, l'une bonne et l'autre mauvaise, au lieu de prendre la mauvaise voie pouvait tout aussi bien prendre la bonne. Non, l'homme étant donné tel qu'il était, avec ses instincts de nature, avec ses habitudes de vie, son éducation, sa passion du moment et aussi son intelligence, cet homme ne pouvait prendre une autre décision que celle qu'il a prise ; en lui, le mal s'est trouvé plus fort que le bien, et c'est là son tort ; car un homme doit être toujours muni pour le combat intérieur de manière que le bien y triomphe : il n'y a aucune nature, si viciée qu'elle soit d'origine, qui ne puisse être en état de toujours préférer le devoir à toute autre impulsion. C'est là une question d'éducation morale et, pour chaque individu vivant en société, cette éducation est d'obligation personnelle ; de là naît la responsabilité au point de vue social. Tout homme doué de raison est capable de créer en lui la notion du devoir, capable, par conséquent, de se décider toujours pour le devoir, toutes les fois que l'impulsion du devoir est en contradiction avec une autre impulsion. Le devoir, c'est l'action à laquelle d'avance est attachée une préférence obligatoire au point de vue social. Devant lui, toute autre impulsion doit disparaître ; tout homme en société doit être en mesure de pouvoir toujours accomplir son devoir. Mais, au moment de la lutte morale, l'homme qui n'est pas préparé préférera souvent autre chose que son devoir, et lorsqu'il en est ainsi, il ne faut point croire qu'il eût pu agir autrement qu'il n'a fait. En vain, aux reproches de la société, l'homme coupable répondrait qu'il n'a pu agir autrement ; la société, sans le contester, dira simplement qu'il aurait dû pouvoir agir autrement, et qu'un être doué de raison et de réflexion est toujours capable de s'incliner devant la loi sociale.

La liberté de l'homme n'est donc nullement exclusive de la nécessité de ses actes, et la nécessité de ses actes ne fait non plus nul obstacle à la responsabilité. Tout dépend de la prédominance de la conception morale sur toute autre impulsion, tout dépend de la puissance de l'idée du bien au moment où le combat s'engage. Bien souvent l'homme change : on a dit que personne ne pouvait être dit heureux qu'à son dernier jour ; de même, on ne peut se croire vertueux tant que la vie peut offrir des occasions de chute pour le combat intérieur. D'autres, au contraire, se corrigent. Pourquoi ces variations et ces incertitudes dans la direction de la vie ?

C'est que l'homme peut faire siennes par la réflexion et l'expérience des idées qui n'avaient d'abord aucun empire sur lui, ou bien une passion nouvelle peut s'élever tout à coup dans son cœur. Ces nouvelles influences prennent une part nécessaire dans la direction de ses actes. En leur cédant, il suit la loi de sa nature, il se détermine dans la mesure des forces de sa raison, il se détermine librement en dehors de toute contrainte, il se détermine nécessairement et conformément à sa loi. Etant tel qu'il est, tel qu'il est devenu par les résultats de l'éducation et de l'expérience combinés avec ses tendances natives, mais étant bien lui-même, c'est-à-dire affranchi de toute domination extérieure, il ne pouvait faire autrement, et sa détermination a été à la fois libre et nécessaire. Ne faisons donc point d'antithèse entre le mot *liberté* et celui de *nécessité*. La première nécessité d'un être, c'est d'agir suivant sa nature, sa liberté, c'est de n'être soumis à aucune contrainte pouvant arrêter cette action nécessaire. Sans doute, il avait bien vu cette vérité, Hégel, lorsqu'il n'a point craint de dire que la liberté est la vérité de la nécessité; sans doute, sous cette formule d'une concision bizarre, il voulait exprimer qu'un être cesse d'être libre dès que la nécessité de ses actions est autre que celle de la loi qui résulte de la constitution même de son être et de ses conditions d'existence.

Ce qu'il faut bien comprendre, quand on veut saisir ce qu'il y a de particulier dans la liberté humaine, c'est que le pouvoir de réflexion et de délibération de l'esprit humain est ce qui lui donne toute sa noblesse. Ce pouvoir n'est pas autre chose que celui de l'analyse d'une expression formée. La nature inanimée est sous l'empire des conditions d'existence générales que l'on désigne vulgairement sous le nom de *forces naturelles*, et jamais aucune modification voulue n'est possible dans l'action de ces forces naturelles. L'animal est gouverné toute sa vie par les mêmes instincts et ne peut rien changer non plus aux conditions de sa vie. Plus heureux, l'homme aperçoit les conséquences de ses actes, et dès lors il peut exercer sur lui-même une action modificatrice comme sur la nature qui l'entoure.

Cette action permanente de l'homme sur ses conditions d'existence, c'est ce que nous appelons le *progrès*. La loi du Progrès se trouve naturellement dictée par la recherche faite de toutes les améliorations profitables à l'être humain. Le Progrès est donc l'élimination constante de tout ce qui fait obstacle au développement de l'homme. Il est le résultat de la direction que les actions humaines reçoivent nécessairement par l'impulsion de la pensée.

L'impulsion victorieuse dans le combat intérieur

peut donc bien être la sensation ou le besoin, et l'humanité, si glorieuse qu'elle soit de sa vertu, compte plus d'une défaite morale ; mais, ni la sensation, ni même le besoin, ne sont assurés de leur victoire, et plus d'une fois la violence des tortures a dû s'avouer vaincue par la puissance d'une idée.

Ce qui fait dans ce cas la force de cette idée, ce qui lui assure la domination de l'esprit, c'est qu'elle est devenue depuis longtemps pour lui une source de réflexions constantes. Depuis de longues années, elle est là, toujours présente, toujours obsédant l'intelligence, ne laissant ni paix ni trêve, objet de tous les vœux, de toutes les espérances, de toutes les décisions. Lorsqu'une idée s'est ainsi imposée à un esprit, elle devient sa loi absolue ; il est dès lors inhabile à être envahi par d'autres impressions. Les perceptions nouvelles qui seraient pour d'autres une cause d'hésitation ou de doute n'arrivent plus à produire une réflexion suffisante. Si contraires même qu'elles lui puissent être, on leur trouve toujours quelque aperçu venant confirmer l'idée dominatrice. Vienne ensuite la lutte, vienne le jour où l'idée maîtresse devient une cause de persécution et de haine, l'esprit ne secouera pas le joug qu'il s'est fait à lui-même, il ne reniera pas le Dieu qu'il s'est créé. Seule, son image restera inébranlée au milieu de la tempête morale ; seule, sa voix sera entendue. Ni les appels désespérés de sa propre chair, ni les reproches de ceux qu'il aime, ni les rigueurs de la loi, rien, pas même les supplices, ne pourront l'émouvoir. Il restera dominé, mené, conduit par cette force qui s'est incorporée en lui, qui est devenue la meilleure part de lui-même et au prix de laquelle rien ne vaut pour lui.

Voilà le drame de la liberté humaine, voilà sa grandeur, et c'est par là que l'homme se reconnaît supérieur au reste du monde ; car aucune force n'a été trouvée nécessairement plus puissante que l'impulsion que nos idées exercent sur nous. C'est par là aussi que l'homme s'est reconnu responsable. n'admettant pas l'excuse de la faiblesse des nerfs, lorsqu'il s'agit de lutter pour ce qui a été conçu comme le souverain bien. Il n'y a rien dans ces phénomènes qui déroge aux lois générales. Dans le combat moral, l'homme peut triompher de la sensation et du besoin ; c'est que la douleur n'est point si forte que le cri de la conscience, c'est qu'aucun sacrifice n'est pire que celui de l'idée qui est devenue la loi de la vie. En d'autres termes, l'idée est elle-même une force directrice, et sa victoire n'est autre que celle de l'accumulation des réflexions antérieures qui ont fait dans l'esprit un pli ineffaçable et fait naître l'habitude de céder toujours à ces mêmes inspirations.

On comprend ainsi comment seul l'homme a paru mériter d'être appelé un être libre. Seul, en effet, il trouve dans son organisation intime la possibilité d'éprouver des émotions contradictoires ; en lui seul peut être aperçue cette lutte intérieure d'impressions contraires qui peut tenir en suspens ses déterminations. Cette lutte n'est point seulement celle du bien et du mal, ainsi que l'ont cru longtemps tous ceux qui ont voulu trouver dans sa possibilité une preuve que l'homme est un être double. Non, l'homme est bien réellement une unité, et toutes ses déterminations sont bien de lui, quelles que soient les impulsions d'où elles procèdent. Le combat intérieur est une lutte d'émotions fournies par la pensée expressive. C'est la lutte pour le plus grand bien de l'être tel qu'il apparaît comme résultat possible de l'action.

C'est ce moment de pondération caractéristique, c'est cette période de délibération possible qui a fait considérer la volonté humaine comme essentiellement libre. La liberté ainsi entendue n'a pas seulement le caractère d'une action conforme à la loi de l'être ; elle a cela de particulier que l'être lui-même intervient pour se faire sa loi. Par le secours de la réflexion, l'homme devient le maître de sa destinée et compose son avenir. De là est née la possibilité d'un idéal pour chacun de nous, et aussi celle de l'idéal social commun à tous, loi morale expresse à laquelle il doit conformer ses actions. Le chapitre prochain va nous montrer les éléments de cet idéal. Ce que nous comprenons dès à présent, c'est que l'idéal une fois formé devient la direction supérieure et définitive ; contre lui, aucune force extérieure ne prévaut. L'homme muni d'un idéal devient plus fort que tout, il devient vraiment libre par essence ; car nulle puissance extérieure ne peut faire effraction dans l'intimité de la conscience. La noblesse morale peut dédaigner tous les assauts.

CHAPITRE XIX.

L'HOMME MORAL.

De même que, seul dans l'univers, l'homme, grâce à ses facultés d'expression, nous a paru capable de distinguer le vrai et a pu trouver dans cette supériorité le principe de son pouvoir sur la nature, de même nous le trouvons seul capable des notions du bien et du mal moral, seul capable aussi des sentiments de réprobation et d'admiration qui en sont le fruit. Déjà nous avons pu jeter un premier coup d'œil sur l'origine de ce pouvoir et en entrevoir le principe. Il convient ici de nous y appesantir, de rechercher et déterminer la source de ces conceptions, de montrer à quelle réalité elles correspondent et comment elles sont devenues la règle nécessaire et éternelle de la vie de l'humanité.

Le plus souvent, le problème qui se pose devant nous n'a été envisagé que sous une seule de ses faces ; on s'est beaucoup préoccupé de l'origine du mal, on n'a pas cru nécessaire de s'inquiéter de celle du bien ; nous n'avons pas besoin d'insister pour faire comprendre les causes qui ont si longtemps perpétué cette manière de traiter le sujet, elles n'ont rien de scientifique.

Pour nous, au contraire, le problème se pose dans toute son étendue ; mais auparavant nous devons le circonscrire avec exactitude ; il ne s'agit ici que du bien et du mal moral. Le mal physique n'est qu'un résultat immédiat de l'action du monde externe sur nos sens, et pour celui qui a repoussé les erreurs de l'imagination qui veut chercher dans l'univers un fait exprès pour l'homme, pour celui-là le mal physique n'est qu'un accident vis-à-vis de l'humaine nature ; le mal moral, au contraire, en est inséparable, et seul il mérite d'être chargé de toutes les condamnations du cœur humain.

La distinction du bien et du mal n'a de sens et de valeur que dans son application aux actions humaines. Faire le bien, faire le mal, voilà les expressions dont l'analyse doit nous livrer le secret de la vérité cherchée.

Faire le bien, disent toutes les religions et tous les moralistes, c'est agir pour autrui comme on agirait pour soi-même, bien plus, c'est s'oublier au profit d'autrui.

Faire le mal, au contraire, c'est ne chercher que son propre avantage et le rechercher au préjudice d'autrui. Le mal est l'oubli d'autrui, le bien est l'oubli de soi-même.

S'il en est ainsi, une première conclusion se tire d'elle-même, c'est que la pensée d'autrui est le caractère essentiel qui domine la distinction du bien et du mal ; en dehors des relations d'homme à homme, il n'existe aucune possibilité pour la production de l'idée morale ; sa raison d'être est là tout entière.

Pour celui qui fait le bien, le principe de son action n'est pas la recherche de son propre bien-être ; son mobile est plus noble : il cherche le bonheur d'autrui même au risque d'un préjudice personnel ; de même, celui qui fait le mal cherche son propre plaisir, sans doute, mais ce n'est pas cela qui est caractéristique ; ce qui engendre l'idée du mal, c'est de chercher son plaisir au préjudice d'autrui.

Le mal est donc la recherche exclusive de la satisfaction personnelle, c'est l'égoïsme. Le nom du bien, au contraire, c'est le renoncement, c'est l'oubli de soi.

Ces principes nous conduisent peu à peu à bien préciser notre recherche ; le dévouement d'un côté, l'égoïsme de l'autre, voilà les deux pôles du monde moral. Expliquer le dévouement, en montrer la source dans la constitution de l'être humain, mettre à nu, d'autre part, le principe de l'égoïsme, voilà l'œuvre à accomplir pour la solution du problème moral. L'embarras, on le comprend, est d'expliquer comment peuvent vivre ensemble deux tendances si contradictoires, comment elles peuvent fleurir l'une à côté de l'autre dans un même cœur, comment enfin elles se perpétuent l'une et l'autre dans l'humanité, sans que les plus riantes espérances de progrès puissent jamais entrevoir la disparition complète de la tendance au mal.

Et pourtant, la solution de ce grand problème ne nous offrira pas de grandes difficultés. L'égoïsme, disons-nous, est le père du mal. En découvrant la racine de l'égoïsme, nous aurons du même coup pénétré l'origine du mal moral. Mais une fois la question ainsi posée, la réponse accourt d'elle-même. La racine de l'égoïsme c'est nous-même, c'est la vie dans son propre développement. L'égoïsme n'est que le principe de la conservation de soi-même, principe instinctif dans les êtres inférieurs, principe raisonné, au contraire, chez tous ceux dont l'intelligence est habile à concevoir les conditions essentielles de la vie. L'égoïsme est un résultat direct de l'impressionnabilité ; tout être impressionnable fait le choix entre les impressions subies et arrive à repousser par une élection instinctive tout ce qui peut lui nuire. L'égoïsme réfléchi se fait jour dans les êtres doués de réflexion, comme l'égoïsme instinctif chez les êtres réduits à l'instinct : c'est en eux tous une nécessité de nature. Il est impossible de concevoir un être vivant dont l'impressionnabilité n'entraîne un soin quelconque de défense personnelle. L'égoïsme est donc bien un principe nécessaire, et il l'est dans l'être humain, prenant chez lui comme en tous les autres êtres sa source dans l'impressionnabilité nerveuse, inséparable par conséquent des racines même de l'existence.

Dès lors, nous le comprenons, le problème de l'origine du mal est résolu. Il n'y a plus nulle nécessité de lui chercher une cause étrangère. En tant qu'égoïste, l'homme est nécessairement porté au mal, porté à l'oubli d'autrui, emporté par l'unique préoccupation de soi-même. Il est donc vrai que l'homme naît mauvais, et c'est là une nécessité de nature. L'homme ne peut être autrement ; seule la cessation de la vie peut détruire absolument la racine de l'égoïsme et du mal ; aucune amélioration progressive ne pourra jamais extirper une tendance qui sort naturellement du fonds même de la nature humaine, et sans laquelle l'existence ne saurait être conservée : car la vie exige un perpétuel combat contre autrui.

Nous voyons clairement maintenant en quoi consiste la notion du mal moral, et nous comprenons aussi que la tendance naturelle qui engendre les faits mauvais n'est point le résultat d'un évènement plus ou moins accidentel. Jamais l'homme n'a pu être dépourvu de cette tendance née en lui avec la vie même ; une fois ce premier problème résolu, il semble que tout l'embarras se reporte sur la question de l'origine du bien. Comment cet être naturellement égoïste peut-il être autre chose qu'un égoïste ? Comment cet être, mauvais par nécessité de nature, peut-il se trouver d'autre part un être bon, sensible, porté à toutes les exaltations de la charité et de l'amour d'autrui ? Nier ces sentiments, se réfugier dans l'intérêt bien entendu, c'est, nous l'avons montré, une ressource puérile. Et de fait, toute conciliation est impossible pour le philosophe qui ne considère l'homme que d'une manière abstraite, au lieu de le placer dans le milieu social qui est la première des conditions de sa vie. Si vous imaginez l'homme comme capable d'une vie exclusivement solitaire, vous ne pouvez plus trouver de raison pour l'existence de la tendance morale. Mais c'est une étrange abstraction qu'un pareil point de départ philosophique ! L'homme ne vit point seul et ne peut vivre seul ; avant tout, il est vrai, il faut qu'il vive, et c'est là le principe de l'égoïsme ; mais sa vie est inséparable d'un état social, et c'est là le principe de l'amour d'autrui. Aucun homme ne peut être conçu en dehors de la vie sociale, en sorte que les nécessités de la vie sociale sont des nécessités pour lui. L'égoïsme absolu est incompatible avec elle, et nous avons des services d'autrui le même besoin qu'il peut avoir des nôtres. Dès lors, on le comprend, une culture sociale a dû prendre naissance, et son résultat est d'enraciner de plus en plus dans l'humanité un instinct créateur du bien.

Le bien comme le mal nous apparaissent ainsi comme ayant pris place l'un et l'autre dans la vie humaine par une nécessité de nature. Tandis que l'un travaille à la conservation de l'individu, l'autre conspire pour celle des générations futures, et les belles actions du temps présent sont comme le paiement des générosités du passé ! Nous acquittons par nos bienfaits une dette que nous avons contractée envers nos ancêtres. Ainsi s'engendre une constante tradition pour le bien, et par là une éducation morale ininterrompue, dont le résultat est un constant progrès moral. Les religions en sont le principal instrument, et c'est à juste titre que celles qui ont le plus servi à réaliser l'ascension de l'humanité vers le bien ont pu être considérées comme une rédemption d'un vice originel essentiel à l'humanité. Les plus grandes variations se rencontrent d'ailleurs au sein de ces tendances générales ; leur part à chacune est loin d'être irrévocablement fixée en chaque individu de l'espèce. Les plus notables divergences s'accusent et, tandis que quelques-uns sont entraînés au mal par un tempérament presque irrésistible, d'autres au contraire, dominés tout entiers par l'amour du bien, méritent d'être honorés des noms de héros et de saints. C'est le sentiment intime de ces vérités qui a fait créer en théologie la théorie de la Grâce.

La distinction du bien et du mal est donc un résultat nécessaire de la vie sociale et par conséquent de la constitution même de l'homme, et cette distinction est fondée sur le classement que chacun de nous fait nécessairement de toute œuvre d'autrui. Il n'y a rien là d'artificiel ; il est impossible, étant donnée une société humaine, qu'il ne s'y fasse point de différence entre les actes bienfaisants et nuisibles, et nous comprenons pourquoi cette distinction est un fait universel, pourquoi elle se retrouve dans tous les peuples et dans tous les temps ; mais nous comprenons aussi que cette distinction n'a point de raison d'être ailleurs que dans le milieu social.

Bien souvent pourtant on s'est plu à considérer l'idée du bien et du mal comme un pur caprice dont il n'y avait point à rendre compte. Ce point de vue domine notre vieux Montaigne et, jusqu'à un certain point, Montesquieu lui-même. Que pourrait-on dire des infinies variations des mœurs dans les sociétés humaines, que pourrait-on en dire qu'ils n'aient exposé dans ce style si clair, si limpide et si piquant, désespoir de tous nos autres prosateurs ? Observant qu'un grand nombre d'actes réputés immoraux dans certains pays étaient innocents dans beaucoup d'autres, ils en ont conclu que la classification des actes en bons et mauvais ne reposait sur aucun principe fixe. A leur suite, le dix-huitième siècle semble tout entier voué à la doctrine de l'intérêt bien entendu.

D'autre part, les religions, en formulant leurs préceptes sous cette forme impérative : « Le bien, c'est ce que j'ordonne ; le mal, c'est ce que je défends, » introduisent une nouvelle cause de confusion et arrivent aux excès de la casuistique. La violation d'un précepte religieux, tel que la loi du jeûne, entraîne à leur point de vue des résultats pareils à celui du plus épouvantable des crimes ; l'insurrection contre la loi divine, quelle qu'elle soit, est toujours un même péché. On tombe aisément alors dans un cahos moral, et il ne faut rien moins que les vigoureuses flagellations des Provinciales pour ressusciter et aviver une lumière si profondément troublée.

Mais ce qu'il faut remarquer tout de suite, c'est que le genre humain ne s'y trompe pas et que le succès court aux Provinciales, malgré toutes les subtilités les plus raffinées. On s'aperçoit alors timidement, mais d'une manière irrésistible, que la morale est souveraine et universelle, qu'elle ne dépend pas uniquement du sentiment religieux et que les prescriptions des diverses religions peuvent quelquefois en perdre de vue le principe. Quels que soient leurs écarts, la vraie lumière resplendit toujours au cœur de tous les humains. C'est l'immortel sujet de la parabole du bon Samaritain, et cette fleur du sentiment moral s'épanouit dans toute sa pureté dans nos Evangiles. En général, les religions sont les poèmes de la loi morale ; mais ces poèmes sont défigurés par les mélanges qui s'y infiltrent sous le souffle de l'orgueil et du despotisme clérical. Les religions, néanmoins, n'arrivent jamais jusqu'à méconnaître le principe de la distinction du bien et du mal ; la morale universelle est le fonds identique qui les relie toutes entre elles et par où elles ont toujours une prise assurée sur le cœur humain.

De même, les lois civiles ne dérogent point non plus à la loi naturelle, ne lui opposent point des négations volontaires et calculées ; aucune législation n'honore et ne donne en exemple les actes d'égoïsme; aucune surtout ne se trompe au point de flétrir comme déshonorants les actes de vrai dévouement. Les héros d'un pays conservent partout ailleurs quelque respect ; la noblesse morale n'est jamais tournée en dégradation et en dérision.

Il est vrai que certains usages sont entrés dans nos mœurs d'une manière tellement intime, que nous ne pouvons souffrir des mœurs contraires, et pourtant ces mœurs contraires existent et nous apparaissent comme une coupable monstruosité ; de là un grand trouble dans les consciences, trouble qui est allé bien souvent jusqu'à la négation de toute loi naturelle. Mais ce trouble n'est point perspicace, et la loi naturelle n'en subsiste pas moins dans sa simplicité inattaquable. Oui, par la nature même de l'homme, il est obligé à respecter les autres hommes ; en les aimant, en allant pour eux jusqu'au sacrifice propre de sa vie, il suit nécessairement et invinciblement la loi de sa nature, et l'obligation morale qui en résulte et qui est consacrée par les lois religieuses et civiles repose ainsi sur un fondement indestructible.

Et c'est là ce que nous pouvons vérifier aisément : les variations des mœurs humaines ne s'étendent point au-delà d'un cercle toujours délimité par la loi morale universelle. Ainsi nos mœurs s'élèvent avec force contre la polygamie ; elles en font un crime punissable et atteint de toute la sévérité de nos lois ; à côté de nous, au contraire, toutes les nations musulmanes l'ont acceptée comme un des principaux fondements de leur état social. Cette divergence si caractéristique est-elle une protestation contre l'existence d'une loi morale universelle ? Évidemment non. La polygamie n'a pas en elle-même et de plein droit ce caractère essentiel d'être un fait nuisible à autrui, et si nos mœurs ont adopté la prohibition sociale qui la frappe de réprobation, ce n'est pas là une nécessité inévitable devant être rattachée au principe de la loi naturelle, tel que nous venons de le dégager. En d'autres termes, la prohibition de la polygamie est une loi qui ne tend nullement par son essence à la protection d'un être lésé.

Ce que nous disons de la polygamie et autres cas analogues n'est point suffisant toutefois pour tous les faits sociaux. Il en est qui nous montrent des vices graves comme ayant pénétré et corrompu les institutions sociales ; nos races européennes ont connu autrefois et pratiqué les pratiques les plus abominables, les sacrifices humains ; la race nègre s'y livre encore de nos jours, et l'esclavage y est de droit universel ; or, les sacrifices humains, l'esclavage, sont bien un préjudice d'autrui.

Pour répondre à cette objection, il suffit de faire une remarque. C'est que ce n'est pas en tant que nuisibles à autrui que ces actes sont approuvés ; c'est au contraire comme profitant à l'intérêt général. En effet, la loi morale telle que nous venons de la poser a lieu entre les individus ; elle est indéfectible dans les relations d'homme à homme, mais elle cesse complètement dans les rapports d'une société donnée avec les membres qui la composent ou avec ceux d'une association étrangère. Une société humaine ne connaît et ne peut connaître que son mandat, qui est la défense de ceux qui la composent. En accomplissant ce mandat, elle ne peut jamais faire un acte d'égoïsme, car elle n'est point dominée par un sentiment de personnalité ! On comprend aisément ces principes, lorsque l'on reconnaît qu'ils sont le fondement même de la répression pénale ; celui qui ne les a point posés est impuissant pour répondre aux objections contre la peine de mort. Mais ces principes sont vrais ; une société humaine ne peut avoir d'autre guide que l'intérêt dominant, l'intérêt public ; elle peut mal comprendre cet intérêt ; elle peut être dominée par des tendances regrettables, mais elle n'agit jamais méchamment. Les lois malfaisantes de tous les temps ne sont donc point un témoignage contre l'assentiment universel aux principes élémentaires de morale ; elles restent simplement comme une preuve de l'inintelligence et de l'ignorance des hommes qui les ont proposées et acceptées.

L'esclavage était basé sur ces principes. On fait esclaves les hommes des autres tribus. La loi naturelle (et cela était ainsi alors chez les nations les plus policées) n'était censée valoir que dans les limites des frontières nationales. Toutes les fois que l'homme agit comme membre d'une société particulière, famille, tribu, nation, il est dominé avant toutes choses par les nécessités de la conservation de la famille, de la tribu, de la nation, et cela n'est plus de l'égoïsme, c'est au contraire du dévouement à ses proches. C'est pour cela que nos lois admettent l'excuse du meurtre en cas d'adultère ; c'est pour cela que le duel nous paraît encore tolérable comme la seule défense que nous puissions opposer dans bien des cas pour l'honneur de la famille et du nom.

Nous l'apercevons maintenant clairement ; la loi morale est partout la même, mais elle ne devient le principe de la loi écrite que dans les limites des sociétés humaines particulières. Aux yeux de la loi morale, il est vrai, les hommes ne sont qu'une même famille unie par les mêmes droits et les mêmes devoirs ; mais la loi civile ne reconnaît ces droits, n'impose ces devoirs, que vis-à-vis des concitoyens. Dans le monde ancien, cette règle était admise pour la loi religieuse comme pour la loi politique. Chaque nation avait son Dieu. Le Christianisme a accompli le premier cette grande révolution de substituer le cosmopolitisme religieux à l'exclusivisme païen, en proclamant que tout homme était appelé au même culte et pouvait partager les mêmes espérances. La Révolution de 1789 a introduit dans l'univers la pensée de l'égalité et de la fraternité de tous les hommes, même pendant la durée de la vie terrestre. Elle a ainsi complété la pensée du Christianisme, mais bien des siècles s'écouleront avant sa complète réalisation.

Ne cherchons donc plus dans les désaccords des lois positives une objection contre la possibilité de distinguer clairement le bien et le mal. La loi positive est un fait humain passager et accidentel ; elle peut être mauvaise, parce qu'elle peut être l'œuvre de quelques hommes mauvais eux-mêmes et se trouver imposée par une domination despotique. De ces mauvaises lois les peuples souffrent, et leur existence est un mal qu'ils sont forcés de subir et contre lequel s'élèvent toujours les protestations des consciences ; un jour vient où la loi s'effondre et où l'ordre moral est rétabli. Mais, si mauvaises que soient quelques lois, il n'en est point qui aient entrepris de propos délibéré une lutte permanente contre le principe moral. Partout un acte de charité et de dévouement est trouvé digne de l'admiration publique ; partout le vol, le meurtre, la violence, la trahison, sont l'objet du mépris ou de l'indignation, lorsqu'un intérêt social quelconque ne s'y trouve point engagé. Il est donc bien vrai qu'il y a une loi naturelle infaillible, une loi sortant des entrailles mêmes de l'humanité, loi qui subsistera aussi longtemps que l'humanité elle-même ; c'est là cette vraie lumière qui illumine tout homme venant en ce monde et qui ne disparaîtra jamais.

Et maintenant, une question se pose encore devant nous et ne peut rester sans réponse. Quelle est la cause qui a valu à l'homme seul la qualité et la valeur de l'être moral ? Pourquoi la vie sociale a-t-elle produit dans la seule humanité ce développement qui constitue la loi morale ? Comment s'est creusé l'abîme que nous apercevons ici encore entre l'homme et tous les autres êtres ? La question semble d'abord difficile ; car la morale, si elle peut être rattachée en principe à la vie sociale, devrait se rencontrer partout où il y a un développement social. Or, nous rencontrons partout la famille au moins temporaire comme un résultat des nécessités de la génération sexuelle et de l'éducation des petits. Dès lors, comment expliquer que seul l'homme ait pu s'élever de la famille temporaire à la famille définitive, cette base de tout ordre social ? Comment expliquer aussi que, même pendant les relations sociales de courte durée qu'il entretient, l'animal semble toujours incapable de toute distinction du bien et du mal ?

La réponse à ces questions nous est bien aisée et se présente comme une conséquence naturelle de nos principes philosophiques. Si l'animal ne fait point la distinction du bien et du mal, c'est qu'il est incapable de rien distinguer. Distinguer, en effet, nous l'avons vu, c'est désigner par un nom particulier les phénomènes qui s'offrent à nos sens, et cette désignation a été possible à l'homme grâce à la faculté du langage, mais cette même désignation se trouve impossible à toute autre espèce vivante. Cette impossibilité tient à la radicale insuffisance des moyens d'expression que l'animal a à sa disposition. Seul l'homme a le pouvoir de faire des catégories distinctes, seul il a pu, sous la forme d'un son vocal ou d'un caractère écrit, embrasser tout un ensemble d'événements sous un même point de vue. Nous n'avons point à revenir sur une démonstration si souvent faite. Ce qui manque à l'animal, ce n'est pas une certaine prédisposition pour la vie sociale. Personne n'ignore que quelques-uns d'entre eux sont arrivés jusqu'à la constitution de sociétés organisées avec un ordre admirable ; trop souvent d'ailleurs on a cité dans tous les animaux des traits de sensibilité et d'affection pour qu'on ait le droit de les considérer comme incapables du bien. Le bien, ils peuvent le faire, mais ils sont incapables de le distinguer. L'éclair qui luit dans leur nuit morale n'y peut laisser aucune trace ; il fuit comme toute la série de leurs impressions. De là l'impossibilité d'une série de préceptes moraux, série qui n'est possible qu'à l'esprit créateur de l'homme armé par le langage du pouvoir de la réflexion.

Pour porter dans ses actes le sentiment moral, nous apercevons maintenant qu'il ne suffit pas de pouvoir faire des choses bonnes ou mauvaises, mais qu'il faut surtout connaître le caractère bon ou mauvais de l'action commise ; et cette science n'est possible qu'à l'homme. Pour qu'une action tombe sous la loi morale, il faut qu'elle puisse être associée à la conception d'un but, il faut que l'on ait vu ce que l'on faisait. La loi morale ne peut donc exister que chez un être capable de la conception d'un but préalable ; elle suppose la possibilité de la réflexion comme source de l'action. Toute action sans but n'est ni morale ni immorale ; seul le but de l'acte en fait la moralité, et la conception du but suppose la délibération préalable s'appliquant à un acte dont le résultat pourra être nuisible ou bienfaisant pour autrui. Seul l'homme est un être moral, parce que seul il a été capable de distinguer le bien et le mal, parce que seul aussi il a été capable de délibérer la direction de ses futures actions.

Concluons que la distinction du bien et du mal n'a pu être faite que par une pensée, une réflexion qui n'a pu se trouver que dans l'être humain, parce que seul il en a eu les instruments. L'animal n'a pu développer sa sociabilité au delà du cercle étroit de l'éducation temporaire de la famille. Dès que les jeunes animaux peuvent vivre par eux-mêmes, ils perdent toute relation avec leurs parents, ils cessent d'avoir des *proches*, et l'instinct social qui avait pourvu à leur première éducation n'a pu se maintenir ni se perfectionner faute d'objet.

L'homme, au contraire, a pu étendre indéfiniment sa sociabilité, et c'est cette extension qui constitue le progrès moral. Borné d'abord à des rapports très-limités dans le cercle de sa famille, il a vu nécessairement cette famille s'agrandir et s'est trouvé rapproché de tous ceux avec qui il pouvait user des mêmes procédés de communication expressive et des mêmes dialectes. Peu à peu, s'affranchissant de ce cercle étroit, il a procédé à l'échange des idées avec des hommes appartenant à d'autres tribus, à d'autres nations même. Il a ainsi constamment élargi ses connaissances sur la nature, et, par la science acquise, le voici devenu maître de l'univers.

La science est la véritable mère de l'humanité ; c'est par elle que se fait la conquête physique, par elle aussi le progrès moral. L'anéantissement des idées scientifiques, s'il pouvait se produire comme résultat de quelque grande catastrophe européenne, aurait pour effet immédiat l'anéantissement de la puissance de l'homme sur la nature. Le triomphe des peuples barbares se trouve ainsi amener nécessairement une différence dans les cultures, par conséquent une différence dans la flore et dans la faune du monde. Heureusement, un recul complet paraît aujourd'hui à peu près impossible. La découverte de l'Amérique, en créant un second centre d'expansion pour la vie scientifique, a eu pour résultat de rendre tout anéantissement général des fruits de la pensée tellement difficile et inconcevable, que l'humanité semble pouvoir se reposer avec confiance sur la perpétuité des résultats acquis ; dès lors, il s'ouvre au progrès des facilités de développement qu'il est impossible de mesurer.

Les progrès que l'homme doit à la science sont aussi des progrès en moralité ; en étendant ses connaissances, il étend ses relations avec les autres hommes, il leur communique ce qu'il a de meilleur qu'eux, il leur prêche ses vertus et sa morale propre, et l'éducation des races humaines arriérées fait ainsi un pas en avant en même temps que celle du conquérant. Il luira le jour où tous les hommes se rapprocheront par une instruction et une éducation semblables et formeront ainsi le vrai catholicisme universel.

Il est vrai que les passions humaines ne seront point mortes, et la société portera toujours dans ses flancs, comme l'homme même, le germe d'une lutte incessante entre les deux tendances qui se partagent la vie morale. L'instinct égoïste, nécessaire dans une certaine mesure, ne sera jamais anéanti par le règne d'un ascétisme universel ; en chaque individu vivra toujours une racine indestructible de l'amour de soi et par conséquent une perpétuelle tendance à la révolte contre l'idée sociale. Mais une lutte de ce genre ne peut anéantir les progrès accomplis. Même chez les âmes les moins généreuses, il y a un levain toujours prêt pour l'éclosion des passions désintéressées, en sorte qu'au milieu des débordements les plus regrettables la voix du devoir peut encore être entendue. Cela est vrai surtout pour les masses populaires ; extrêmes dans le mal, elles sont extrêmes aussi dans le bien. Ne craignons donc point ! Malgré les menaces du temps présent, jamais une doctrine immorale ne prévaudra dans le monde, et la voix du devoir retentira éternellement.

FIN.

TABLE DES MATIÈRES.

Préface................................. Pag.	v
Chapitre Ier. Introduction..................	1
Chap. II. Le Monde de la vie..............	10
Chap. III. L'Impressionnabilité.............	26
Chap. IV. L'Impressionnabilité (suite)........	44
Chap. V. L'Être pensant...................	57
Chap. VI. Le Langage.....................	79
Chap. VII. La Réflexion...................	102
Chap. VIII. L'Analyse.....................	122
Chap. IX. L'Insuffisance du mot.............	141
Chap. X. Le Substantif....................	162
Chap. XI. Verbe et Attributs................	177
Chap. XII. Propriétés et Qualités............	196
Chap. XIII. L'Idée........................	218
Chap. XIV. Le Pouvoir de l'Esprit............	238
Chap. XV. Le Sentiment...................	263
Chap. XVI. Le Besoin et l'Instinct...........	281
Chap. XVII. La Volonté....................	300
Chap. XVIII. La Liberté...................	317
Chap. XIX. L'Homme moral................	334

www.ingramcontent.com/pod-product-compliance
Lightning Source LLC
Chambersburg PA
CBHW070859170426
43202CB00012B/2126